●南大社高职高专职业实践型规划教材·财经类●

财务管理实务

CAIWU GUANLI SHIWU

主　编　景云霞
副主编　崔九九　孙淑娟　赵艳玲
参　编　张伟侠　屈　杨

南京大学出版社

内容提要

本教材设财务管理导论、财务活动管理、财务环节管理三个模块，分别讲述筹资决策、投资决策、营运资金管理决策、利润分配决策以及财务预算、财务控制、财务分析等内容，即可作为高职高专财经专业学生学习用书，也可作为企业财务管理人员、企业管理人员的自修工具用书。

图书在版编目(CIP)数据

财务管理实务 / 景云霞主编. —— 南京 : 南京大学出版社，2014.8

南大社高职高专职业实践型规划教材. 财经类

ISBN 978-7-305-13822-5

Ⅰ. ①财… Ⅱ. ①景… Ⅲ. ①财务管理—高等职业教育—教材 Ⅳ. ①F275

中国版本图书馆 CIP 数据核字(2014)第 188959 号

出版发行 南京大学出版社
社　　址 南京市汉口路 22 号　　邮　编 210093
出 版 人 金鑫荣

丛 书 名 南大社高职高专职业实践型规划教材·财经类
书　　名 财务管理实务
主　　编 景云霞
责任编辑 顾其兵　　编辑热线 025-83597087

照　　排 南京南琳图文制作有限公司
印　　刷 盐城市华光印刷厂
开　　本 787×1092 1/16 印张 14.25 字数 356 千
版　　次 2014 年 8 月第 1 版 2014 年 8 月第 1 次印刷
ISBN 978-7-305-13822-5
定　　价 29.80 元

网址：http://www.njupco.com
官方微博：http://weibo.com/njupco
官方微信号：njupress
销售咨询热线：(025) 83594756

前 言

本教材在编写的时候充分考虑高职高专人才培养目标在于培养高素质技能型人才的宗旨，在对教材内容设计时本着“理论够用、突出技能”的指导思想，召集具有多年教学经验的一线老师、结合自身教学经验与感悟编写的该教材。

本教材内容分三大模块九个项目：财务管理导论篇（含项目一、二），财务活动管理篇（含项目三、四、五、六）和财务环节管理（含项目七、八、九）篇；使得学习者在了解财务管理目标、树立资金时间价值与风险价值的两大理财观念的基础上，组织财务活动、处理财务关系、开展财务管理。本书理论密切联系实际，内容紧凑、简明扼要，通过大量的实务训练，使学习者全面掌握财务管理的基本方法与基本技能。

本书由东莞职业技术学院景云霞担任主编，新乡学院崔九九、河南交通职业技术学院孙淑娟、漯河职业技术学院赵艳玲担任副主编，河南交通职业技术学院张伟侠、屈杨参加了本教材的编写。本书初稿完成后，编写人员进行了交流，后经过多次修改，最后由景云霞负责定稿。具体分工如下：景云霞编写了项目三、项目四；崔九九编写了项目一、项目五；孙淑娟编写了项目九；赵艳玲编写了项目七部分及项目二部分；张伟侠编写了项目二部分及项目八；屈杨编写了项目六及项目七部分。

由于时间仓促及编者水平有限，书中难免有疏漏之处，恳请老师和同学发现问题及时指出，我们会及时更正，使该教材不断完善。诚谢！

编者

2014 年 8 月

目录

第一模块 导论部分

第二模块 财务活动管理

第一模块
导论部分

项目一　认识财务管理

导入案例

青鸟天桥的财务管理目标

天桥商场是一家老字号商业企业，成立于1953年，20世纪50年代，天桥商场是全国第一面"商业红旗"。2010年5月，天桥商场股票在上海证券交易所上市。2010年12月30日，北大青鸟有限责任公司和北京天桥百货股份有限公司发布公告，宣布北大青鸟通过协议受让方式受让北京天桥部分法人股股权。北大青鸟出资6 000多万元，拥有了天桥商场16.76%的股份，北京天桥百货商场更名为"北京天桥北大青鸟科技股份有限公司"（简称青鸟天桥）。此后天桥商场的经营滑落到盈亏临界点，面对严峻的形势，公司决定裁员，控制成本，以谋求长远发展。于是就有了下面一幕。

2011年11月18日下午，北京天桥商场里面闹哄哄的，商场大门也挂上了"停止营业"的牌子。2011年11月18日至12月2日，对北京天桥北大青鸟科技股份有限公司管理层和广大员工来说，是黑色的15天！在这15天里，天桥商场经历了46年来第一次大规模裁员；天桥商场被迫停业8天之久，公司管理层经受了职业道德与人道主义的考验，做出了在改革的道路上是前进还是后退的抉择。

经过有关部门的努力，对面临失业职工的安抚有了最为实际的举措，公司董事会开会决定，同意给予终止合同职工适当的经济补助，同意参照解除劳动合同的相关规定，对283名终止劳动合同的职工给予人均1万元、共计300万元左右的一次性经济补助。这场风波总算平息。这次停业让公司丢掉了400万元的销售额和60万元的利润。

【问题探讨】

1. 从案例介绍的情况看，你能否推断该公司的财务目标？
2. 你认为青鸟天桥的最初决策是合理的吗？以后的让步是否合适？
3. 青鸟天桥案例给你什么启示？

任务一　了解财务活动

所谓财务活动，就是以现金收支为主的企业收支活动。在市场经济条件下，企业以本求利，拥有一定量的资本是企业生产经营的起点。企业开展生产经营活动，一方面表现为资产的不断购进和售出，另一方面表现为资金的投入与收回。企业生产经营活动不断循环往复地进行，也就不断地产生以现金为主的收支活动。这种行为构成了企业一项独立的、重要的经济活动。企业财务活动可以分为以下四个方面。

1. **筹资活动**

筹资是指企业为了满足投资和资金营运的需要,筹集所需资金的行为。

在筹资过程中,一方面,企业需要根据战略发展的需要和投资计划来确定各个时期企业总体的筹资规模,以保证投资所需的资金;另一方面,企业还需要通过筹资渠道、筹资方式或工具的选择,合理确定筹资结构,降低筹资成本和风险,提高企业价值。企业通过筹资通常可以形成两种不同性质的资金来源:一是企业权益资金;二是企业债务资金。

2. **资金营运活动**

企业在日常生产经营活动中,会发生一系列的资金收付行为。首先,企业需要采购材料或商品,从事生产和销售活动,同时,还要支付工资和其他营业费用;其次,当企业把商品或产品售出后,便可取得收入、收回资金;最后,如果资金不能满足企业经营需要,还要采取短期借款方式来筹集所需资金。为满足企业日常营业活动的需要而垫支的资金,称为营运资金。因企业日常经营而引起的财务活动,也称为资金营运活动。

在一定时期内,营运资金周转速度越快,资金的利用效率就越高,企业就可能生产出更多的产品,取得更多的收入,获取更多的利润。

企业需要确定营运资金的持有政策、合理的营运资金融资政策以及合理的营运资金管理策略,包括:现金和交易性金融资产持有计划的确定;应收账款的信用标准、信用条件和收账政策的确定;存货周期、存货数量、订货计划的制订;短期借款计划、商业信用筹资计划的确定,等等。

3. **投资活动**

投资是指企业根据项目资金需要投出资金的行为。企业投资可分为广义的投资和狭义的投资两种。

广义的投资包括对外投资(如投资购买其他公司股票、债券,或与其他企业联营,或投于外部项目)和内部使用资金(如购置固定资产、无形资产、流动资产等)。狭义的投资仅指对外投资。

企业在投资过程中,必须考虑投资规模(即为确保获取最佳投资效益,企业应投入的资金数额),同时还必须通过投资方向和投资方式的选择,来确定合适的投资结构,提高投资效益,降低投资风险。

4. **利润分配活动**

企业通过投资和资金的营运活动可以取得相应的收入,并实现资金的增值。企业取得的各种收入在补偿成本、缴纳税金后,还应依据有关法律对剩余收益进行分配。广义地说,分配是指对企业各种收入进行分割和分派的行为,而狭义的分配仅指对企业净利润的分配。

企业实现的净利润可作为投资者的收益,分配给投资者或暂时留存企业(作为投资者的追加投资)。企业需要依据法律的有关规定,合理确定分配规模和分配方式,确保企业取得最大的长期利益。

任务二　梳理财务关系

企业财务关系是指企业在组织财务活动过程中与各相关利益集团发生的经济利益关系。企业的财务关系可概括为以下几个方面。

1. 企业与投资者和受资者之间的财务关系

企业一方面从各种投资者那里筹集资金，进行生产经营活动，并将所实现的利润按各投资者的出资额进行分配；另一方面，企业还可将自身的法人财产向其他单位投资，这些被投资单位即为受资者。受资者也应将其所产生的利润向企业进行投资收益的分配。企业与投资者、受资者的关系，实质是共同分享收益的关系。这在性质上属于所有权关系，反映着经营权和所有权的关系。

2. 企业与债权人、债务人、往来客户之间的财务关系

企业购买材料、销售产品，要与购销客户发生货款收支结算关系。在购销活动中由于延期收付款项，要与有关单位发生商业信用——应收账款和应付账款。当企业资金不足或资金闲置时，要取得各种银行借款、发行债券或购买其他单位债券。企业与债权人、债务人、购销客户的关系，在性质上属于债务债权关系。

3. 企业与国家之间的财务关系

企业应按照国家税法的规定计算缴纳各种税款。国家以社会管理者身份向企业征收有关税金，保证国家财政收入的实现，满足社会各方面的需要。企业及时足额纳税是其对社会应尽的义务，而税务机关代表国家行使税收征管权力。这反映了企业依法纳税和税务机关依法征税的税收权利义务关系。

4. 企业内部各单位之间的财务关系

这是指企业内部各单位之间在生产经营各环节中相互提供产品或劳务而形成的经济关系。在实行内部经济核算制的条件下，部门之间相互提供产品和劳务要进行计价结算。这样，在企业财务部门同各单位及各单位之间就发生资金结算关系。处理这种关系时，要严格分清有关各方的经济责任，以便有效地发挥激励机制和约束机制的作用。

财务管理是基于再生产过程中客观存在的企业财务活动和财务关系而产生的，是组织企业财务活动、处理企业财务关系的一项综合性的管理工作，其主要内容是筹资、投资、营运资金管理和股利分配，主要的工作环节是预测、决策、计划、控制和评价。

任务三　明确财务管理目标

企业财务目标是指通过企业财务管理的融资和投资等活动所要达到的根本目的。在现代财务管理的理论体系及理财实践活动中，财务管理目标是一个逻辑起点，决定着财务管理各种决策的选择，是企业各种理财决策的标准。科学的理财目标，有助于企业日常理财的规范化，有利于科学理财理念的树立，有助于提高企业的理财效率并支持企业的可持续能力。

一、财务管理目标的基本观点

关于财务管理目标的综合表述,有以下四种主要观点。

(一) 利润最大化

这种观点认为:利润代表了企业新创造的财富,利润越多则说明企业的财富越多,从而使社会财富实现最大化。但是,以利润最大化为目标存在着以下的不足或缺陷。

1. 概念模糊不清

利润有许多定义,譬如是指会计利润还是经济利润?是计量民间利润还是社会利润(包含对社会各方面而不仅是对所有者的影响)?是使短期利润最大化还是长期利润最大化?

2. 利润最大化忽略所获货币的时间差异

这种差异因货币的时间价值而非常重要,如利润最大化没有明确区别今天所获 1 元和未来如一年后的今天所获 1 元。当成本和利益随着时间(如若干年)延续发生时,利润的计量无法恰当地调整时间差异对价值的影响。

3. 利润最大化忽略不同方案之间的风险差异

当对两个报酬相同而风险不同的方案进行选择时,大多数人都选择风险较低的方案。这就使低风险方案更有价值,而利润最大化却无视这种风险上的差异。

4. 没有考虑投入与产出之间的关系

当就两个报酬相同而投资额不同的方案进行选择决策时,人们会选择投资少的方案,这就使低投资方案更有价值,而利润最大化则不考虑这种投资上的差异。

(二) 每股盈利或净资产收益率最大化

每股盈利是指税后净利与发行在外的普通股股数之比,净资产收益率是指税后净利与所有者权益的比率,它们是同一含义指标的不同表达形式。这两个指标是利润最大化目标的演进。同利润最大化相比,每股盈利的高低取决于税后净利润的高低,并且考虑了所获利润同所投入资本之间的比例关系。但它与利润最大化一样,仍然没有考虑每股盈余取得的时间差异,没有考虑每股盈余的风险差异。

(三) 股东财富最大化

股东财富最大化是指企业应以达到股票的最高市价为目的。该种观点认为,股东创办企业的目的是扩大财富,他们是企业的所有者,企业价值最大化就是股东财富最大化。但是股东财富最大化不一定是企业价值最大化,在财务管理中,股票的市价是投资者根据企业未来的现金流量对股票所做的价值估量,反映了货币的时间价值;股票的市价与风险成反比,投资者所冒风险越高,投资收益越不稳定,要求的报酬率就越高,股票的价值就越低,反映了投资的风险价值。

但是,按照现代经济理论,股东财富最大化不能成为理想的公司财务目标。首先,股东财富最大化的目标忽略了公司相关方面的利益,公司是利益相关人的集合体。其次,在契约参与的其他方利益固定的前提下,以“股东财富最大化”为财务目标并不可能保证实现“社会财富最大化”。如果以股东财富最大化作为唯一追求的目标,将会导致公司种种损伤社会财富的行为,比如削减工资、恶意兼并其他企业以降低员工成本或逃避国家税收等。再次,以股票市价最大化作为理财目标实际上很难普遍采用。上市的股份公司在全部企业中只占极少一部分,且即使是上市公司的股票市价也要受多种因素包括非经济因素的影响,不是总能反映企业的经营业绩并准确体现股东财富的。

(四) 企业价值最大化

企业价值是指企业未来现金净流量按照公司要求的必要报酬率计算的总现值,也是公司的市场价值。企业价值取决于公司未来创造的现金净流量、公司要求的必要报酬率和公司存续时间等因素,在理论上等于公司股东的价值与债务的价值之和,即金融化的资产价值。以企业价值最大化作为公司理财的目标,是现代企业发展的必然要求。它具有与相关利益者利益的一致性,保证公司战略发展的长期性,考虑了收益取得的时间差异性及投资的风险性等特征。

企业的价值在于它能给所有者带来未来的报酬,给利益相关者创造财富。如同商品的价值一样,企业的价值只有投入市场才能通过价格表现出来。

我国企业按出资者的不同,可分为三类,其价值分别如下所述。

(1) 独资企业,即只有一个投资者,对企业债务负无限责任,企业的价值是出资者出售企业可以得到的现金。

(2) 合伙企业,即有两个以上的出资者(合伙人),合伙人对企业债务负连带责任,该企业的价值是合伙人转让其财产份额可以得到的现金。

(3) 公司企业,依照《中华人民共和国公司法》(以下简称《公司法》)设立,分为有限责任公司和股份公司,均为企业法人并对公司债务负有限责任。有限责任公司有 2～50 个出资者(股东),该企业的价值是股东转让其股权可以得到的现金,其中的国有独资公司只有一个出资人即国家授权投资的机构或部门,该公司的价值是出售该公司可以得到的现金。股份有限公司的股东在 5 人以上,该企业的价值是股东转让其股份可以得到的现金。总之,企业的价值是其出售的价格,而个别股东的财富是其拥有的股份转让时所得的现金。

其中,最典型、最能说明问题的是股份公司,我们将以股份公司为背景,展开对财务管理的论述。

二、影响财务管理目标实现的因素

财务管理的目标是企业价值或股东财富最大化,股票价格代表了股东财富。因此,在一定程度上,股价高低反映了财务管理目标的实现程度。

公司股价受外部环境和管理决策两方面因素的影响。外部环境的影响将在本章第五节中论述,这里先说明管理当局可控制的决策因素。

从管理当局可控制的决策因素看,公司价值大小取决于公司的报酬率和风险,而公司的报酬率和风险又是由公司的投资项目、资本结构和股利政策决定的,因此,这五个因素影响企业的价值。财务管理正是通过投资决策、筹资决策和股利决策来提高报酬率,降低风险,实现其目标的。

1. 投资报酬率

在风险相同的情况下,提高投资报酬率可以提高公司价值。公司的盈利总额是不能反映公司价值的,而要看其投资报酬率的高低。

2. 风险

任何决策都是面向未来的,未来具有不确定性,也就是存在或多或少的风险。决策时需权衡风险与报酬,才能获得较好的结果。

3. 投资项目

投资项目是决定企业报酬率和风险的首要因素。

一般说来，被企业采纳的投资项目都会增加企业的报酬，否则企业就没有必要为它投资。与此同时，任何项目都有风险，区别只在于风险的大小不同。因此，企业的投资项目会对公司的报酬率和风险产生影响，从而影响公司价值。

4. 资本结构

资本结构是企业筹资行为的结果。它也会对公司报酬率和风险产生影响。资本结构是指所有者权益与负债的比例关系。一般情况下，企业借债的利率低于其投资的预期报酬率，可以通过借款来提高每股盈余，但同时会扩大每股盈余的风险。因为一旦情况发生变化，如销售萎缩等，实际的报酬率低于利率，则负债不但不会提高每股盈余，反而使每股盈余减少，企业甚至可能因不能按期支付本息而破产。资本结构不当是公司破产的一个主要原因。

5. 股利政策

股利政策是指公司赚取的盈余中，有多少作为股利发放给投资者，有多少保留下来进行再投资，以便使未来盈余源泉保持下去。股东既希望分红，又希望每股盈余在未来不断增长，两者是当前利益与长远利益的矛盾。但加大保留盈余，会提高未来的报酬率，而再投资的风险比立即分红的风险要大。因此，股利政策会影响公司的报酬和风险，从而影响公司价值。

三、不同利益主体财务目标的冲突与协调

企业的理财目标是企业价值最大化。但是，由于公司制企业的各利益主体包括股东、经营者、债权人等经济人，具有独立的经济利益，利益的冲突使得企业不会自行沿着企业价值最大化的轨道运行。如何解决他们之间的利益冲突，成为当代经济学的前沿问题，即代理经济学。

代理理论是由著名经济学家迈克尔·詹森和威廉·梅克林于 1976 提出的。代理理论阐明了企业存在的两种主要代理关系，即股东与经营者之间的代理冲突及协调、股东与债权人之间的代理冲突及协调。

(一) 股东和经营者财务目标的冲突与协调

股东和经营者的代理冲突源于在自利行为的假设下，股东与经营者目标的不一致性。股东的目标是实现股东财富最大化，而经营者的目标是报酬和所消费的非金钱利益最大化。非金钱利益包括经营者的职务消费，如增加闲暇时间、公款旅游、公款消费等。经营者消费的非金钱利益牺牲的是企业价值，经营者的非金钱消费动机越强烈，股东价值损失越大。

为了防止经营者背离股东目标，一般有两种方法:监督和激励。

1. 监督

经营者背离股东目标，其条件是双方的信息不一致，主要是经营者了解的信息比股东多，避免“道德风险”和“逆向选择”的出路是股东获得更多的信息，对经营者进行监督，在经营者背离股东目标时，减少其各种形式的报酬，甚至解雇他们。

但是，全面监督在实际上行不通。股东是分散的或者远离经营者的，得不到充分信息，经营者比股东有更大的管理优势，比股东更清楚什么是对企业更有利的行动方案，全面监督管理行为的代价是很高的，很可能超过它所带来的收益。因此，监督受到合理成本的限制，不可能事事监督，虽然监督可能减少经营者违背股东意愿的行为，但不能解决所有问题。

2. 激励

防止经营者背离股东利益的另一出路是采用激励报酬计划，使经营者分享企业增加的财富，鼓励他采取符合企业最大利益的行动。例如，企业盈利率提高或股票价格提高后，给经营者以现金、股票奖励。支付报酬的方式和数量大小，有多种选择。例如，报酬过低，不足以激励经营者，股东不能获得最大利益；报酬过高，股东付出的激励成本过大，也不能实现自己的最大利益。因此，激励可以减少经营者违背股东意愿的行为，但也不能解决全部问题。

通常，股东同时采取监督和激励两种办法来协调自己和经营者的目标。尽管如此，仍不可能使经营者完全按股东的意愿行动，他们仍然可能采取一些对自己有利而不符合股东最大利益的决策，并由此给股东带来一定的损失。监督成本、激励成本和偏离股东目标的损失之间此消彼长，相互制约。股东要权衡轻重，力求找出能使三项之和最小的解决办法，它就是最佳的解决方案。

（二）股东和债权人财务目标的冲突与协调

企业第二个代理问题是股东与债权人之间存在的利益冲突，两者利益冲突的根源在于它们对企业现金流量的要求权不同。企业的债权人将资金贷放给企业时，要求企业承担按期支付利息和偿还本金的责任。债权人所取得的利息和收回的本金是固定数额，当企业获得的收益足以偿付债务后，剩余的收益均归属股东，所以股东常常要求企业经理利用借款来进行投资以增加其财富。股东为了自身利益而损害债权人利益，其方式一般有两种。

其一，股东通过企业管理层促使企业投资新的商业项目，而这类商业项目的风险比债权人预期的要大。如果高风险的计划侥幸成功，超额的利润归股东独吞。如果计划不幸失败，公司无力偿债，债权人将与股东共同承担由此造成的损失。

其二，股东为了提高公司的利润，不征得债权人同意而迫使管理当局发行新债，致使旧债务的价值下降，使旧债权人蒙受损失。这是因为企业增加新的债务，破产的可能性就会增加，减少了现在债务的破产保护。

债权人为了防止其利益被伤害，除了寻求立法保护，如破产时优先接管，优先于股东分配剩余财产外，通常采取以下措施：

第一，在借款合同中加入限制性条款，如规定资金的用途，规定不得发行新债或限制发行新债的数额等；

第二，发现公司正在以损害债权人利益为代价增加股东财富时，拒绝与企业进一步合作，或者提前收回贷款，或者要求一个比正常收益率更高的利率以补偿这种可能造成损失的风险。

（三）企业目标与社会责任的冲突与协调

企业目标与社会目标在许多方面是一致的。企业在追求自己的目标时，自然会使社会受益。例如，企业为了生存，必须生产出符合顾客需要的产品，以满足社会的要求。企业为了发展，要扩大规模，自然会增加职工人数，解决社会就业问题。企业为了获利，必须提高劳动生产率，改进产品质量，改善服务，从而提高社会生产效率和公众的生活质量。

企业目标与社会目标也有矛盾的一面。企业履行社会责任，会导致企业在一定时期内经营成本的增加，减少企业当期的盈利，削弱企业的竞争能力，如履行政府环境保护的要求会发生环境投资，增加员工福利也会增加企业的成本。正因如此，从股东的角度考虑，成本的增加减少了股东享有的剩余收益，为降低成本，企业可能会采取逃避社会责任的行为。

股东只是社会的一部分人，他们在谋求自己利益的时候，不应当损害他人的利益。国家要保护所有公民的正当权益，为此，国家颁布了一系列保护公众利益的法律，如《中华人民共和国公司法》、《中华人民共和国反不正当竞争法》、《中华人民共和国环境保护法》、《中华人民共和国合同法》、《中华人民共和国消费者权益保护法》和《中华人民共和国产品质量法》等，通过这些法律调节股东和社会公众的利益。

一般来说，企业只要遵守这些法规，在谋求自己利益的同时就会使公众受益。但是，法律不能解决所有问题，况且，目前我国的法制尚不健全，企业有可能在合法的情况下从事不利于社会的事情。因此，企业还受到商业道德的约束，要接受政府有关部门的行政监督，以及社会公众的舆论监督，以进一步协调企业和社会的矛盾。

任务四　掌握财务管理的方法

财务管理的方法是企业为了实现财务管理的目标，完成财务管理的任务，在进行理财活动时所采取的各种技术手段。财务管理的方法又称财务管理的环节，包括以下内容。

一、财务预测

财务预测是财务人员根据历史资料，采用科学方法对企业未来的财务状况和财务成果进行的预计和测算。财务预测是财务管理活动的起点，无论筹资管理、投资管理、还是收益分配管理，首先要进行财务预测。财务预测是实施财务决策的基础，是编制财务计划的前提，也是组织日常财务活动的必要条件。财务预测方法可分为定量预测法和定性预测法。

1. 定量预测法

定量预测法又称数学模型法，是利用指标之间的数量关系，通过建立数学模型对企业未来时期的财务活动状况和财务成果进行预测的方法。定量预测法又可分为以下两种方法：

(1) 时间序列预测法，也称趋势预测法，是根据按时间顺序排列的历史资料，对事物的发展趋势进行预测的一种方法。这种方法又可分为移动平均法、指数平滑法和回归分析法。

(2) 因果关系法，是根据历史资料找出要预测的因素与其他因素之间的因果关系建立的数学模型进行预测的一种方法。

2. 定性预测法

定性预测法是利用直观资料，依靠个人的主观判断和综合分析能力，对事物未来的状况和趋势做出的一种预测方法。这种方法是在企业缺乏完备的历史资料、无法用定量预测法的时候采用的。

在实际工作中，这两种方法通常是结合使用的。

二、财务决策

财务决策是指财务人员按照财务目标的总体要求，利用专门方法对各种备选方案进行比较分析，并从中选出最佳方案的过程。财务决策往往关系到企业的兴衰成败，因此是财务管理的核心。

1. 财务决策的基本程序

(1) 根据财务预测信息发现和确认问题；

(2) 提出各种备选方案;

(3) 分析、对比、评价决策方案;

(4) 遵循择优原则,选择最优方案;

(5) 试验和实施决策方案。

2. 财务决策的常见方法

(1) 比较分析法,是利用简单的数学方法,对各个备选方案进行比较分析,从中选出最佳方案的方法。

(2) 线性规划法,是利用运筹学原理,对具有线性联系的问题进行分析研究,建立和求解有关的变量之间的数学模型,从而得出最佳决策的方法。

(3) 概率决策法,是运用概率来计算各个方案期望值的决策方法。该方法适用于风险性决策。在决策时可以利用概率来分析估计随机事件发生情况,从而进行择优决策。由于在决策时往往把各种概率分支用树形图表示出来,因此又称决策树法。

三、财务计划

财务计划是在一定时期以货币形式综合反映企业资金运动和财务成果的形成和分配的计划。它是组织和指导企业财务活动以及处理财务关系的重要依据,可以使各经营目标具体化、系统化,协调各项计划指标,综合平衡各项生产经营计划,可以为检查、考核和分析生产经营过程与结果提供依据。

四、财务控制

财务控制是指在企业财务管理过程中,利用有关信息和特定手段,对企业的财务活动施加影响或调节,以确保财务计划的实现。

五、财务分析

财务分析是根据核算资料,运用科学方法,对企业财务活动的过程和结果进行的计算、检查和分析。通过财务分析,可以检查财务计划的执行和完成情况,检查企业财务事项的发展变动情况,从而发现问题,总结经验,为下一时期的财务预测提供必要的依据,改进管理水平,提高企业的经济效益。所以财务分析的作用可以概括为总结过去、把握现在、展望未来。

任务五 熟悉财务管理环境

在市场经济条件下,企业是市场的一个独立主体,处于各种要素网络之中。这些要素网络构成财务管理的环境。了解企业财务管理的环境,有助于了解企业财务问题形成的原因,从而对症下药。

企业财务活动在相当大程度上受理财环境制约,如生产、技术、供销、市场、物价、税收等因素,对企业财务活动都有重大的影响。只有在理财环境的各种因素作用下实现财务活动的协调平衡,企业才能生存和发展。研究理财环境,有助于正确地制定理财策略。

财务管理环境又称理财环境,是指对企业财务活动和财务管理产生影响作用的企业内外的各种条件。

这里主要介绍对企业财务管理影响比较大的经济环境、金融环境和法律环境等因素。

一、经济环境

影响财务管理的经济环境因素主要有经济周期、经济发展水平、宏观经济政策和通货膨胀等。

1. 经济周期

市场经济条件下，经济发展与运行带有一定的波动性，大体上经历复苏、繁荣、衰退和萧条几个阶段的循环，这种循环叫做经济周期。在不同的经济周期，企业应相应采用不同的财务管理策略。

我国的经济发展与运行也呈现其特有的周期特征，带有一定的经济波动。过去曾经历过若干次从投资膨胀、生产高涨到控制投资、紧缩银根和正常发展的过程，从而促进了经济的持续发展。因此，企业财务人员必须认识到经济周期的影响，掌握在经济发展波动中的理财本领。

2. 经济发展水平

近年来，我国的国民经济保持持续高速的增长，各项建设方兴未艾。这不仅给企业扩大规模、调整方向、打开市场以及拓宽财务活动的领域带来了机遇，同时，由于高速发展中的资金短缺将长期存在，又给企业财务管理带来严峻的挑战。因此，企业财务管理工作者必须积极探索与经济发展水平相适应的财务管理模式。

3. 宏观经济政策

我国经济体制改革的目标是建立社会主义市场经济体制，以进一步解放和发展生产力。在这个总目标的指导下，我国已经并正在进行财税体制、金融体制、外汇体制、外贸体制、计划体制、价格体制、投资体制、社会保障制度、会计准则体系等各项改革。所有这些改革措施，深刻地影响着我国的经济生活，也深刻地影响着我国企业的发展和财务活动的运行。这就要求企业财务人员必须把握经济政策，更好地为企业的经营理财活动服务。

4. 通货膨胀

通货膨胀不仅对消费者不利，也给企业理财带来很大困难。企业对通货膨胀本身无能为力，只有政府才能控制。企业为了实现期望的报酬率，必须调整收入和成本。同时，使用套期保值等办法减少损失。

二、金融环境

企业总是需要资金从事投资和经营活动。而资金的取得，除了自有资金外，主要从金融机构和金融市场取得。金融政策的变化必然影响企业的筹资、投资和资金运营活动。所以，金融环境是企业最为主要的环境因素之一。

(一) 金融机构

社会资金从资金供应者手中转移到资金需求者手中，大多要通过金融机构。金融机构包括银行和其他金融机构。

1. 银行

银行是指经营存款、放款、汇兑、储蓄等金融业务，承担信用中介的金融机构。银行的主要职能是充当信用中介、充当企业之间的支付中介、提供信用工具、充当投资手段和充当国民经济的宏观调控手段。

2. 其他金融机构

其他金融机构包括金融资产管理公司、信托投资公司、财务公司和金融租赁公司等。

(二) 金融工具

金融工具是能够证明债权债务关系或所有权关系并据以进行货币资金交易的合法凭证，它对于交易双方所应承担的义务与享有的权利均具有法律效力。金融工具一般具有期限性、流动性、风险性和收益性四个基本特征。

金融工具若按期限不同可分为货币市场工具和资本市场工具，前者主要有商业票据、国库券(国债)、可转让大额定期存单、回购协议等；后者主要是股票和债券等。

(三) 金融市场

金融市场是指资金供应者和资金需求者双方通过金融工具进行交易的场所。金融市场可以是有形的市场，如银行、证券交易所等，也可以是无形的市场，如利用电脑、电传、电话等设施通过经纪人进行资金融通活动。

金融市场的主要功能有五项：转化储蓄为投资；改善社会经济福利；提供多种金融工具并加速流动，使中短期资金凝结为长期资金；提高金融体系竞争性和效率；引导资金流向。

从企业财务管理角度来看，金融市场作为资金融通的场所，是企业向社会筹集资金必不可少的条件。财务管理人员必须熟悉金融市场的各种类型和管理规则，有效地利用金融市场来组织资金的筹措和进行资本投资等活动。

(四) 利率

利率也称利息率，是利息占本金的百分比指标。从资金的借贷关系看，利率是一定时期内运用资金资源的交易价格。资金作为一种特殊商品，以利率为价格标准的融通，实质上是资源通过利率实行的再分配。因此，利率在资金分配及企业财务决策中起着重要作用。

三、法律环境

市场经济的重要特征就在于它是以法律规范和市场规则为特征的经济制度。法律和政府法规为企业经营活动规定了活动空间，也为企业在相应空间内自由经营提供了法律上和制度上的保护。财务管理的法律环境主要包括企业组织形式、公司治理的有关规定以及税收法规等。

四、企业组织及内部环境

财务管理的内部环境指企业的内部条件，主要包括：① 企业组织形式。企业组织形式有独资、合资方式，利润分配方法上有着不同的要求，财务管理方法各不相同。② 企业组织结构。企业组织结构有直线制、职能制、事业部制等多种形式。不同的企业组织结构，对企业财务管理体制的建立具有影响。③ 企业人员素质。企业人员素质，特别是财务管理人员的素质，对财务管理工作的质量和效率具有直接的影响。因此，需要研究安排能充分发挥财务管理作用的组织结构和人员分工，同时也要适应企业的组织结构和人员构成来组织财务管理。

【项目小结】

本章主要介绍了财务管理的内容、财务管理的要素、财务管理的基本内容、财务管理的目标、财务管理的原则、财务管理的环境和财务管理体制。

企业财务是指企业在生产经营过程中客观存在的资金运动及其所体现的经济利益关系。财务管理是组织企业财务活动、处理财务关系的一项综合性的管理工作。财务管理形式上表现为包括投资、资金营运、筹资和利润分配等一系列活动，实质上是企业同投资者、债权人、受资者、债务人、供货商、客户、政府、企业内部各单位以及企业与职工之间的财务关系。财务管理的目标是企业财务管理活动所希望实现的结果。企业财务管理目标的主要模式有：利润最大化目标、每股收益最大化目标和企业价值最大化目标。在这个过程中，需要协调企业与经营者的冲突、企业与债权人的冲突。

财务管理的方法包括财务预测、财务决策、财务预算、财务控制和财务分析。企业的理财环境主要有经济环境、金融环境和法律环境。

【项目训练】

一、单项选择题

1. 企业支付利息属于由(　　)引起的财务活动。

A. 投资　　B. 分配　　C. 筹资　　D. 资金营运

2. 下列(　　)属于企业购买商品或接受劳务形成的财务关系。

A. 企业与供应商之间的财务关系

B. 企业与债务人之间的财务关系

C. 企业与客户之间的财务关系

D. 企业与受资者之间的财务关系

3. 在下列各种观点中，既能够考虑资金的时间价值和投资风险，又有利于克服管理上的片面性和短期行为的财务管理目标是(　　)。

A. 企业价值最大化　　B. 利润最大化

C. 每股收益最大化　　D. 资本利润率最大化

4. 在下列各项中，不属于企业财务管理的金融环境内容的有(　　)。

A. 利息率和金融市场　　B. 金融机构

C. 金融工具　　D. 税收法规

5. 下列各项中，不能协调所有者与债权人之间矛盾的方式是(　　)。

A. 市场对公司强行接收或吞并　　B. 债权人通过合同实施限制性借款

C. 债权人停止借款　　D. 债权人收回借款

二、多项选择题

1. 假定甲公司向乙公司赊销产品，并持有丙公司债券和丁公司的股票，且向戊公司支付公司债利息。假定不考虑其他条件，从甲公司的角度看，下列各项中属于本企业与债务人之间财务关系的是(　　)。

A. 甲公司与乙公司之间的关系　　B. 甲公司与丁公司之间的关系

C. 甲公司与丙公司之间的关系　　D. 甲公司与戊公司之间的关系

2. 在下列各项中，属于财务管理经济环境构成要素的有(　　)。

A. 经济周期　　B. 公司治理和财务监控

C. 宏观经济政策　　D. 经济发展水平

3. 金融市场的组成要素主要有(　　)。
A. 市场客体　B. 金融工具　C. 交易价格　D. 组织方式
4. 下列各项中,属于企业资金营运活动的有(　　)。
A. 采购原材料　B. 销售商品　C. 购买国库券　D. 支付利息
5. 下列各项中,属于企业筹资引起的财务活动有(　　)。
A. 偿还借款　B. 购买国库券　C. 支付利息　D. 利用商业信用
6. 企业集团财务管理体制的类型包括(　　)。
A. 集权型　B. 松散型　C. 混合型　D. 分权型
7. 建立企业财务管理体制的基本原则有(　　)。
A. 资本权属清晰　B. 符合法人治理结构要求
C. 财务关系明确　D. 遵守国家相关规定
8. 企业财务风险管理策略包括(　　)。
A. 规避风险　B. 预防风险　C. 分散风险
D. 转移风险　E. 保障职工合法权益

项目二　树立财务管理的两大观念

导入案例

拿破仑1797年3月在卢森堡第一国立小学演讲时说了这样一番话："为了答谢贵校对我，尤其对我夫人约瑟芬的盛情款待，我不仅今天呈上一束玫瑰花，并且在未来的日子里，只要我们法兰西存在一天，每年的今天我将亲自派人送给贵校一束价值相等的玫瑰花，作为法兰西与卢森堡友谊的象征。"时过境迁，拿破仑穷于应付连绵的战争和此起彼伏的政治事件，最终惨败而流放到圣赫勒拿岛，把卢森堡的诺言忘得一干二净，可卢森堡这个小国对这位"欧洲巨人与卢森堡孩子亲切、和谐相处的一刻"念念不忘，并载入他们的史册，1984年底，卢森堡旧事重提，向法国提出违背"赠送玫瑰花"诺言案的索赔：要么从1797年起，用3路易作为一束玫瑰花的本金，以5厘复利（即利滚利）计息全部清偿这笔玫瑰案；要么法国政府在法国各大报刊上公开承认拿破仑是个言而无信的小人。起初，法国政府准备不惜重金要赎回拿破仑的声誉，但又被电脑算出来的数字惊呆了：原本3路易的许诺，本息竟高达1 375 596法郎。经过冥思苦想，法国政府斟词酌句的答复是："以后，无论在精神上还是物质上，法国将始终不渝地对卢森堡大公国的中小学教育事业予以支持与赞助，来兑现我们的拿破仑将军那一诺千金的玫瑰花诺言。"这一答复最终得到了卢森堡人民的谅解。

任务一　认识资金时间价值

子任务一　知识储备

一、计息方式

在实务中，计算利息可按两种制度进行：单利制和复利制。

单利制是只就本金计算利息，所生利息不再计入本金重复计算利息的一种计息制度。单利计息方式下，每期都按初始本金计算利息，不管时间多长，所生利息均不加入本金重复计算利息。现行的银行存款计息方法采用的就是单利计息法。

复利制是指每经过一个计算期，将所生利息计入本金重复计算利息的一种计息制度。复利计息方式下，每期都按上期期末的本利和作为当期的计息基础，即通常说的"利上加利"，不仅要对初始本金计息还要对上期已经产生的利息再计息，每期的计息基础都在变化。

二、年金及其种类

年金是指一定时期内每隔相同时间(如一年、半年等)连续、等额收款或付款,则该等额收付的系列款项称为年金。年金的形式多种多样,如保险费、折旧、租金、利息、分期付款赊购、分期偿还贷款、零存整取或整存零取储蓄等。

1. 年金的特点

(1) 系列性。即在一定时间里必须每隔一段时间发生一次收付业务,形成系列(理论上至少两次以上),不得中断。

(2) 等额性。即每段时点上发生的首付金额必须相等。

(3) 等期性。即发生收付金额的各时点的间隔期必须相等。

(4) 同方向性。即要么都是系列收款项目,要么都是系列付款项目,不能同时有收有付。

2. 年金的种类

按照每次收付款发生的具体时点不同,可以把年金分为普通年金、即付年金、递延年金和永续年金。其中普通年金和即付年金是年金的两种基本类型。

(1) 普通年金:是指从第一期开始,在一定时期内每期期末等额收付的系列款项,又称为后付年金。

(2) 即付年金:是指从第一期开始,在一定时期内每期期初等额收付的系列款项,又称为即付年金。

(3) 递延年金:是指从第一期以后才开始的,在一定时期内每期期末等额收付的系列款项。它是普通年金的特殊形式。凡不是从第一期开始的普通年金都是递延年金。

(4) 永续年金:是指从第一期开始,无限期每期期末等额收付的系列款项。它也是普通年金的特殊形式。

三、现值及终值

现值是指未来某一特定时点上的资金按照一定的计息方式折算到现在的价值,通常用字母 P 表示。

终值是指现在一定数量的资金按照一定的计息方式计算到未来一定时期期末的本利和,通常用字母 F 表示。

现值和终值是一定量货币在前后两个不同时点上对应的价值,其差额即为货币的时间价值。现实生活中计算利息时所称本金、本利和的概念相当于货币时间价值理论中的现值和终值,利率(用 i 表示)可视为货币时间价值的一种具体表现;现值和终值对应的时点之间可以划分为 n 期($n\geqslant1$),相当于计息期。为计算方便,假定有关字母符号的含义如下:I 为利息;F 为终值;P 为现值;A 为年金值;i 为利率(折现率);n 为计算利息的期数。

子任务二 认识资金时间价值

资金时间价值,是指货币经历一定时间的投资和再投资所增加的价值,也称为货币时间价值。

在商品经济中,存在这样一种现象:现在的 1 元钱和 1 年后的 1 元钱相比较,其经济价值不相等,或者说其经济效用不同。现在的 1 元钱,通常比 1 年后的 1 元钱经济价值要大一些。

在实务中，人们习惯使用相对数字表示货币的时间价值，即用增加价值占投入货币的百分数来表示。比如，前述货币的时间价值为10%。资金时间价值的表示形式有两种：一种是绝对数形式，即资金时间价值额，是指资金在生产经营中带来的真实增值额；另一种是相对数形式，即资金时间价值率。为便于不同数量资金之间时间价值的比较，在实务中习惯用相对数形式表示资金的时间价值。

从量的规定性来看，资金的时间价值通常被认定为没有风险和没有通货膨胀条件下的社会平均资金利润率，这是利润平均化规律作用的结果。资金时间价值相对数形式和利息的计算方法相似，但不能将资金的时间价值与利息率等同。现实生活中银行利息率都包含一定的风险价值和通货膨胀因素。政府债券由于安全性很高，基本不存在到期无法偿还的风险。在没有或通货膨胀率很低的情况下，可以把政府债券的利息率视为资金的时间价值。财务管理对时间价值的研究，主要是对资金的筹集、投放、使用和收回等从量上进行分析，以便找出适用于分析方案的数学模型，改善财务决策的质量。

子任务三　计算资金时间价值

一、单利的终值与现值

1. 单利终值

单利终值的计算可依照如下计算公式：$F=P+P\cdot i\cdot n=P(1+i\cdot n)$。

【案例2-1】 某人现在存入银行1 000元，利率为5%，3年后取出，问：在单利方式下，3年后取出多少钱？

分析：

$F=1\,000\times(1+3\times5\%)=1\,150$(元)

注：在计算利息时，除非特别指明，给出的利率是指年利率。对于不足1年的利息，以1年等于360天来折算。

2. 单利现值

单利现值的计算同单利终值的计算是互逆的，由终值计算现值称为折现。将单利终值计算公式变形，得到单利现值的计算公式为

$P=F/(1+i\cdot n)$

【案例2-2】 某人希望在3年后取得本利和1 150元，用以支付一笔款项，已知银行存款利率为5%，则在单利方式下，此人现在需存入银行多少钱？

分析：

$P=1\,150/(1+3\times5\%)=1\,000$(元)

二、复利的终值与现值

1. 复利终值

复利终值是指一定量的本金按复利计算的若干期后的本利和。假若某人将P元存放于银行，年利率为i，则：

第一年的本利和为 $F=P+P\cdot i=P\cdot(1+i)$

第二年的本利和为 $F=P\cdot(1+i)\cdot(1+i)=P\cdot(1+i)^2$

第三年的本利和为 $F=P\cdot(1+i)^2\cdot(1+i)=P\cdot(1+i)^3$

……

第 n 年的本利和为 $F=P\cdot(1+i)^n$

式中 $(1+i)^n$ 通常称为复利终值系数,用符号 $(F/P,i,n)$ 表示。如 $(F/P,7\%,5)$ 表示利率为 7%,5 期复利终值的系数。复利终值系数可以通过查阅"1 元复利终值系数表"直接获得。

【案例 2-3】　某人现在存入本金 2 000 元,年利率为 7%,5 年后的复利终值为多少?

分析:

$F=2\,000\times(F/P,7\%,5)=2\,000\times1.403=2\,806$(元)

2. 复利现值

复利现值是复利终值的逆运算,它是指今后某一特定时间收到或付出一笔款项,按复利计算的相当于现在的价值。其计算公式为

$$P=F\cdot(1+i)^{-n}$$

式中 $(1+i)^{-n}$ 通常称为复利现值系数,用符号 $(P/F,i,n)$ 表示。可以直接查阅"1 元复利现值系数表"。

【案例 2-4】　某项投资 4 年后可得收益 40 000 元,按利率 6%计算,其复利现值应为多少?

分析:

$P=40\,000\times(P/F,6\%,4)=40\,000\times0.792=31\,680$(元)

三、年金的终值和现值

(一) 普通年金的终值与现值

普通年金是指每期期末等额发生的系列款项,如图 2-1 所示。

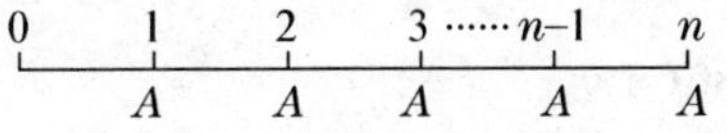

0
1
2
3 ······ n-1
n
A
A
A
A
A

图 2-1　普通年金示意图

1. 普通年金终值

普通年金终值是指每期期末收入或支出的相等款项,按复利计算,在最后一期所得的本利和。每期期末收入或支出的款项用 A 表示,利率用 i 表示,期数用 n 表示,那么每期期末收入或支出的款项,折算到第 n 年的终值如图 2-2。

0
1
2
······
n-2
n-1
n
A
A
A
A
A
A
A(1+i)^1
A(1+i)^2
······
A(1+i)^{n-1}

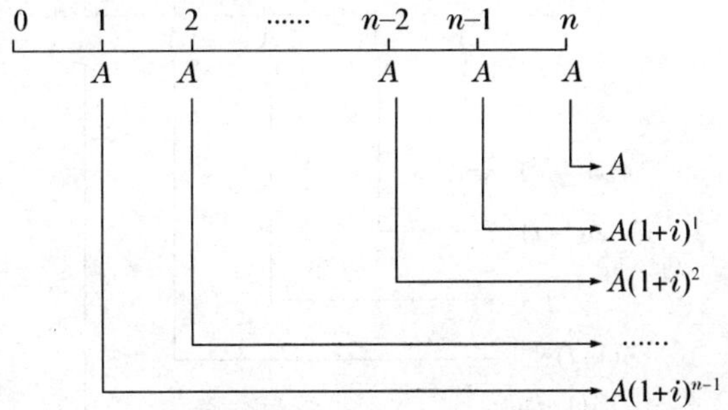

图 2-2　普通年金终值计算示意图

根据年金终值定义，普通年金终值的计算公式为

$$F=A\cdot(1+i)^0+A\cdot(1+i)^1+A\cdot(1+i)^2+\cdots\cdots+A\cdot(1+i)^{n-1}$$

整理可得：

$$F=A\cdot\frac{(1+i)^n-1}{i},$$

其中，$\frac{(1+i)^n-1}{i}$通常称为年金终值系数，记作$(F/A,i,n)$，可以直接查阅“1元年金终值系数表”。

【案例2-5】 某企业准备在今后6年内，每年年末从利润留成中提取50 000元存入银行，计划6年后，将这笔存款用于建造某一福利设施，若年利率为6%，6年后共可以积累多少资金？

分析：

$F=50\,000\times(F/A,6\%,6)=50\,000\times6.975=348\,750$(元)

偿债基金是指为了在约定的未来某一时点清偿某笔债务或积聚一定数额的资金而必须分次等额存入的存款准备金。由于每次存入的等额准备金类似年金存款，因而同样可以获得按复利计算的利息，所以，债务实际上等于年金终值，每年存入的偿债基金等于年金A。偿债基金的计算，可以通过年金终值的计算公式，倒求每年的年金。

$$A=\frac{F}{(F/A,i,n)}=F(A/F,i,n)$$

式中$(A/F,i,n)$是偿债基金系数，它是普通年金终值系数的倒数。

【案例2-6】 某企业拟在5年后偿还一笔600 000元的债务，故建立偿债基金。银行存款利率为10%，则企业从第一年起，每年年末应存入银行的金额是多少？

分析：

$A=\frac{600\,000}{(F/A,10\%,5)}=98\,280$(元)

即每年年末应存入银行98 280元，在利率为10%的情况下，5年的本利和为600 000元，正好可以如期足额偿还债务了。

2. 普通年金现值

普通年金现值是一定时期内每期期末收付款项的复利现值之和。其计算方法如图2-3所示。

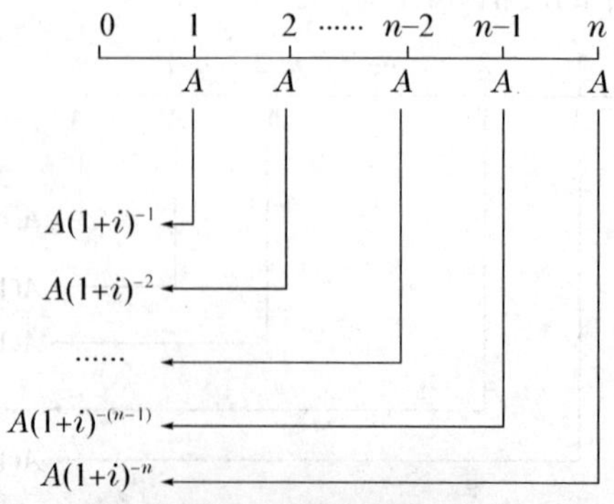

图2-3 普通年金现值计算示意图

根据年金现值定义，普通年金现值的计算公式为

$$P=A\cdot(1+i)^{-1}+A\cdot(1+i)^{-2}+\cdots\cdots+A\cdot(1+i)^{-(n-1)}+A\cdot(1+i)^{-n}$$

整理可得：

$$P=A\cdot\frac{1-(1+i)^{-n}}{i}$$

其中$\frac{1-(1+i)^{-n}}{i}$通常称为年金现值系数，记作$(P/A,i,n)$，可以直接查阅“1元年金现值系数表”。

【案例 2-7】 某企业准备在今后的8年内，每年年末发放奖金70 000元，若年利率为12%，该企业现在需向银行一次存入多少钱？

分析：

$P=70\,000\times(P/A,12\%,8)=70\,000\times4.968=347\,760$(元)

年资本回收额是指在约定年限内等额回收初始投入资本或清偿所欠债务的金额。年资本回收额是已知普通年金的现值P，求年金A。

$$A=\frac{P}{(P/A,i,n)}=P(A/P,i,n)$$

式中$(A/P,i,n)$是$(P/A,i,n)$的倒数，称为年资本回收系数。

【案例 2-8】 某企业借得1 000万元的贷款，在10年内以年利率12%等额偿还，则每年应付的金额是多少？

分析：

$A=P(A/P,i,n)=A\times\frac{1}{(P/A,i,n)}=1\,000\times\frac{1}{5.650\,2}=176.98$(万元)

(二) 即付年金的终值与现值

即付年金是指一定时期内每期期初等额收付的系列款项，又称即付年金或预付年金，如图2-4所示。即付年金与后付年金的差别仅在于收付款的时间不同。由于年金终值系数表和年金现值系数表是按常见的后付年金编制的，在利用后付年金系数表计算即付年金的终值和现值时，可在计算后付年金的基础上加以适当调整。

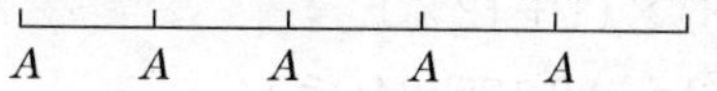

0
1
2
3
n-1
n
A
A
A
A
A

图 2-4　即付年金示意图

1. 即付年金终值

n期即付年金终值和n期后付年金终值之间的关系如图2-5所示。

0
1
2 ······ n-2
n-1
n
n期即付年金终值
A
A
A
A
A
0
1
2 ······ n-2
n-1
n
n期后付年金终值
A
A
A
A
A

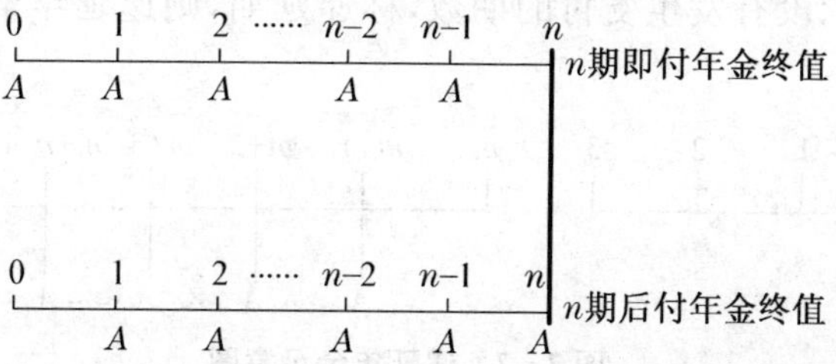

图 2-5　即付年金终值和后付年金终值之间关系图

将图 2-4 与图 2-1 相比较发现，n 期即付年金与 n 期后付年金的付款期数相同，但由于付款时间的不同，n 期即付年金终值比 n 期后付年金终值要多一个利息期。

$$F=A(F/A,i,n)(1+i)$$
$$=A[(F/A,i,n+1)-1]$$

【案例 2-9】 某企业准备在今后 6 年内，每年年初从利润留成中提取 50 000 元存入银行，计划 6 年后，将这笔存款用于建造某一福利设施，若年利率为 6%，6 年后共可以积累多少资金？

分析：

$F=50\ 000\times(F/A,6\%,6)\times(1+6\%)$

$=50\ 000\times6.975\ 3\times1.06=369\ 690.90$(元)

或$F=50\ 000\times[(F/A,6\%,6+1)-1]=50\ 000\times(8.393\ 8-1)=369\ 690$(元)

2. 即付年金现值

n 期即付年金现值和 n 期后付年金现值之间的关系可以用图 2-6 表示。

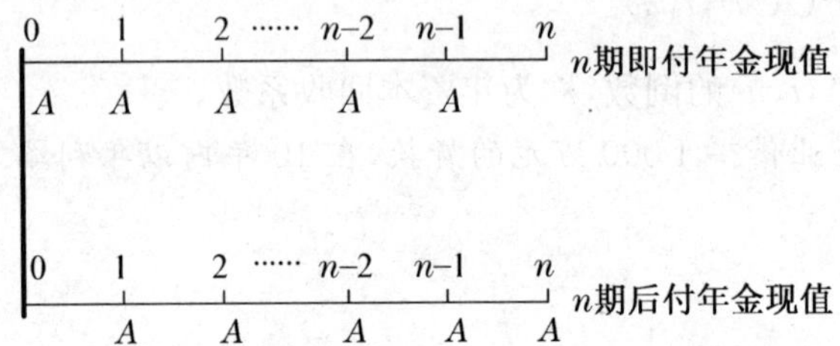

图 2-6 即付年金现值和后付年金现值之间关系图

计算公式为

$$P=A(P/A,i,n)(1+i)=A[(P/A,i,n-1)+1]$$

【案例 2-10】 某企业准备在今后的 8 年内，每年年初从银行取出 70 000 元，若年利率为 12%，该企业现在需向银行一次存入多少钱？

分析：

$P=70\ 000\times(P/A,12\%,8)\times(1+12\%)$

$=70\ 000\times4.967\ 6\times1.12=389\ 459.84$(元)

或$P=70\ 000\times[(P/A,12\%,8-1)+1]=70\ 000\times(4.563\ 8+1)=389\ 466$(元)

(三) 递延年金的终值和现值

递延年金是指每一次收付款发生在第二期或第二期以后每期期末的年金，它是普通年金的特殊形式。用 m 表示没有发生支付的期数，称递延期，则递延年金的收付形式如图 2-7 所示。

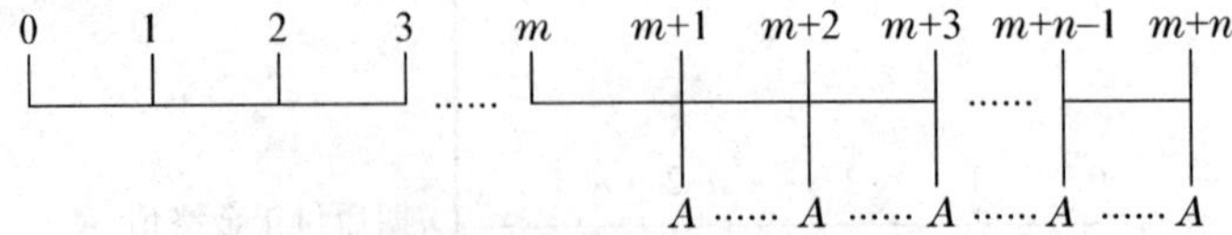

图 2-7 递延年金示意图

1. 递延年金终值

从图 2－7 可知，递延年金只是年金发生的时间向后递延，其年金终值只需从年金开始发生的那一年开始计算即可，与递延期 m 无关，所以递延年金终值的计算方法和普通年金终值的计算方法相同，这里不再赘述。

2. 递延年金现值

递延年金的现值是自若干时期后开始每期款项的现值之和。即是后 n 期年金贴现至第一期期初的现值之和。递延年金现值有以下两种计算方法。

方法一：先计算出 $m+n$ 期的普通年金现值，然后减去前 m 期的普通年金现值，即是递延年金的现值。

$$P=A\times[(P/A,i,m+n)-(P/A,i,m)]$$

方法二：先将此递延年金视为 n 期普通年金，求出在第 $m+1$ 期期初的现值，然后再折算到第一期期初的现值。

$$P=A\times\frac{1-(1+i)^{-n}}{i}\times(1+i)^{-m}=A\times(P/A,i,n)\times(P/F,i,m)$$

【案例 2－11】 某人拟在年初存入一笔资金，以便能从第六年末起每年取出 1 000 元，至第十年末取完。若银行存款利率为 10%，此人应在现在一次存入银行多少钱？

分析：

$P=1\,000\times(P/A,10\%,10)-1\,000\times(P/A,10\%,5)$

$=1\,000\times6.145-1\,000\times3.791=2\,354$(元)

或 $P=1\,000\times(P/A,10\%,5)\cdot(P/F,10\%,5)$

$=1\,000\times3.791\times0.621=2\,354$(元)

(四) 永续年金

永续年金是指无期限等额收付的特种年金。如存本取息、奖学金等都是永续年金的形式。由于永续年金没有终止的时间，年金终值会随连续期间的延长而不断扩大，以至无穷，故永续年金终值的计算并无意义。永续年金现值的计算可通过普通年金现值的公式推导出。

永续年金现值的计算公式为：

$$V_0=A\cdot\frac{1}{i}$$

【案例 2－12】 某人现在采用存本取息的方式存入银行一笔钱，希望今后无限期地每年年末能从银行取出 1 000 元，若年利率为 10%，则他现在应存入多少钱？

分析：

$P=1\,000/10\%=10\,000$(元)

四、货币时间价值计算中的几个特殊问题

1. 名义利率与实际利率

以上各例的有关计算均假定利率为年利率，每年复利一次。但现实经济生活中，复利的计息期间不一定是一年，有可能是季度、月份或日。比如某些债券半年计息一次；有的抵押贷款每月计息一次；银行之间拆借资金均为每天计息一次。当每年复利次数超过一次时，这样的年利率叫做名义利率，而每年只复利一次的利率才是实际利率。将名义利率调整为实际利率，然

后按实际利率计算时间价值。

$$i=(1+r/m)^m-1$$

式中：i—实际利率；

r—名义利率；

m—每年复利次数。

【案例 2-13】 本金 1 000 元，投资 5 年，年利率为 8%，若每年复利一次和每季度复利一次，其本利和与利息各是多少？

分析：

(1) 若每年复利一次，则

本利和$=1\,000\times(1+8\%)^5=1\,000\times1.469\,3=1\,469.3$(元)

利息$=1\,469.3-1\,000=469.3$(元)

(2) 若每季度复利一次，则

本利和$=1\,000\times\left(1+\dfrac{8\%}{4}\right)^{5\times4}=1\,000\times(1+2\%)^{20}=1\,485.9$(元)

利息$=1\,485.9-1\,000=485.9$(元)

此时的 8% 即为名义利率，实际利率为

$$i=\left(1+\frac{8\%}{4}\right)^4-1=8.24\%$$

2. 推算贴现率和期间——以普通年金现值为例

复利计息方式下，折现率与现值(或者终值)系数之间存在一定的数量关系。已知现值(或者终值)系数，可以通过直接查现值(或者终值)系数表得到折现率或运用内插法计算得到对应的折现率。

内插法计算贴现率的步骤为：

(1) 计算 P/A 的值，并假设 $P/A=a$。

(2) 查年金现值系数表，若在 n 所在的横行里恰好能找到 a 数值，则该数值所在列对应的利率即为所求的 i 值。

(3) 否则，在 n 所在的横行里找与 a 最接近的两个上下临界数值，设为 β_1、β_2。读出 β_1、β_2 所对应的临界利率 i_1、i_2，然后运用内插法。

(4) 在内插法下，假定利率 i 同相关的系数在较小范围内线性相关，可用以下公式计算 i 值。

$$i=i_1+\frac{a-\beta_1}{\beta_2-\beta_1}(i_2-i_1)$$

期间的计算步骤同上。

【案例 2-14】 某公司第一年年初借款 20 000 元，每年年末还本付息额均为 4 000 元，连续 9 年付清。借款利率为多少？

分析：

依题意得：

$$20\,000=4\,000\times(P/A,i,9)$$

$$(P/A,i,9)=20\,000\div4\,000=5$$

查表可知：

$(P/A,12\%,9)=5.328\ 2$

$(P/A,14\%,9)=4.916\ 4$

由此判断所求利率介于12%和14%之间，利用插值法可得：

$$i=i_1+\frac{a-\beta_1}{\beta_2-\beta_1}(i_2-i_1)=12\%+\frac{5-5.328\ 2}{4.916\ 4-5.328\ 2}(14\%-12\%)=13.59\%$$

即借款利率为13.59%。

任务二　认识风险价值

资金时间价值是在没有考虑通货膨胀和风险情况下的投资收益率，没有涉及风险的问题。而现实中企业所处的环境是非常复杂且极易变化的，企业财务活动经常是在有风险的情况下进行的。冒风险，就要求得到额外的收益，否则就不值得去冒险。所以还必须考虑到，当投资者冒着风险投资时能否获得额外收益的问题，这就产生了风险与收益对称的问题。企业理财时，必须研究风险、衡量风险，并设法控制风险，分析风险承担所带来的额外收益问题，以最大限度地扩大企业财富，所以，如何评价和衡量风险价值就非常重要。

子任务一　了解风险及种类

一、风险的含义

所谓风险，是指一定条件下和一定时期内可能发生的各种结果的变动程度。风险是现代企业财务管理环境的一个重要特征，在财务管理的每一个环节都不可避免地要面对风险。如果企业的一项行动有多种可能的结果，其将来的财务后果是不确定的，则存在风险；如果这项行动只有一种结果，就没有风险。可以说，风险是对企业的目标产生负面影响的事件发生的可能性。从财务管理的角度看，风险就是企业在各项财务活动中，由于各种无法预料或无法控制的因素作用，使企业的实际收益与预计收益发生背离，从而蒙受经济损失的可能性，或遭受损失的可能性。

要准确理解风险的含义，需注意以下几个方面：

(1) 风险具有客观性。一旦某一特定方案被确定下来，由于不确定性的存在，风险总是无法避免和忽视的。但决策主体是否愿意去冒险以及冒多大的风险，是可以选择的，是主观决定的。所以，风险是在一定条件下产生的，特定的情况不同，风险也就不同。

(2) 风险具有时间性。风险的大小随时间的延续而变化，是“一定时期内”的风险。例如：我们对于某一投资项目，事先的预计可能不很准确，随着时间的延续，项目的不确定性逐渐缩小，越接近完工则预计越准确，项目完成后，其结果也就完全确定了。因此，决策涉及的时间越长，决策风险就越大；反之，风险就越小。

(3) 风险和不确定性有区别。严格意义上讲，风险与不确定性是有区别的，风险是未来结果虽不确定，但未来可能出现的情况及其概率是知道的。而不确定性是未来情况掌握甚少，且无法估计未来各种情况及其概率，即不可能对未来最终结果做出类似数学分析上的判断。可见,这两者间的差别主要在于程度的不同,不确定性的风险更难预测。但在现实经济生活中,提起风险,更多指的是确切意义上的风险,但更可能指的是不确定性,对两者很难做出区分。所以在大多数情况下,人们视其如一,都视为“风险”对待,把风险理解为可测定概率的不确定性。

(4) 风险是双向的,具有正面效应和负面效应的不确定性。风险与危险是有区别的。危险专指负面效应,是损失发生及其程度的不确定性。人们对于危险,需要识别、衡量、防范和控制,即对危险进行管理。风险的概念比危险更广泛,它除了包括危险外,还有正面效应,可以成为机会。人们对于机会,需要识别、衡量、选择和获取。理财活动不仅需要管理危险,还要识别、衡量、选择和获取增加企业价值的机会。风险的概念是危险和机会并存。

(5) 风险是针对特定的主体、项目而言的,风险的主体与收益的主体是一致的。

二、风险的种类

风险可以按不同标准进行不同的分类。

(一) 从风险产生的原因、影响程度和投资者的能动性来划分,风险可以分为系统风险和非系统风险

1. 系统风险

系统风险又称为市场风险或不可分散风险,是指影响所有资产的、不能通过风险分散而消除的风险。这部分风险是由那些影响整个市场的风险因素所引起的。这些因素包括宏观经济形势的变动、国家经济政策的变化、税制改革、企业会计准则改革、世界能源状况、政治因素等。如战争、经济衰退、通货膨胀、高利率、财政税收政策调整等意外发生的、非预期的变动,对所有企业都产生影响。值得注意的是,尽管绝大多数企业和资产都不可避免地受到不可分散风险的影响,但并不意味着不可分散风险对所有资产或所有企业有相同的影响。有些资产受不可分散风险的影响大一些,而有些资产受的影响则较小。

2. 非系统风险

非系统风险又称为企业特有风险或可分散风险,是指可以通过资产组合而分散掉的风险。它是指发生于个别公司的特有事件给企业带来的风险。它是特定企业或特定行业所特有的,如开发新产品失败、诉讼失败等。对于特定企业而言,非系统风险可进一步分为经营风险和财务风险。非系统风险虽然可以通过资产组合分散,但在风险分散的过程中,不应过分夸大资产多样性和资产个数的作用。在资产组合中数目较低时,增加资产的个数,分散风险的效应会比较明显,但资产数目增加到一定程度时,风险分散的效应就会逐渐减弱。经验数据表明,组合中不同行业的资产个数达到 20 时,绝大多数可分散风险均已被消除掉。此时,如果继续增加资产的个数,对分散风险便没有多大的实际意义,只能增加管理成本。另外,不能通过资产多样化达到完全消除风险的目的,系统风险是不能通过资产的组合来消除的。

(二) 从公司本身来看,风险可以分为经营风险和财务风险

1. 经营风险

经营风险是指由于生产经营上的原因给企业的利润带来的不确定性。这些因素来源于企业外部条件的变动和企业内部的原因两个方面。来源于外部的经营风险主要包括经济形势和经营环境的变化,市场供求和价格的变化,税收调整等;来源于内部的经营风险主要包括技术装备、产品结构和设备利用率的变化,工人生产率和原材料使用情况的变化,企业的应变能

力等。

2. 财务风险

财务风险也叫筹资风险,是指由于企业筹措资金上的原因给企业财务成果带来的不确定性,它来源于企业资金利润率与借入资金利息率差额上的不确定因素和借入资金对自有资金比例的大小。影响企业财务风险的因素很多,其中比较重要的有:

(1) 资本供求关系的变化。在其他因素不变的条件下,金融市场上资本供给越充裕,企业举债能力越强,财务风险就越小;反之,金融市场上资本供给越紧张,企业举债能力越弱,财务风险就越大。

(2) 市场利率水平的变化。筹资时市场利率越高,企业负担的利息费用越多,财务风险就越大;反之,筹资时市场利率越低,企业负担的利息费用则越少,财务风险就越小。

(3) 企业获利能力的变化。企业能否按期还本付息归根结底要看企业的获利情况。因此,企业获利能力强时,企业偿债能力肯定强,财务风险就小;反之,企业获利能力下降时,偿债能力也会随之下降,故而企业财务风险就会相对增大。

(4) 资本结构的变化。资本结构的变化对财务风险的影响最为直接,在其他因素不变的条件下,资产负债比例越高,企业财务风险越大;反之,资产负债比例越低,企业财务风险也越小。

子任务二　衡量风险高低

一、风险程度的衡量

项目的风险是客观存在的,广泛影响着企业的财务和经营活动。因此,正视风险并将风险程度予以量化,进行较为准确的衡量,便成为企业财务管理中的一项重要工作。在财务管理实践中,风险的大小可以采用杠杆系数法、概率分布法、β系数法等进行衡量。这里我们主要介绍概率分布法。

概率分布法是利用统计学中的概率分布、期望值、标准差等来计算与衡量风险大小的一种方法,也是最为常见的一种方法。其计算步骤是:

1. 确定概率分布

概率是用来表示随机事件发生可能性大小的数值。一个事件的概率是指这一事件的某种后果可能发生的机会。比如,企业投资收益率为25%的概率为0.4,就意味着企业获得25%的投资收益率可能是40%。通常把必然发生事件的概率定为1,把不可能发生事件的概率定为0。而一般随机事件的概率是介于0与1之间的一个数。如果把某一事件所有可能的结果都列示出来,对每一结果给予一定的概率,便可构成概率的分布。

概率以 P_i 表示,n 表示可能出现的所有结果的个数。任何概率都要满足以下两个条件:

(1) $0 \leqslant P_i \leqslant 1$;

(2) $\sum_{i=1}^{n} p_i = 1$。

这就是说,每一个随机变量的概率最小为0,最大为1;不可能小于0,也不可能大于1。全部概率之和必须等于1,即100%。n 为可能出现的所有结果的个数。

2. 计算期望值

根据某一事件的概率分布情况，可以计算出期望值。期望值又称为预期收益，是对随机变量的各种可能结果集中趋势的度量。它是以某一投资方案未来收益的各种可能结果的数值为变量，以各自所对应的概率为权数所计算出来的加权平均值。其计算公式如下：

$$\overline{E}=\sum_{j=1}^{n}P_jX_j=P_1X_1+P_2X_2+\cdots+P_nX_n$$

式中：$\overline{E}$——期望收益；

P_j——第 j 种可能结果的概率；

X_j——第 j 种可能结果的收益；

n——可能结果的个数。

在期望值相同的情况下，投资的风险程度同收益的概率分布有密切的联系。概率分布越集中，实际可能的结果就会越接近期望值，实际收益率低于预期收益率的可能性就越小，投资的风险程度也就越小；反之，概率分布越分散，投资的风险程度也就越大。因此，对有风险的投资项目，不仅要考察其预期收益率的高低，还要考察其风险程度的大小。

【案例 2－15】 假定某项目投产，根据市场预测，估计可能出现"畅销"、"一般"和"滞销"三种情况，它们可能获得的年净收益及其概率如表 2－1 所示。

表 2－1　年净收益及其概率分布

市场状况	年净收益(x_i)	概率(P_i)
畅销	400	0.3
一般	300	0.5
滞销	200	0.2

该项目年收益的期望值：

$$\overline{E}=400\times0.3+300\times0.5+200\times0.2=310\text{(万元)}$$

3. 计算标准离差

标准离差是反映概率分布中各种可能结果对期望值的偏离程度，也即离散程度的一个数值。对投资项目而言，标准离差是投资项目各种可能结果与其期望值的偏离程度的指标，通常以符号 σ 表示，计算公式如下：

$$\sigma=\sqrt{\sum_{j=1}^{n}(x_j-\overline{E})^2P_j}$$

式中：σ——标准离差；

$\overline{E}$——期望收益；

P_j——第 j 种可能结果的概率；

X_j——第 j 种可能结果的收益；

n——可能结果的个数。

计算年净收益的标准离差为

$$\sigma=\sqrt{(400-310)^2\times0.3+(300-310)^2\times0.5+(200-310)^2\times0.2}=70\text{(万元)}$$

标准离差以绝对数衡量决策方案的风险，在期望值相同的情况下，标准离差越大，表明所有可能结果的数值偏离期望值越大,风险程度越大;反之,标准离差越小,则风险越小。

4. 计算标准离差率

标准离差是绝对数指标,不能比较期望值不同的多个投资方案的风险的大小,这就要求用标准离差率这个相对数指标来进行比较。

标准离差率是标准离差同期望值相比的百分率,也称变异系数,通常用符号 q 表示,其计算公式为

$$q=\sigma/\overline{E}\times 100\%$$

承上例,其标准离差率为

$$q=70/310\times 100\%=22.58\%$$

在期望值不同的情况下,标准离差率越高,表明风险程度越大;反之,标准离差率越低,风险程度越小。一般情况下用它来比较不同方案风险程度的大小。

【案例 2-16】 某企业现有两个项目,可能出现的结果及其概率分布如表 2-2 所示,要求根据有关资料计算比较哪个投资方案的风险更小。

表 2-2　净资产收益率及其概率分布

市场情况	甲方案		乙方案	
	净资产收益率(x_i)	概率(P_i)	净资产收益率(x_i)	概率(P_i)
繁荣	6%	0.2	8%	0.3
一般	5%	0.6	4%	0.5
萧条	3%	0.2	3%	0.2

分析:

根据表 2-2 资料,计算如下:

(1) 计算甲乙两方案的期望收益率:

$$\overline{E}_{甲}=6\%\times 0.2+5\%\times 0.6+3\%\times 0.2=4.8\%$$

$$\overline{E}_{乙}=8\%\times 0.3+4\%\times 0.5+3\%\times 0.2=5\%$$

(2) 计算甲乙两方案的标准离差

$$\sigma_{甲}=\sqrt{(6\%-4.8\%)^2\times 0.2+(5\%-4.8\%)^2\times 0.6+(3\%-4.8\%)^2\times 0.2}=0.98\%$$

$$\sigma_{乙}=\sqrt{(8\%-5\%)^2\times 0.3+(4\%-5\%)^2\times 0.5+(3\%-5\%)^2\times 0.2}=2\%$$

(3) 计算甲乙两方案的标准离差率

$$q_{甲}=\frac{0.98\%}{4.8\%}=20.42\%$$

$$q_{乙}=\frac{2\%}{5\%}=40\%$$

由结果可知,甲方案的标准离差率小于乙方案,虽然甲方案的期望净资产收益率比乙方案低,但从风险角度看,乙方案的风险大,甲方案的风险小。

二、风险价值的计算

风险价值的表示方法有两种,即风险报酬额和风险报酬率。投资者冒着风险进行投资而

获得的超出资金时间价值的额外收益，称为风险报酬额。风险报酬额对于投资额的比率，则为风险报酬率。在实际工作中，风险价值通常用风险报酬率进行衡量。

在不考虑通货膨胀的情况下，投资者的期望报酬率包括两个部分：一部分是无风险报酬率，即资金的时间价值；另一部分是风险报酬率，即风险价值。其基本关系是

期望报酬率＝无风险报酬率＋风险报酬率

风险报酬率＝风险价值系数×风险程度

期望报酬率＝无风险报酬率＋风险价值系数×风险程度

【案例 2－17】 以例 2－16 的数据为依据，并假设无风险报酬率为 8％，风险价值系数为 10％，请计算甲、乙两个方案的风险报酬率和期望报酬率。

分析：

甲方案的风险报酬率＝10％×20.42％＝2.042％

甲方案的期望报酬率＝8％＋2.042％≈10.04％

乙方案的风险报酬率＝10％×40％＝4％

乙方案的期望报酬率＝8％＋4％＝12％

具体来说，如果有多个投资方案可选择，投资决策总的原则应该是：投资收益率越高越好，风险程度越低越好。

应当指出，风险价值计算的结果具有一定的假定性，并不十分精确。研究投资风险价值原理，关键是要在进行投资决策时，树立风险价值观念，认真权衡风险与收益的关系，选择有可能避免风险、分散风险，并获得较多收益的投资方案。因此，在投资决策中应当充分运用投资风险价值原理，充分考虑市场、经营中可能出现的各种情况，对各种方案进行权衡，以求实现最佳的经济效益。

三、证券组合的风险报酬

证券组合是指投资者同时投资于多种证券的方法。

1. 证券组合的风险

（1）非系统性风险。非系统性风险又叫可分散风险或公司特别风险，是指某些因素对单个证券造成经济损失的可能性。如公司在市场竞争中的失败等。这种风险，可通过证券持有的多样化来抵消。即多买几家公司的股票，其中某些公司的股票收益上升，另一些股票的收益下降，从而将风险抵销。因而，这种风险称为可分散风险。

通过分析可知，当两种股票完全负相关（$r=-1.0$）时，所有的风险都可以分散掉；当两种股票完全正相关（$r=1.0$）时，从降低风险的角度来看，分散持有股票没有好处。实际上，大部分股票都是正相关，但又不完全正相关，一般来说，随机取两种股票，相关系数为＋0.6 左右的最多，而对绝大多数两种股票而言，r 将位于＋0.5～＋0.7 之间。在这种情况下，把两种股票组合成证券组合能降低风险，但不能全部消除风险。不过，如果股票种类较多，则能分散掉大部分风险，而当股票种类足够多时，几乎能把所有的非系统性风险分散掉。

（2）系统性风险。系统性风险又称不可分散风险或市场风险。指的是由于某些因素给市场上所有的证券都带来经济损失的可能性。如宏观经济状况的变化、国家税法的变化、国家财政政策和货币政策的变化、世界能源状况的改变都会使股票收益发生变动。这些风险影响到所有的证券，因此，不能通过证券组合分散掉。对投资者来说，这种风险是无法消除的，故称不

可分散风险。但这种风险对不同的企业其影响也不同。

系统风险通常用β系数来计量。β系数有多种计算方法，实际计算过程十分复杂，但幸运的是β系数一般不需投资者自己计算，而由一些投资服务机构定期计算并公布。

作为整体的证券市场的β系数为1。如果某种股票的风险情况与整个证券市场的风险情况一致，则这种股票的β系数等于1；如果某种股票的β系数大于1，说明其风险大于整个市场的风险；如果某种股票的β系数小于1，说明其风险小于整个市场的风险。

从以上分析可知，单个证券的β系数可以由有关的投资服务机构提供。那么，投资组合的系数该怎样计算呢？投资组合的β系数是单个证券β系数的加权平均数，权数为各种证券在投资组合中所占的比重。其计算公式是

$$\beta_p = \sum X_i \times \beta_i$$

式中：β_p——证券组合的β系数；

X_i——证券组合中第i种股票所占的比重；

β_i——第i种股票的β系数；

n——证券组合中股票的数量。

至此，可把上面的分析总结如下：① 一个股票的风险由两部分组成，它们是可分散风险和不可分散风险；② 可分散风险能通过证券组合来消减；③ 股票的不可分散风险由市场变动所产生，它对所有股票都有影响，不能通过证券组合而消除。不可分散风险是通过β系数来测量的，一些标准的β系数值如下：

β系数＝0.5，说明该股票的风险只有整个市场股票风险的一半；

β系数＝1.0，说明该股票的风险等于整个市场股票的风险；

β系数＝2.0，说明该股票的风险是整个市场股票风险的两倍。

2. 证券投资组合的风险收益

投资者进行证券组合投资与进行单项投资一样，都要求对承担的风险进行补偿，股票的风险越大，要求的收益就越高。但是，与单项投资不同，证券组合投资要求补偿的风险只是不可分散风险，而不要求对可分散风险进行补偿。如果有可分散风险的补偿存在，善于科学地进行投资组合的投资者将购买这部分股票，并抬高其价格，其最后的收益率只反映不能分散的风险。因此，证券组合的风险收益是投资者因承担不可分散风险而要求的，超过时间价值的那部分额外收益。可用下列公式计算：

$$R_P = \beta_P \times (K_M - R_F)$$

式中：R_P——证券组合的风险收益率；

β_p——证券组合的系数；

K_m——所有股票的平均收益率，也就是由市场上所有股票组成的证券组合的收益率，简称市场收益率；

R_F——无风险收益率，一般用政府公债的利息率来衡量。

【案例2-18】 华强公司持有由甲、乙、丙三种股票构成的证券组合，它们的β系数分别是2.0，1.0和0.5，它们在证券组合中所占的比重分别为60%，30%，10%，股票的市场收益率为14%，无风险收益率为10%，试确定这种证券组合的风险收益率。

分析：

① 确定证券组合的β系数。

$$\beta_p = \sum X_i\beta_i = \beta_p = 60\% \times 2 + 30\% \times 1 + 10\% \times 0.5 = 1.55$$

② 计算该证券组合的风险收益率。

$$R_p=\beta_p(K_m-R_F)=1.55\times(14\%-10\%)=6.2\%$$

计算出风险收益率后，便可根据投资额和风险收益率计算出风险收益的数额。从以上计算中可以看出，在其他因素不变的情况下，风险收益取决于证券组合的系数，β 系数越大，风险收益就越大；反之亦然。

【案例 2-19】 在上例中，华强公司为降低风险，售出部分甲股票，买进部分丙股票，使甲、乙、丙三种股票在证券组合中所占的比重变为 10%、30%和 60%，试计算此时的风险收益率。

分析：

此时，证券组合的β值为：

$$\beta_p = \sum X_i\beta_i = \beta_p = 10\% \times 2 + 30\% \times 1 + 60\% \times 0.5 = 0.8$$

那么，此时的证券组合的风险收益率应为

$$R_p=\beta_p(K_m-R_F)=0.8\times(14\%-10\%)=3.2\%$$

从以上计算可以看出，调整各种证券在证券组合中的比重可改变证券组合的风险、风险收益率和风险收益额。

3. 风险和收益率的关系

在西方金融学和财务管理学中，有许多模型论述风险和收益率的关系，其中一个最重要的模型为资本资产定价模型(CapitaL Asset Pricing Model，简写为 CAPM)。这一模型为

$$k_i=R_F+\beta_i\times(K_M-R_F)$$

式中：k_i——第 i 种股票或第 i 种证券组合的必要收益率；

R_F——无风险收益率；

β_i——第 i 种股票或第 i 种证券组合的 β 系数；

K_M——所有股票或所有证券的平均收益率。

【案例 2-20】 顺达公司股票的系数为 2.0，无风险收益为 6%，市场上所有股票的平均收益率为 12%，那么，顺达公司股票的收益率应为多少？

分析：

$$k_i=R_F+\beta_i\times(K_M-R_F)=6\%+2\times(12\%-6\%)=18\%$$

也就是说，顺达公司股票的收益率达到或超过 18%时，投资者方肯进行投资。如果低于 18%，则投资者不会购买顺达公司的股票。

资本资产定价模型通常用图形加以表示，叫证券市场线(简称 SML)。它说明必要收益率 K 与不可分散风险 β 系数之间的关系。

四、风险对策

1. 规避风险

任何经济单位对风险的对策，首先考虑到的是避免风险，凡风险所造成的损失不能由该项目可能获得的利润予以抵消时，避免风险是最可行的简单方法。避免风险包括：拒绝与不守信用的厂商业务往来；放弃可能明显导致亏损的投资项目；新产品在试制阶段发现诸多问题而果

断停止试制等等。

2. 减少风险

首先从制度、文化、决策、组织和控制上，从培育核心能力上提高企业防御风险的能力。减少风险主要有两个方面的意义：一是控制风险因素，减少风险的发生；二是控制风险发生的频率和降低风险损害程度。减少风险的常用方法有：进行正确的预测，如对汇率预测、利率预测、债务人信用评估等；对决策进行多方案比较与优选；及时与政府部门沟通获取政策信息；在发展新产品前，充分进行市场调研；实行设备预防检修制度以减少设备事故；选择有弹性的、抗风险能力强的技术方案，进行预先的技术模拟试验，采用可靠的保护和安全措施；采用多领域、多地域、多项目、多品种的投资以分散风险。

3. 转移风险

企业以一定代价（如保险费、盈利机会、担保费和利息等），采取某种方式（如参加保险、信用担保、租赁经营、套期交易、票据贴现等），将风险损失转嫁给他人，以避免可能给企业带来灾难性损失。如向专业性保险公司投保；采取合资、联营、增发新股、发行债券、联合开发等措施实现风险共担；通过技术转让、特许经营、战略联盟、租赁经营和业务外包等实现风险转移。

4. 接受风险

对于损失较小的风险，如果企业有足够的财力和能力承受风险损失时，可以采取风险自担和风险自保自行消化风险损失。风险自担，就是风险损失发生时，直接将损失摊入成本或费用，或冲减利润；风险自保，就是企业预留一笔风险金或随着生产经营的进步，有计划地预提风险基金，如坏账准备金、存货跌价准备等。

五、风险偏好

风险偏好是指为了实现目标，企业或个体投资者在承担风险的种类、大小等方面的基本态度。风险就是一种不确定性，投资者面对这种不确定性所表现出的态度、倾向便是其风险偏好的具体体现。

根据人们的效用函数的不同，可以按照其对风险的偏好分为风险回避者、风险追求者和风险中立者。

1. 风险回避者

当预期收益率相同时，风险回避者都会偏好于具有低风险的资产；而对于同样风险的资产，他们则都会钟情于具有高预期收益的资产。但当面临以下这样两种资产时，他们的选择就要取决于他们对待风险的不同态度：一项资产具有较高的预期收益率同时也具有较高的风险，而另一项资产虽然预期收益率低，但风险水平也低，风险回避者在承担风险时，就会因承担风险而要求额外收益，额外收益要求的多少不仅与所承担风险的大小有关（风险越高，要求的风险收益就越大），还取决于他们的风险偏好。对风险回避的愿望越强烈，要求的风险收益就越高。一般的投资者和企业管理者都是风险回避者，因此财务管理的理论框架和实务方法都是针对风险回避者的，并不涉及风险追求者和中立者的行为。

2. 风险追求者

与风险回避者恰恰相反，风险追求者主动追求风险，喜欢收益的波动胜于喜欢收益的稳定。他们选择资产的原则是：当预期收益相同时，选择风险大的，因为这会给他们带来更大的效用。

3. 风险中立者

风险中立者既不回避风险，也不主动追求风险。他们选择资产的唯一标准是预期收益的大小，而不管风险状况如何，这是因为所有预期收益相同的资产将给他们带来同样的效用。

【项目小结】

(1) 资金时间价值是在没有风险和没有通货膨胀条件下的社会平均投资报酬率，是资金参与再生产，在使用过程中的增值，资金时间价值的大小与时间成正比。资金时间价值有单利和复利两种计算方法。单利计算就是利息的计算以本金为基础，复利利息计算时是以上期期末的本利和为基础。

(2) 单利计算的终值 $F=P(1+i\times n)$，复利计算的终值 $F=P(1+i)^n$。

(3) 年金是指一定时期内每隔相同时间发生相同数额的系列收付款项。年金的特点为：① 等额性；② 连续性；③ 均匀性。年金的种类可分为：① 普通年金；② 即付年金；③ 递延年金；④ 永续年金。

(4) 风险是指某一行动的结果具有多样性。风险报酬是指投资者因冒风险进行投资而要求的超过资金时间价值的那部分额外报酬。

(5) 风险按投资主体的不同，分为系统风险和非系统风险；按形成原因的不同，可将非系统风险分为经营风险和财务风险两类。

(6) 风险的衡量。离散程度越大，风险越大；离散程度越小，风险越小。

当两种方案收益期望值相同时，计算标准离差衡量风险的大小。

当两种方案收益期望值不相同时，计算标准离差率衡量风险的大小。

【项目训练】

一、单选题

1. 资金的时间价值是指(　　)。

A. 现在所拥有的资金在将来投资时所能获得的收益

B. 资金随着时间的推移本身能增值

C. 资金在生产和流通过程中随时间推移而产生额增值

D. 可用于储蓄或贷款的资金在储蓄或贷款时所产生的利息

2. 某项永久性奖学金，每年计划颁发 50 000 元，若年利率为 10%，采用复利方式计息，该奖学金的本金应为(　　)元。

A. 625 000　　B. 500 000　　C. 700 000　　D. 725 000

3. 下列各项年金中，只有现值没有终值的年金是(　　)。

A. 普通年金　　B. 即付年金　　C. 永续年金　　D. 递延年金

4. 在财务管理中，由那些影响所有公司的因素而引起的、不能通过多元化投资分散的风险被称为(　　)。

A. 财务风险　　B. 经营风险　　C. 系统风险　　D. 非系统风险

5. 甲、乙两投资方案的期望值不同，甲投资方案的标准离差率为 10%，乙投资方案的标准离差率为 8%，则下列判断正确的是(　　)。

A. 甲方案比乙方案风险大　　B. 甲方案比乙方案风险小

C. 甲、乙两方案风险相同　　D. 无法判断

6. 某人于第一年年初向银行借款 30 000 元，预计在未来每年年末偿还借款 6 000 元，连续 10 年还清，则该项贷款的年利率为(　　)。

A. 20%　　B. 14%　　C. 16.13%　　D. 15.13%

7. 比较期望报酬率不同的两个方案的风险程度应采用(　　)来衡量。

A. 标准离差　　B. 标准离差率　　C. 概率　　D. 风险报酬率

8. 甲方案投资收益率的期望值为 15%，乙方案投资收益率的期望值为 12%，两个方案都存在投资风险。比较甲、乙两方案风险大小应采用的指标为(　　)。

A. 方差　　B. 期望值　　C. 标准离差　　D. 标准离差率

9. 将 100 元存入银行，利息率为 10%，计算 5 年后的终值时应用(　　)。

A. 复利终值系数　　B. 复利现值系数　　C. 年金终值系数　　D. 年金现值系数

10. 如果年初存入银行 1 000 元，假设银行按每年 10%的复利计息，每年末取出 200 元，则最后一次能够足额(200 元)提款的时间是(　　)。

A. 5 年末　　B. 8 年末　　C. 7 年末　　D. 9 年末

11. 甲方案在 5 年中每年年初付款 2 000 元，乙方案在 5 年中每年年末付款 2 000 元，若利率相同，则两者在 5 年年末时的终值(　　)。

A. 相等　　B. 前者大于后者　　C. 前者小于后者　　D. 不确定

12. 某人退休时有现金 20 万元，拟选择一项回报比较稳定的投资，希望每季度能收入 4 000元补贴生活。则该项投资的实际报酬率应为(　　)。

A. 2%　　B. 8.24%　　C. 8%　　D. 10.04%

二、多项选择题

1. 某人决定在未来 5 年内每年年初存入银行 1 000 元(共存 5 次)，年利率为 2%，则在第 5 年年末能一次性取出的款项额计算正确的是(　　)。

A. $1\ 000\times(F/A,2\%,5)$

B. $1\ 000\times(F/A,2\%,5)\times(1+2\%)$

C. $1\ 000\times(F/A,2\%,5)\times(F/P,2\%,1)$

D. $1\ 000\times[(F/A,2\%,6)-1]$

2. 下列公式正确的是(　　)。

A. 风险报酬率＝风险价值系数×标准离差率

B. 风险报酬率＝风险价值系数×标准离差

C. 投资总报酬率＝无风险报酬率＋风险报酬率

D. 投资总报酬率＝无风险报酬率＋风险价值系数×标准离差率

3. 企业因借款而增加的风险称为(　　)。

A. 经营风险　　B. 财务风险　　C. 市场风险　　D. 筹资风险

4. 下列各项中属于转移风险的措施的是(　　)。

A. 业务外包　　B. 合资

C. 计提存货减值准备　　D. 特许经营

5. 递延年金具有如下特点(　　)。

A. 年金的第一次支付发生在若干期之后

B. 没有终值

C. 年金的现值与递延期无关

D. 年金的终值与递延期无关

6. 某企业面临甲、乙两个投资项目。经衡量,它们的预期报酬率相等,甲项目的标准差小于乙项目的标准差。下列有关甲、乙项目的判断,错误的有(　　)。

A. 甲项目取得更高报酬和出现更大亏损的可能性均大于乙项目

B. 甲项目取得更高报酬和出现更大亏损的可能性均小于乙项目

C. 甲项目实际取得的报酬会高于其预期报酬

D. 乙项目实际取得的报酬会低于其预期报酬

7. 下列项目中,属于年金的是(　　)。

A. 定期发放的固定养老金　　B. 每年的固定工资

C. 按直线法计算的折旧额　　D. 每年的固定租金

8. 年金具有下列哪些特点?(　　)

A. 等额性　　B. 时间间隔相等

C. 连续发生　　D. ABC 必须同时具备

9. 关于投资者要求的投资报酬率,下列说法中正确的是(　　)。

A. 风险程度越高,要求的报酬率越低

B. 无风险报酬率越高,要求的报酬率越高

C. 无风险报酬率越低,要求的报酬率越高

D. 风险程度、无风险报酬率越高,要求的报酬率越高

10. 在财务管理中,衡量风险大小的指标有(　　)。

A. 标准离差　　B. 标准离差率　　C. 风险价值系数　　D. 期望报酬率

11. 下列风险中属于市场风险的有(　　)。

A. 战争　　B. 自然灾害　　C. 罢工　　D. 利率变化

12. 概率必须符合以下条件(　　)。

A. 每个随机变量的概率均大于 1

B. 每个随机变量的概率均小于或等于 1 但大于 0

C. 随机变量的全部概率之和等于 1

D. 随机变量的全部概率之和等于 0

三、判断题

1. 在利率和计息期数相同的条件下,复利现值系数与复利终值系数互为倒数。　　(　　)

2. 在本金和利率相同的情况下,若只有一个计息期,单利终值和复利终值是相同的。　　(　　)

3. 企业每月初支付的等额工资叫做即付年金。　　(　　)

4. 普通年金现值系数加 1 等于同期、同利率的即付年金现值系数。　　(　　)

5. 货币的时间价值是由时间创造的,因此,所有的货币都有时间价值。　　(　　)

6. 在对两个方案进行对比时,标准离差越小,风险越大。　　(　　)

7. 在通常情况下,资金时间价值是在既没有风险也没有通货膨胀条件下的社会平均投资报酬率。　　(　　)

8. 永续年金和其他年金一样，既有现值，又有终值。　（　）

9. 若A投资方案的标准离差率为5.67%，B投资方案的标准离差率为3.46%，则可以判断B投资方案的风险一定比A投资方案的风险小。　（　）

四、计算分析题

1. 某人在5年后需用现金50 000元，如果每年年末存款一次，在利率为8%的情况下，此人每年年末应存现金多少元？若在每年年初存入的话应存入多少？

2. 某公司拟购置一台设备，目前有A、B两种设备可供选择，A设备的价格比B设备高50 000元，但每年可节约维修保养费用10 000元。假定A设备的经济寿命为6年，利率为10%，该公司在A、B两种设备必须择一的情况下，应选择哪一种设备？

3. 某人欲在第8年年末取出300 000元购置房屋，银行利率为10%。要求计算下列各题。

(1) 现在一次存入一笔款项，需存入多少钱？

(2) 从现在开始，每年年末存入相等金额，则每年需存入多少钱？

(3) 从现在开始，每年年初存入相等金额，则每年需存入多少钱？

(4) 从第4年开始，每年年末存入相等金额，则每年需存入多少钱？

4. 某公司准备对一项目进行投资，在今后6年中每年年末投资150 000元，假设年利率为7%。

要求：根据上述资料，计算为能满足今后各年等额投资的需要，该公司现在需要存入银行的款项。

5. 某人欲购买一处商品房，如果购买时一次付清房款，需支付50万元；如果分期支付房款，年利率为6%，每年年末支付50 000元，且要连续支付20年。

要求：根据上述资料，计算分期付款的现值，并分析哪种存款方式对购房者更有利。

6. 金立公司目前正进行一项包括4个待选方案的投资分析工作。各方案的投资期都一样，对应于不同经济状态所估计的收益如表2-5所示。

表2-5　不同经济状态所估计的收益

经济状况	概率	方案A	方案B	方案C	方案D
繁荣	20%	10%	31%	−4%	25%
一般	60%	10%	11%	14%	15%
衰退	20%	10%	6%	22%	5%

要求：

(1) 计算各方案的期望收益率、标准离差和标准离差率。

(2) 试根据4个待选方案的各自的标准离差、标准离差率和期望收益率来确定淘汰其中哪一个方案。

第二模块
财务活动管理

项目三 筹资管理

导入案例

2011 年 8 月,南方家具公司正在研究公司资金筹措方式问题。为扩大生产规模,公司需要到 2013 年 10 月末筹措 1 150 万元,其中 350 万元可以通过公司内部留存收益及提高流动资金利用效果得以解决,其余 800 万元需要从外部筹措。在此之前,公司已经和投资银行设想了几个方案,并将在 2011 年 9 月 2 日的董事会上正式提交讨论。

公司管理部门最初倾向于以发行股票的方式筹资 800 万元。在证券市场上,南方公司普通股每股高达 33 元,扣除发行费用,每股净价为 31 元。但是,投资银行却建议通过借款的方式(年利率 7%,期限 10 年) 筹措资金,他们认为举债筹资可以降低资本成本。那么该公司应采取何种方式筹资?

任务一 了解筹资渠道与方式

筹资渠道是指企业取得资金的来源或途径,体现着资金的源泉和流量。认识筹资渠道的种类及每种渠道的特点,有利于企业充分开拓和正确利用筹资渠道来筹集生产经营所需要的资金。

一、筹资渠道

目前,我国企业的筹资渠道主要有以下七种。

1. 国家财政资金

国家对企业的投资是国有企业的主要资金来源。现在国有企业的资金来源大部分是过去由国家以财政拨款的方式投资形成的。国家财政资金基础坚固、来源充沛,为大中型企业的生产经营活动提供了可靠的保证,再加上国家不断加大扶持基础性产业和公益性产业的长远发展战略,这就决定了国家财政资金今后仍然是国有企业筹集资金的重要渠道。

2. 银行信贷资金

银行一般分为商业性银行和政策性银行。商业性银行为各类企业提供商业性贷款。政策性银行为特定企业提供政策性贷款。银行信贷资金有居民储蓄、单位存款等较稳定的资金来源,贷款方式灵活,能适应各种企业的资金需要,是企业重要的筹资渠道。

3. 非银行金融机构资金

非银行金融机构主要有信托投资公司、保险公司、租赁公司、证券公司、企业集团的财务公司等。非银行金融机构通过一定的途径或方式为企业直接提供部分资金或为企业筹资提供服务。这种筹资渠道的财力比银行信贷资金要小,但它的资金供应比较灵活方便,并可提供其他方面的服务，因此具有十分广阔的发展前景。

4. 其他法人单位资金

其他法人单位资金是指其他法人单位以其可以支配的资产对企业投资形成的资金。企业在生产经营过程中，往往会形成部分暂时闲置的资金，可以在企业之间相互调剂使用。随着横向经济联合的发展，企业之间也进行相互投资。这种企业之间资金的联合和融通成为了企业资金筹集的一个渠道。

5. 民间资金

对于企业职工和城乡居民手中暂时不用的资金，企业可以通过一定的方式例如发行股票、债券等，把这些节余货币集中起来形成企业的资金，充分利用这一大有潜力的资金来源。

6. 企业自留资金

企业自留资金是指企业通过各种途径和形式积累起来的属于企业自有的资金，主要包括企业在税后利润中提取的公积金、未分配利润和计提折旧费用而形成的资金，是企业的"自动化"筹资渠道。

7. 境外资金

境外资金是指外商向我国企业投入的资金，是外商投资企业的重要资金来源。利用外资是弥补资金不足、促进企业不断壮大、推动经济发展的重要手段之一。企业通过吸引外资和我国港、澳、台地区资本投资，不仅可以筹集到必要的资金来满足生产经营的需要，而且能够引进国外先进技术和管理经验，促进企业技术的进步和管理水平的提高。

二、筹资方式

筹资方式是指企业筹集资金所采取的具体形式，体现着资金的属性。正确认识筹资方式的种类及每种筹资方式的属性，有利于企业选择合适的筹资方式，实现最佳的筹资组合。

企业可以利用的筹资方式主要有以下几种。

1. 吸收直接投资

吸收直接投资是企业以协议等形式吸收国家、其他企业、个人和外商等直接投入的资金，形成企业资本金的一种筹资方式。吸收直接投资不以股票为媒介，是非股份制企业筹措自有资本的一种基本方式。

2. 发行股票

股票是股份有限公司为筹措自有资本而发行的有价证券，是持股人拥有公司股份的凭证。发行股票是股份有限公司筹措自有资本的主要方式。

3. 金融机构贷款

金融机构贷款是指企业向银行或非银行金融机构借入的，按规定期限还本付息的款项，是企业负债经营时所采取的主要筹资方式。

4. 商业信用

商业信用是指企业之间在商品交易中以延期付款或预收货款进行购销活动而形成的借贷关系，是企业之间由于商品和货币在时间和空间上分离而形成的直接信用行为。它产生于银行信用之前，但银行信用出现之后，商业信用仍然得到广泛的发展和运用，成为企业的短期筹资方式之一。

5. 发行债券

发行债券是债务人为筹集借入资金而发行的,约定在一定期限内向债权人还本付息的有价证券。发行债券是企业筹集借入资金的重要方式。

6. 发行短期融资券

短期融资券在西方又称为商业本票,是企业为筹措短期资金而发行的无担保短期期票。发行短期融资券是企业筹资短期借入资金的一种方式。

7. 租赁

租赁是出租人以收取租金为条件,在契约或合同规定的期限内,将资产租借给承租人使用的一种经济行为。租赁直接涉及的是物而不是钱,但它在实质上具有借贷属性,是现代企业筹集资金的一种特殊方式。

8. 企业内部积累

内部积累是指企业在税后利润中按规定比例提取的盈余公积金、公益金和未分配利润等。企业通过内部积累的方式筹集资金,既有利于满足扩大企业生产经营规模的资金需求,又能够减少企业的财务风险。因此,内部积累是各企业长期采用的一种筹资方式。

任务二 权益资金筹集方式

权益筹资所筹资金为权益资本,其主要特征有以下几点:

(1) 所有权归出资者所有,出资者按出资额享有资产收益、参与经营管理的权利,并以出资额对企业债务负有限责任。

(2) 可以长期占用,属"永久性资本",形成企业法人财产权,在企业存续期间,除依法转让外,不得以任何方式抽回。

(3) 不需要还本付息,因而风险较小。

(4) 通过吸收直接投资、发行股票、保留收益等方式筹措形成。

子任务一 利用吸收直接投资筹集权益资金

吸收直接投资是指企业以协议等形式吸收国家、其他企业、个人和外商等直接投入资金,形成企业资本金的一种筹资方式。吸收投资与发行股票、留存收益都是企业筹集自有资金的重要方式,发行股票要有股票做媒介,而吸收直接投资则无需公开发行证券。吸收投资中的出资者都是企业的所有者,他们对企业具有经营管理权。企业经营状况好,盈利多,各方可按出资额的比例分享利润,但如果企业经营状况差,连年亏损,甚至被迫破产清算,则各方要在其出资的限额内按出资比例承担损失。

一、吸收直接投资的种类

1. 吸收个人投资

个人投资是指社会个人或本企业内部职工以个人合法财产投入企业,这种情况下形成的资本称为个人资本。吸收个人投资一般具有以下特点:参加投资的人员较多,每人投资的数额相对较少，以参与企业利润分配为目的。

2. 吸收法人投资

法人投资是指法人单位以其依法可以支配的资产投入企业。这种情况下形成的资本称为法人资本。吸收法人投资一般具有如下特点：发生在法人单位之间，以参与企业利润分配为目的，出资方式灵活多样。

3. 吸收国家投资

国家投资是指有权代表国家投资的政府部门或机构以国有资产投入企业。这种情况下形成的资本称为国有资本。吸收国家投资是国有企业筹集自有资金的主要方式之一。根据《企业国有资本与财务管理暂行办法》的规定，国家对企业注册的国有资本实行保全原则。企业在持续经营期间，对注册的国有资本除依法转让外，不得抽回，并且以出资额为限承担责任。吸收国家投资一般具有如下特点：产权归属国家，资金的运用和处置受国家约束较大，在国家企业中采用比较广泛。

二、吸收投资者的出资方式

企业在采用吸收投资方式筹集资金时，投资者可以用现金、厂房、机器设备、材料物资、无形资产等作价出资，其具体方式如下。

1. 吸收现金投资

现金投资是企业吸收直接投资所乐于采用的形式。企业有了现金，可用于购置资产、支付费用，比较灵活方便。因此，企业一般争取投资者以现金方式出资。对现金出资比例由有关法规作出规定，或由融资各方协商确定。

2. 吸收实物投资

以实物投资主要是投资者以房屋、建筑物、设备等固定资产和原材料、燃料、产品等流动资产作价投资。一般来说，企业吸收的实物应符合如下条件：确为企业科研、生产、经营所需，技术性能比较好，作价公平合理。

实物出资所涉及的实物作价方法应按国家的有关规定执行。

3. 以工业产权出资

以工业产权出资是指投资者以专有技术、商标权、专利权等无形资产所进行的投资。一般来说，企业吸收的工业产权应符合以下条件：能帮助研究和开发新的高科技产品；能帮助生产出适销对路的高科技产品；能帮助改进产品质量，提高生产效率；能帮助大幅度降低各种消耗；作价比较合理。

企业在吸收工业产权时应特别谨慎，进行认真的可行性研究。因为以工业产权投资实际上是把有关技术资本化了，把技术的价值固定化了，而技术具有时效性，因其不断老化而导致价值不断减少甚至完全丧失，风险较大。

4. 以土地使用权出资

投资者也可以用土地使用权来进行投资。土地使用权是按有关法规和合同的规定使用土地的权利。企业吸收土地使用权投资应符合如下条件：企业科研、生产、销售活动所需的，交通、地理条件比较适宜，作价公平合理。

三、吸收直接投资的优缺点

在我国，吸收直接投资是最早、也是普遍采用的企业筹资方式。与其他筹资方式比较，其具有以下优点：

(1) 有利于增强企业信誉。吸收直接投资所筹资本属权益资本，与负债比较可以提高企业信誉，增强举债能力。

(2) 有利于尽快形成生产能力。可以直接获得现金和各种生产要素，尽快形成生产能力。

(3) 有利于降低财务风险。根据企业盈利状况向投资者分配利润，具有灵活性，不会形成财务负担。

采用吸收直接投资也有不利之处，主要表现在以下两个方面。

(1) 资金成本较高。一般而言，采用吸收投资方式筹集资金所需负担的资金成本较高，特别是企业经营状况较好和盈利能力较强时，更是如此。因为向投资者支付的报酬是根据其出资的数额和企业实现的利润的多寡来计算的。

(2) 容易分散企业控制权。采用吸收投资方式筹集资金，投资者一般都以求获得与投资数量相适应的经营管理权，这是接受外来投资的代价之一。如果外部投资者的投资较多，则投资者会有相当大的管理权，甚至会对企业实行完全控制，这是吸收投资的不利因素。

子任务二 通过发行股票筹集权益资金

一、股票的含义与分类

股票是指股份公司为筹集权益资本发行的，表示股东按其持有股份享受权益和承担义务，可转让的书面凭证。其通常具有以下几方面含义：一是股票所筹资金属于公司资本；二是股票代表股东的权利地位；三是股票可以转让，是有价证券。以股东享受权利和承担义务大小，可将股票划分为普通股股票和优先股股票。

普通股股票简称普通股，是指股份公司发行的享有管理权，但股利不固定的股票。一般情况下股份有限公司只发行普通股，它的股利随公司生产经营状况和管理当局股利分配政策变化而变化。

优先股股票是指公司分派股利和分派剩余资产过程中顺序优先于普通股的股票。优先股股东不享有经营管理权，也不具有表决权或表决权利受到限制（我国《公司法》规定，3 年未分得股利的优先股股东享有投票表决权）。优先股一方面不需要偿还本金，是公司自有资本的一种筹集方式；另一方面按固定利率支付股利，又具有债券性质。

优先股股东的权利包括：优先分配股利权、优先分配剩余财产权等。

二、普通股筹资的优缺点

1. 普通股筹资的优点

(1) 没有固定利息负担。公司有盈余，并认为适合分配股利，就可以分给股东；公司盈余较少，或虽有盈余但资金短缺或有更有利的投资机会，就可以少支付或不支付股利。

(2) 没有固定到期日，也不用偿还。利用普通股筹集的资金是永久的资金，除非公司清算才需偿还。它对保证企业最低的资金需要有重要的意义。

(3) 筹资风险小。由于普通股没有到期日，不用支付固定的利息，此种筹资实际上不存在不能偿付的风险，因此风险最小。

(4) 能提高公司的信誉。普通股本与留存收益构成公司所借入一切债务的基础。有了较多的自有资金,就可为债权人提供较大的损失保障,因而,普通股筹资既可以提高公司的信用价值,同时也为使用更多的债务资金提供了强有力的支持。

(5) 筹资限制少。利用优先股或债券筹资,通常有许多限制,这些限制往往会影响公司经营的灵活性,而利用普通股筹资则没有这种限制。

2. 普通股筹资的缺点

(1) 资金成本较高。一般来说,普通股筹资的成本要大于债务资金。这主要是因为股利要从净利润中支付,而债务资金的利息可在税前扣除,另外,普通股的发行费用也比较高。

(2) 容易分散控制权。利用普通股筹资,出售了新的股票,引进了新的股东,容易导致公司控制权的分散。

此外,新股东分享公司未发行新股前积累的盈余,会降低普通股的每股净收益,从而可能引起股价的下跌。

三、优先股筹资的优缺点

从公司财务角度看,采用优先股筹资方式,具有以下优点:

(1) 优先股从根本上说属于权益资本,没有固定到期日,是永久资金来源,可以为公司举债提供保证。

(2) 优先股一般不具有参与经营管理权,如果公司既想筹集权益资本,又要维护原股东的控制权,采用优先股筹资是最恰当的。

(3) 优先股股利虽然固定,但盈利不足支付时,可以暂不支付,具有一定的灵活性。

(4) 优先股股利固定,也具有杠杆作用。

(5) 优先股的可赎回性和可转换性,使之具有调整资本结构功能。

优先股筹资的缺点:

(1) 优先股通常有些保护条款,这些条款会形成对公司管理者的限制。

(2) 优先股股利支付虽然灵活,但毕竟要支付,会形成公司的财务负担。

(3) 优先股的资本成本也较高。

子任务三　利用留存收益筹集权益资金

留存收益是公司在经营过程中所创造的,但由于公司经营发展的需要或由于法定的原因等,没有分配给所有者而留存在公司的盈利。留存收益是指企业从历年实现的利润中提取或留存于企业的内部积累,它来源于企业的生产经营活动所实现的净利润,包括企业的盈余公积金和未分配利润两个部分,其中盈余公积金是有特定用途的累积盈余,未分配利润是没有指定用途的累积盈余。

一、留存收益的筹资途径

(1) 提取盈余公积金。盈余公积金,是指有指定用途的留存净利润。盈余公积金是从当期企业净利润中提取的积累资金,其提取基数是本年度的净利润。盈余公积金主要用于企业未来的经营发展,经投资者审议后也可以用于转增股本(实收资本)和弥补以前年度经营亏损,但不得用于以后年度的对外利润分配。

(2) 未分配利润。未分配利润是指未限定用途的留存净利润。未分配利润有两层含义：第一，这部分净利润本年没有分配给公司的股东；第二，这部分净利润未指定用途，可以用于企业未来的经营发展、转增资本(实收资本)、弥补以前年度的经营亏损及以后年度的利润分配。

二、利用留存收益的筹资特点

(1) 不用发生筹资费用。企业从外界筹集长期资本，与普通股筹资相比较，留存收益筹资不需要发生筹资费用，资本成本较低。

(2) 维持公司的控制权分布。利用留存收益筹资，不用对外发行新股或吸收新投资者，由此增加的权益资本不会改变公司的股权结构，不会稀释原有股东的控制权。

(3) 筹资数额有限。留存收益的最大数额是企业到期的净利润和以前年度未分配利润之和，不像外部筹资一次性可以筹集大量资金。如果企业发生亏损，那么当年就没有利润留存。另外，股东和投资者从自身期望出发，往往希望企业每年发放一定的利润，保持一定的利润分配比例。

任务三 负债资金筹集方式

债权性筹资所筹资金为负债资金，与权益资本比较具有以下特征：

(1) 负债资金代表一定的债权债务关系。

(2) 债权人不享有参与经营管理的权利。

(3) 企业在约定期限享有使用权，到期还本付息，有筹资风险。

(4) 负债利息在成本中列支，有利于提高权益资本的收益率。

(5) 通过借款、商业信用、发行债券、融资租赁等方式筹措形成。

需要指出的是，在特定条件下，负债资金可以转化为权益资本，但权益资本一般不能转化为负债，了解这一点，对企业资本结构调整有一定意义。

子任务一 利用长期借款筹集负债资金

长期借款是指企业向银行或其他非银行金融机构借入的使用期超过一年的借款，主要用于购建固定资产和满足长期资金占用的需要。长期借款大多采用分期还本付息的偿还方式，对债权人和债务人都较为有利。因此，当企业需求金额较大、期限较长的资金，而又没有发行股票等权益筹资的能力和条件时，可采用长期借款的方式。

一、银行借款利息的支付方式

1. 利随本清法

利随本清法又称收款法，是在借款到期时借款人向银行支付利息的方法。采用这种方法，借款的名义利率等于其实际利率。

2. 贴现法

贴现法是银行向企业发放贷款时,先从本金中扣除利息部分,而到期时借款企业再偿还全部本金的一种计息方法。

【案例 3-1】 某企业从银行取得借款 200 万元,期限 1 年,名义利率 10%,利息 20 万元。按照贴现法付息,企业实际可动用的贷款为 180 万元(200—20),该项贷款的实际利率为

$$\text{贴现贷款实际利率}=\frac{20}{200-20}=11.11\%$$

二、长期借款筹资的优点与缺点

1. 长期借款的优点

(1) 融资速度快。企业若发行证券融资,不仅要做发行前的各项准备工作,而且证券发行本身需要一定时间,而银行借款通过双方直接谈判,即可取得其所需资金,因此相对来说,长期借款所花时间较短。

(2) 筹资成本低。长期借款利率一般低于债券利率,且借款属于直接筹资,费用较少,利息可在税前支付,实际上使企业少负担利息费用,因而筹资成本低。

(3) 借款弹性较大。长期借款筹资弹性主要表现在企业对借款契约某些条款协商或修改的可能性。借款企业在与贷款机构协商贷款业务时,可就其借款时间、数量、利率直接进行谈判。在借款期间,如果企业情况发生变化,可与银行协商,改变某些借款条款的有关规定。而在发行有价证券筹资方式下,企业想单方面修改某些条款几乎是不可能的。

(4) 具有杠杆作用。无论企业盈利多少,银行只收取固定的利息,而更多的收益归借款企业所有。这样,当企业投资报酬率大于其借款利率时,长期借款能使企业获取超过借款利率的差额利润,提高企业每股净收益。

2. 长期借款的主要缺点

(1) 财务风险高。长期借款必须到期还本付息,当企业经营不景气时,会给企业带来更大的财务困难,甚至可能导致破产。

(2) 限制性条款较多。这有可能使企业在财务管理和生产经营上受到某种程度制约,以致对企业今后的筹资和投资活动产生影响。

(3) 筹资数额有限制。银行一般对长期借款会有上限的限制,无法满足企业生产经营活动大跨度的方向转变和大规模的范围调整等需要。

子任务二 发行长期债券筹集负债资金

企业债券是依照法定程序发行的,约定在一定期限内还本付息的有价证券。按我国《公司法》和国际惯例,股份有限公司和有限责任公司发行的债券称公司债券或公司债。利用发行债券筹集生产经营资金是当今世界各国常用的做法。

债券代表持券人和企业间的债权债务关系,发行债券所筹资金属于负债资金。

一、债券的基本要素

1. 债券的面值

债券的面值包括两个基本内容：一是币种，二是票面金额。面值的币种可用本国货币，也可用外币，这取决于发行者的需要和债券的种类。债券的发行者可根据资金市场情况和自己的需要选择适合的币种。债券的票面金额是债券到期时偿还债务的金额，通常印在债券上，固定不变，到期必须足额偿还。

2. 债券的期限

债券都有明确的到期日，债券从发行之日起，至到期日之间的时间差为债券的期限。在债券的期限内，公司必须定期支付利息，债券到期时，必须偿还本金，也可按规定分批偿还或提前一次偿还。

3. 债券的利率

债券通常都载明利率，一般为固定利率和浮动利率两种。债券上标注的利率一般是年利率，在不计复利的情况下，面值与利率相乘可得出年利息。

4. 债券的价格

由于发行者的种种考虑或资金市场上供求关系、利息率的变化，债券的市场价格常常脱离它的面值，有时高于面值，有时低于面值，但其差额并不很大，不像普通股那样相差甚远。也就是说，债券的面值是固定的，它的价格却是经常变化的。发行者计息还本，是以债券的面值为根据，而不是以其价格为根据。

二、债券发行价格的确定

多数情况下，企业债券是按票面价值发行，亦称等价发行。但也有按高于票面价值或低于票面价值，即溢价发行或折价发行的情况。这是因为，债券利率是参照市场利率制定的，一经印制，便固定不变。而从印制到债券发行，市场利率可能会发生变化，如果发生变化，则应根据市场利率变化情况调整发行价格，以保证投资者获得与当时市场利率相当的收益率。

在按期付息到期一次还本，且不考虑发行费用的情况下，债券发行价格的计算公式为

$$\text{债券发行价格} = \frac{\text{票面金额}}{(1+\text{市场利率})^n} + \sum_{t=1}^{n} \frac{\text{票面金额} \times \text{票面利率}}{(1+\text{市场利率})^t}$$

或

$$\text{债券发行价格} = \text{票面金额} \times (P/F, r, n) + \text{票面金额} \times i \times (P/A, r, n)$$

式中：n——债券期限；

t——计息期数；

r——市场利率；

i——票面利率。

【案例3-2】 华北公司发行面值1 000元的10年期债券，票面利率为10%，每年付利息一次，发行时市场利率有以下3种不同情况。

(1) 市场利率与票面利率一致，也是10%，则

$$1\,000 \times (P/F, 10\%, 10) + 1\,000 \times 10\% \times (P/A, 10\%, 10) = 1\,000(\text{元})$$

此时，发行价格与面值相同，为等价发行。

(2) 市场利率为15%，高于票面利率，则

$$1\,000\times(P/F,15\%,10)+1\,000\times10\%\times(P/A,15\%,10)=749(\text{元})$$

此时，发行价格低于面值，为折价发行。

(3) 市场利率为5%，低于票面利率，则

$$1\,000\times(P/F,5\%,10)+1\,000\times10\%\times(P/A,5\%,10)=1\,386(\text{元})$$

此时，发行价格高于面值，为溢价发行。

如果企业发行不计复利、到期一次还本付息的债券，则其发行价格的计算公式为

$$\text{债券发行价格}=\text{票面金额}\times(1+i)(P/F,r,n)$$

【案例3-3】 华西公司发行面值为1 000元债券，票面年利率为6%（不计复利），期限10年，到期一次还本付息。已知目前市场利率为5%，则其发行价格为

$$\text{债券发行价格}=1\,000\times(1+6\%\times10)\times(P/F,5\%,10)=982.24(\text{元})$$

三、债券筹资的优缺点

采用发行债券方式筹集资金，财务主管人员应对其优缺点有充分的认识，并根据企业的具体情况进行抉择。

1. 债券筹资的优点

(1) 债券的利息在税前支付，因此可以享受到免税优惠。

(2) 债券的利息固定，一般不参加超额盈余的分配，从而提高权益资本的收益率或每股收益，即通常所说的财务杠杆利益。

(3) 债券成本低于权益资本的成本。

(4) 债券持有人没有参与企业经营管理权，有利于保持股东对企业的控制权。

(5) 如果是可赎回债券或可转换债券，则具有调整资本结构的作用。

2. 债券筹资的缺点

(1) 债券不属于永久性资金，必须到期还本付息，如果企业经营状况不佳，会发生支付困难，有较大的财务风险。

(2) 债券限制性条款较多，可能会对以后资金筹措产生不利的影响。

子任务三　利用融资租赁筹集负债资金

一、融资租赁的含义

融资租赁是租赁公司按承租企业要求，购买所需要的设备，然后在契约或合同规定的期限内租借给承租企业使用，承租企业按期支付租金，租赁期满，设备以较低的价格转让给承租企业，即留购；或以较优惠的租金续租，也有的退租，一般情况下为留购。

融资租赁是以融通资金为目的的租赁，以出租实物形式取代向企业提供设备贷款，是融资与融物相结合，并带有商品销售性质的信用活动，是筹集资金的特殊方式。现代意义的租赁就是指融资租赁，因为融资功能明显，因此也称财务租赁或金融租赁。

二、融资租赁的形式

融资租赁通常有直接租赁、返回租赁和杠杆租赁三种形式。

（1）直接租赁，就是通常所说的融资租赁，是融资租赁的典型形式，在直接租赁形式下，出租人主要有制造商、独立的租赁公司、金融机构的租赁业务部门和专项设备租赁公司。

（2）返回租赁，又称售后租回，是企业出于资金的需要，将自己拥有的资产销售给出租人取得价款，再签订租约，将其租回使用，并按期向出租人支付租金，藉此企业可以获得资金，同时继续使用该项资产，从性质上看，与直接租赁相同，所不同的是返回租赁的资产产权原属于承租企业，而直接租赁的资产产权自始至终都属于出租人。

（3）杠杆租赁。杠杆租赁是近年来出现的租赁形式。在这种租赁形式下，所涉及的对象不仅有承租企业和出租人，还有贷款人。对于承租企业来说，这种形式与其他两种形式没有什么不同，都是在契约或合同规定的期限内有权使用租赁物，并支付租金。但对于出租人来说就有所不同，出租人所提供的资产的资金一小部分来自本身的投资，其余大部分则以该资产为抵押由贷款人提供，也可以通过租赁权和租金的转让取得，在这种情况下，出租人又是借款人。由于租金收益一般大于借款的成本，出租人借款购物，可以从中获得杠杆利益，故此种形式称为杠杆租赁。

三、融资租赁筹资的优缺点

1. 融资租赁筹资的优点

作为一种特殊筹资方式，融资租赁具有以下优点。

（1）不必一次付出全部资金，即可获得所需要的设备，很快形成生产能力，边生产、边付租金。所以有人将融资租赁比喻为“借鸡生蛋，以蛋还债”。

（2）可以保留现金或融资能力，以便用于对企业更有利的投资方向。

（3）可以避免举债方式对企业的种种限制。如前所述，长期借款、发行债券等方式均有相当多的限制规定，相比之下，融资租赁对企业的限制就少得多，如果企业既想获得资金，又要少受限制，则融资租赁是理想的选择。

（4）融资租赁的租金作为费用处理，可以获得节税好处。

（5）融资租赁方式灵活，简便快捷，企业可根据生产和资金情况，确定租期，安排租金支付，这种融资方式与其他筹资方式相比有较大的弹性。

2. 融资租赁筹资的缺点

融资租赁的缺点主要是租金费用较高。出租人会将各种成本以租金形式转嫁给承租企业，因此，租金成本比一般举债成本高出许多，对此，财务人员必须有清醒的认识。此外，租金虽然分期支付，但仍会增加固定成本，在企业财务困难时，也能构成支付负担，带来财务风险。

子任务四　利用商业信用筹集负债资金

一、商业信用的形式

商业信用就是以商品形态提供的信用，是商品买卖过程中，由于延期付款和延期交货所形成的债权债务关系。利用商业信用筹资，具体形式主要有应付账款、应付票据、预收货款、应付费用等。

二、商业信用的条件

1. 应付账款的信用条件

应付账款的信用条件分为以下三种情况。

(1) 没有规定现金折扣,购货方必须在法定期限内付款,法定期限很短,利用价值不大。

(2) 规定有现金折扣,享受现金折扣,购货方必须在折扣期限内付款,一般情况下,现金折扣平均在2%~3%,折扣期一般为10天或20天。

(3) 规定有现金折扣,不享受现金折扣,购货方必须在规定的信用期内付款,逾期属于拖欠行为。为了促使购货方按期付款,销货方可提供现金折扣,如规定"2/10、n/30",其中2表示现金折扣,10表示折扣期限,30为信用期限,意即购货方在10天之内付款,可以享受2%的现金折扣;如果购货方未利用此项折扣,则全部货款30天到期。

2. 预收货款的信用条件

在商品交易中,销货方要求购货方预付货款是出于以下原因:

(1) 对购货方信誉一无所知或了解到购货方以往有拖欠行为。

(2) 销货方的货物属于紧俏商品。

(3) 销货方生产周期较长,出于资金周转需要,要求购货方先行垫支。

在商业信用中,应付票据较少使用。至于应付费用,其属于自然筹资,没有信用条件。

三、商业信用筹资的优缺点

1. 商业信用的优点

(1) 商业信用是伴随商品交易自然而然发生的借贷行为,使用简便,属于"自动筹资"。

(2) 与银行借款相比,限制条件较少,容易取得,只需向销货方增加定额,便可扩大信用。

(3) 当商业信用为免费信用时,不发生信用成本。

2. 商业信用的缺点

(1) 利用期限有限,尤其是应付账款。

(2) 因为商业信用容易取得,过分利用会使企业承担过多的债务。

(3) 对应付账款,放弃现金折扣,成本十分昂贵,如果拖欠还会发生损害信用的内在成本。

任务四 认识资金成本

子任务一 了解资金成本

企业要进行生产经营,必须有符合法律要求且能满足生产经营需要的资金。企业进行生产经营所需要的资金可以从多种渠道、采用多种方式筹集,但是不论从何种渠道、以何种方式筹集到的资金,企业要使用这些资金就要付出一定的代价,同时,企业在筹集这些资金时也要付出一定的代价。所谓资金成本是指企业为筹集和使用资金而付出的代价。

筹资费用是指企业在筹措资金过程中为获得资金而付出的代价。如向银行借款支付的借款手续费，企业因发行股票、债券而支付的发行费用等。筹资费用通常是在筹措资金时一次性支付，在用资过程中不再发生。因此，在计算资金成本时，筹资费用不是在分子上加，而是在分母中减，从筹资总额中减去筹资费用，通过计算得到实际筹资金额，即筹资净额。

用资费用是指企业在生产经营、投资过程中因使用资金而付出的代价。如企业向债权人支付的利息、向股东支付的股利等，这是资金成本的主要内容。

子任务二　资金成本的作用

在财务管理中，资金成本是一个非常重要的概念，因为它是许多财务决策（如筹资决策、投资决策等）必须考虑的关键因素之一。

一、资金成本在企业筹资决策中的作用

资金成本是企业选择资金来源、拟订筹资方案的依据。资金成本对企业筹资决策的作用主要有以下几个方面。

1. 资金成本是企业选择资金来源的基本依据

企业进行生产经营所需要的资金可以从许多方面筹集，企业筹集资金的来源主要有国家财政资金、银行以及非银行金融机构信贷资金、其他企业资金、职工和民间资金、企业自留资金以及外商资金等。企业可以向商业银行借款，也可向保险公司或其他金融机构借款，还可以向政府申请借款，不同来源的借款其资金成本往往不同，如政策性贷款其利率一般比较低。企业究竟选择哪种来源，资金成本是需要考虑的重要因素之一。

2. 资金成本是企业选择筹资方式的基本依据

企业进行生产经营所需要的资金可以从多种来源加以筹集，而同一来源的资金企业可以采用不同的筹资方式来取得，可供企业选择的筹资方式主要有：吸收直接投资、发行股票、利用留存收益、银行借款、发行债券、商业信用、融资租赁等。企业采用的筹资方式不同，其资金成本往往也不同，企业总是希望采用资金成本低的方式来筹集资金，所以，资金成本是企业选用筹资方式的基本依据。

3. 资金成本是确定最优资金结构的主要参数

不同的资金结构，会给企业带来不同的风险和成本，从而引起股票价格的变动，进而影响到企业的价值，影响到财务管理目标的实现。在确定最优资金结构时，企业要考虑的因素主要有资金成本和财务风险。

4. 资金成本是影响企业筹资总额的重要因素

随着筹资数额的增加，资金成本不断变化。当企业筹资数额很大，资金的边际成本超过了企业的承受能力时，企业便不宜再增加筹资数额。因此，资金成本是限制企业筹资数额的一个重要因素。

资金成本并不是企业筹资决策中所要考虑的唯一因素。企业筹资还要考虑财务风险、资金期限、偿还方式、限制条件等。但资金成本作为一项重要的因素，直接关系到企业的经济效益，是企业进行筹资决策时需要考虑的一个首要因素。

二、资金成本在投资决策中的作用

资金成本在评价投资项目可行性以及选择投资方案时也有重要的作用。

（1）在计算投资项目评价指标（如净现值、现值指数等）时，常以资金成本率作为折现率。当净现值大于或等于0，现值指数大于或等于1时，该投资项目可行；反之，如果净现值小于零，现值指数小于1，则该项目不可行。因此，采用净现值、现值指数指标评价投资项目的可行性时，离不开资金成本。

（2）在利用内部收益率指标进行项目可行性评价时，一般以资金成本作为基准收益率。即只有当投资项目的内部收益率高于资金成本时，投资项目才具有可行性；反之，当投资项目的内部收益率低于资金成本时，投资项目不可行。因此，国际上通常将资金成本率视为投资项目的“最低收益率”或是否采用投资项目的取舍率，是比较、选择投资方案的主要标准。

子任务三　资金成本的计算

资金成本可以用绝对数表示，也可以用相对数表示。为了便于比较和分析，一般用相对数表示，即资金成本率。资金成本率是每年的用资费用与筹资净额的比值，资金成本率通常简称为资金成本。其基本计算公式为

$$\text{资金成本率}=\frac{\text{每年的用资费用}}{\text{筹资总额}-\text{筹资费用}}\times 100\%$$

$$=\frac{\text{每年的用资费用}}{\text{筹资总额}\times(1-\text{筹资费用率})}\times 100\%$$

一、个别资金成本的计算

个别资金成本是指各种筹资方式的成本。由于企业筹集的短期资金大部分不需要付出代价，虽然有些短期资金要付出代价（如短期借款等），但企业付出的代价比较低。因此，在计算资金成本时，通常不计算短期资金的资金成本，而只计算长期资金的成本，长期资金的资金成本也称资本成本。

长期资金的资金成本主要包括银行借款成本、债券成本、优先股成本、普通股成本、留存收益成本等。前两者统称为负债资金成本，后三者统称为权益资金成本。现分别说明其计算方法。

1. 银行借款资金成本的计算

企业采用银行借款方式筹资的资金，其用资费用为企业每年负担的利息，由于利息可以抵税，从而降低了企业承担的利息费用。所以，企业实际承担的每年的用资费用等于年利息×（1－所得税税率）。银行借款成本率的计算公式如下：

$$\text{银行借款成本率}=\frac{\text{年利息}\times(1-\text{所得税税率})}{\text{筹资总额}\times(1-\text{筹资费用率})}\times 100\%$$

$$=\frac{\text{贷款金额}\times\text{年利率}\times(1-\text{所得税税率})}{\text{筹资总额}\times(1-\text{筹资费用率})}\times 100\%$$

【案例3-4】 某企业取得长期借款500 000元，年利率为6%，期限3年，每年付息一次，到期一次还本。这笔借款的筹资费用率为1%，企业所得税税率为25%，则该笔银行借款的资金成本率计算如下：

$$\text{银行借款成本率}=\frac{500\,000\times 6\%\times(1-25\%)}{500\,000\times(1-1\%)}\times 100\%=4.55\%$$

【案例 3-5】　某企业取得长期借款 500 000 元,年利率为 6%,期限 3 年,每年付息一次,到期一次还本。这笔借款的筹资费用忽略不计,企业所得税税率为 25%,该笔借款资金成本率计算如下:

$$\text{银行借款成本率}=\text{年利率}\times(1-\text{所得税税率})\times100\%$$
$$=6\%\times(1-25\%)\times100\%=4.5\%$$

2. 债券资金成本的计算

企业采用发行债券的方式筹集资金,其用资费用为企业每年负担的利息,由于利息可以抵税,从而降低了企业承担的利息费用。所以,企业每年实际承担的用资费用等于年利息×(1-所得税税率)。债券资金成本率的计算公式如下:

$$\text{债券资金成本率}=\frac{\text{债券面值}\times\text{年利率}\times(1-\text{所得税税率})}{\text{债券发行价格}\times(1-\text{筹资费用率})}\times100\%$$

【案例 3-6】　某公司发行期限为 5 年、面值为 4 000 000 元的债券,以 5 000 000 元的价格发行,票面利率为 8%,发行费用占发行价格的 5%,公司所得税税率为 25%。则该债券资金成本率计算如下:

$$\text{债券资金成本率}=\frac{4\,000\,000\times8\%\times(1-25\%)}{5\,000\,000\times(1-5\%)}\times100\%=5.05\%$$

【案例 3-7】　某公司发行期限为 5 年、面值为 4 000 000 元的债券,以面值发行,票面利率为 8%,发行费用占发行价格的 5%,公司所得税税率为 25%。则该债券资金成本率计算如下:

$$\text{债券资金成本率}=\frac{8\%\times(1-25\%)}{(1-5\%)}\times100\%=6.32\%$$

3. 优先股资金成本的计算

优先股股票是一种介于债券和普股股股票之间的一种证券,它既有债券的特征,又有普通股股票的特征,但从本质上讲,发行优先股股票筹集的资金属于权益资金,而不是负债。企业支付给优先股股东的股利通常是按股票面值的一定比率来计算,这一点与债券相同;企业发行优先股股票筹集的资金不用归还,可供企业长期使用,企业支付给优先股股东的股利要在税后支付,这两个方面与普通股股票相同。

优先股资金成本率的计算公式表示如下:

$$\text{优先股资金成本率}=\frac{\text{优先股每年的股利}}{\text{筹资总额}\times(1-\text{筹资费用率})}\times100\%$$

【案例 3-8】　某股份有限公司发行面值总额为 1 000 000 元优先股股票,发行总价为 1 250 000 元,筹资费用率为 5%,每年支付 10%的股利,则优先股资金成本率计算如下:

$$\text{优先股资金成本率}=\frac{1\,000\,000\times10\%}{1\,250\,000\times(1-5\%)}\times100\%=8.42\%$$

4. 普通股资金成本的计算

普通股资金的使用费用通常不固定,这使得普通股资金成本的计算相对要复杂一些。为了便于理解和计算,我们换个角度来考虑,企业支付给普通股股东的股利对企业来讲是资金成本,而对于投资者来讲则是投资收益,企业承担的资金成本率就是普通股股东的投资收益率,所以,只要我们能测算出普通股股东的投资收益率,也就能计算出普通股的资金成本率。

如果公司采用固定股利增长率的政策,设股利固定增长率为 g,则普通股资金成本率按下式测算：

$$K_c=\frac{D_1}{P_0}\times 100\%+g=\frac{D_1}{P\times(1-f)}\times 100\%+g=\frac{D_0\times(1+g)}{P\times(1-f)}\times 100\%+g$$

式中：K_c——普通股投资必要收益率，即普通股资金成本率；

D_1——普通股第 1 年的股利；

D_0——普通股上一年的股利；

P_0——普通股筹资净额，即发行价格减去筹资费用后的余额；

P——普通股筹资总额，即普通股发行价格；

f——筹资费用率；

g——股利固定增长率。

【案例 3-9】 某股份有限公司准备增发普通股，每股发行价格 11 元，筹资费率为 6%。预定第 1 年分派现金股利每股 1.5 元，以后每年的股利固定增长 4%。其资金成本率测算为

$$K_c=\frac{D_1}{P\times(1-f)}\times 100\%+g=\frac{1.5}{11\times(1-6\%)}\times 100\%+4\%=18.51\%$$

5. 留存收益资金成本的计算

鉴于国家法律的规定及企业发展的需要，企业不会把全部收益以股利的形式分给股东，有一部分收益被留存在企业内部，这部分资金包括盈余公积和未分配利润。所以，留存收益也是企业资金的一种重要来源。企业把收益的一部分留存于内部，相当于股东对企业进行了追加投资，股东对这部分投资与以前缴给企业的股本一样，也要求有一定的回报，所以，留存收益也要计算成本。留存收益成本的计算与普通股基本相同，但没有筹资费用。留存收益资金成本率的计算公式表示如下：

$$\text{留存收益资金成本率}=\frac{\text{预期第一年的股利额}}{\text{利用留存收益的金额}}\times 100\%+\text{普通股股利每年增长率}$$

【案例 3-10】 某公司留存收益资金金额为 1 500 000 元，预期第一年的股利额为 150 000 元，普通股股利每年增长率为 6%，该公司留存收益的资金成本率计算如下：

$$\text{留存收益资金成本率}=\frac{\text{预期第一年的股利额}}{\text{利用留存收益的金额}}\times 100\%+\text{普通股股利每年增长率}$$

$$=\frac{150\,000}{1\,500\,000}\times 100\%+6\%=16\%$$

二、综合资金成本的计算

企业可以从多种渠道、用多种方式来筹集资金，而各种方式的筹资成本往往不同。为了正确进行筹资和投资决策，就必须计算企业的综合资金成本。综合资金成本是指在计算个别资金成本的基础上，以各种资金占全部资金的比重为权数计算出来的加权平均资金成本，所以综合资金成本也称加权平均资金成本。

综合资金成本率是由个别资金成本率和资金结构这两个因素决定的。其计算公式为

$$\text{综合资金成本率}=\sum(\text{某种资金个别资金成本率}\times\text{该种资金占全部资金的比重})$$

【案例 3-11】 某企业共有资金为 1 000 万元，其中长期借款为 100 万元，债券为 200 万元，优先股为 100 万元，普通股为 400 万元，留存收益为 200 万元，各种资金的个别资金成本率分别为 5%，6%，12%，16%和 15%。试计算该企业的综合资金成本率。

分析:

(1) 计算各种资金所占的比重:

长期借款占资金总额的比重(W_1)$=\frac{100}{1\,000}\times100\%=10\%$

债券占资金总额的比重(W_2)$=\frac{200}{1\,000}\times100\%=20\%$

优先股占资金总额的比重(W_3)$=\frac{100}{1\,000}\times100\%=10\%$

普通股占资金总额的比重(W_4)$=\frac{400}{1\,000}\times100\%=40\%$

留存收益占资金总额的比重(W_5)$=\frac{200}{1\,000}\times100\%=20\%$

(2) 计算综合资金成本率:

综合资金成本率 $=\sum$(某种资金个别资金成本率 × 该种资金占全部资金的比重)

$=5\%\times10\%+6\%\times20\%+12\%\times10\%+16\%\times40\%+15\%\times20\%=12.3\%$

任务五 杠杆原理

子任务一 认识经营风险和财务风险

一、经营风险

经营风险指企业因经营上的原因而导致利润变动的风险。影响企业经营风险的因素很多,主要有以下几点。

1. 产品需求

市场对企业产品的需求越稳定,经营风险就越小;反之,经营风险则越大。

2. 产品售价

产品售价变动不大,经营风险则小;否则经营风险便大。

3. 产品成本

产品成本是收入的抵减,成本不稳定,会导致利润不稳定,因此产品成本变动越大,经营风险就越大;反之,经营风险就越小。

4. 调整价格的能力

当产品成本变动时,若企业具有较强的调整价格的能力,经营风险就小;反之,经营风险则大。

5. 固定成本的比重

在企业全部成本中,固定成本所占比重较大时,单位产品分摊的固定成本额就多,若产销量发生变动,单位产品分摊的固定成本会随之变动,最后导致利润更大幅度的变动,经营风险就大;反之,经营风险就小。

二、财务风险

一般地讲，企业在经营中总会借入资金。当企业负债经营时，不论利润多少，债务利息是固定不变的。于是，当利润增加时，每一元利润所负担的利息就会相对地减少，从而使投资者收益有更大幅度的提高，这种债务对投资者收益的影响称作财务杠杆利益；反之，当利润减少时，每一元利润所负担的利息就会相对地增加，从而使投资者收益有更大幅度的降低，甚至导致企业亏损，当企业无力偿还到期的债务时，还可能导致企业破产，负债对企业的这种影响称为财务杠杆。所谓财务风险是指企业由于负债经营而增加了破产机会或普通股利润大幅度变动的机会所带来的风险。即财务风险是由负债经营而引起的，负债在资本总额中所占的比重越大，财务风险越大。

子任务二　了解成本习性

一、成本习性及分类

所谓成本习性，是指成本总额与业务量之间在数量上的依存关系。按照成本习性对成本进行分类，对于正确地进行财务决策，有十分重要的意义。

按成本习性可以把全部成本划分为固定成本、变动成本和混合成本三类。

1. 固定成本

固定成本，是指其总额在一定时期和一定业务量范围内不随业务量的变动而变动的那部分成本。正是由于这些成本是固定不变的，因而，随着产量的增加，它将分配给更多数量的产品，也就是说单位固定成本将随产量的增加而逐渐变小。

应当指出的是，固定成本总额只是在一定时期和业务量的一定范围内保持不变。因此，固定成本必须和一定时期、一定业务量联系起来进行分析。从较长的时间来看，所有的成本都在变化，没有绝对不变的固定成本。

2. 变动成本

变动成本是指其成本总额随着业务量的变动而成正比例变动的那部分成本。直接材料、直接人工等都属于变动成本。但从产品的单位成本来看，则恰好相反，产品单位成本中的直接材料、直接人工将保持不变。

与固定成本相同，变动成本也要研究“相关范围”问题，也就是说，只有在一定范围之内，产量和成本才能完全成同比例变化，即完全的线性关系，超过了一定范围，这种关系就不存在了。

3. 混合成本

有些成本虽然也随业务量的变动而变动，但不成同比例变动，不能简单地归入变动成本或固定成本，这类成本被称为混合成本。混合成本按其与业务量的关系又可分为半变动成本和半固定成本。

半变动成本是混合成本的基本类型，它通常有一个初始量，类似于固定成本，在这个初始量的基础上随产量的增长而增长，又类似于变动成本。例如，在租用机器设备时，有的租约规定租金同时按如下两种标准计算：

半固定成本随产量的变化而呈阶梯形增长，产量在一定限度内，这种成本不变，当产量增长到一定限度后，这种成本就跳跃到一个新水平。化验员、质量检查人员的工资都属于这类成本。

4. 总成本习性模型

从以上分析可知，成本按习性可分成变动成本、固定成本和混合成本三类，但混合成本又可以按一定方法分解为半成变动部分和半固定部分，这样，总成本可分成变动成本、固定成本两部分，总成本习性模型可用下式表示：

总成本＝固定成本＋变动成本

＝固定成本＋单位变动成本×产销量

用字母表示为：

$$y=a+bx$$

式中：y——总成本；

a——固定成本；

b——单位变动成本；

x——产销量。

显然，若能求出公式中 a 和 b 的值，就可以利用这个直线方程来进行成本预测、成本决策和其他短期决策，所以，总成本习性模型是一个非常重要的模型。

二、边际贡献及其计算

边际贡献是指销售收入减去变动成本以后的差额。边际贡献是一个十分有用的价值指标，边际贡献反映了产品扣除自身变动成本后给企业所作的贡献，它首先用于收回企业的固定成本，如果还有剩余则成为利润，如果不足以收回固定成本则企业就要发生亏损。边际贡献的计算公式为

边际贡献(M)＝销售收入－变动成本

＝产品的销售单价×产销量－单位产品的变动成本×产销量

＝(产品的销售单价－单位产品的变动成本)×产销量

＝单位边际贡献×产销量

用字母表示为

$$M=px-bx=(p-b)x=mx$$

三、息税前利润及其计算

息税前利润是指企业支付利息和缴纳所得税之前的利润。

息税前利润＝净利润＋利息费用＋所得税

＝利润总额＋利息费用

子任务三　经营杠杆与经营风险

自然界中的杠杆效应，是指人们通过利用杠杆，可以用较小的力量移动较重物体的现象。财务管理中也存在着类似的杠杆效应，财务管理中的杠杆是指由于特定费用(如固定成本或固定财务费用)的存在而导致的，当某一财务变量以较小幅度变动时，另一相关财务变量会以较

大的幅度变动。合理运用杠杆效应,有助于企业规避风险,提高资金营运效率。

财务管理中的杠杆效应有三种形式,即经营杠杆、财务杠杆和复合杠杆,要了解这些杠杆的原理,需要首先了解成本习性、边际贡献和息税前利润的概念、特征及有关的计算。

一、经营杠杆的含义

在其他条件不变的情况下,产销量的增加虽然不会改变固定成本总额,但会降低单位固定成本,从而提高单位利润,使息税前利润的增长率大于产销量的增长率。反之,产销量的减少会提高单位固定成本,降低单位利润,使息税前利润下降率也大于产销量下降率。如果不存在固定成本,所有成本都是变动的,那么边际贡献就是息税前利润,这时息税前利润变动率就同产销量变动率完全一致。这种由于固定成本的存在而导致息税前利润变动率大于产销量变动率的杠杆效应,称为经营杠杆。

二、经营杠杆的计量

只要企业存在固定成本,就存在经营杠杆效应的作用。但不同企业或同一企业在不同产销量基础上的经营杠杆效应的大小是不完全一致的,为此,需要对经营杠杆进行计量。对经营杠杆进行计量最常用的指标是经营杠杆系数。所谓经营杠杆系数,是指息税前利润变动率相当于产销量变动率的倍数,其计算公式为

$$经营杠杆系数(DOL)=\frac{息税前利润变动率}{产销量变动率}$$

【案例 3-12】 某公司有关资料见表 3-1,试计算该企业 2012 年的经营杠杆系数。

表 3-1 某公司相关资料表 单位:万元

项目	2011 年	2012 年	变动额	变动率
销售额	1 000	1 500	500	50%
变动成本	600	900	300	50%
边际贡献	400	600	200	50%
固定成本	200	200	0	0
息税前利润	200	400	200	100%

分析:

根据计算公式得:

$$经营杠杆系数(DOL)=\frac{200/200}{500/1\,000}=\frac{100\%}{50\%}=2$$

上述公式是根据经营杠杆系数的定义进行计算的,采用上述公式进行计算时,必须已知销售额(或销售量)及息税前利润变动前后的相关资料,即需要变动前后两期的资料才能进行计算,这样计算比较麻烦,而且无法预测未来的经营杠杆系数。因此,有必要把上述计算公式进行化简如下:

$$经营杠杆系数(DOL)=\frac{基期边际贡献}{基期边际贡献-基期固定成本}$$

$$=\frac{\text{基期边际贡献}}{\text{基期息税前利润}}$$

依据上题资料，可得该公司 2012 年的经营杠杆系数如下：

$$\text{经营杠杆系数}=\frac{400}{200}=2$$

三、经营杠杆与经营风险的关系

引起企业经营风险的主要原因是市场需求和成本等因素的不确定性，经营杠杆本身并不是利润不稳定的根源。但是，产销业务量增加时，息税前利润将以 *DOL* 倍数的幅度增加；而产销业务量减少时，息税前利润又将以 *DOL* 倍数的幅度减少。可见，经营杠杆扩大了市场和生产等不确定因素对利润变动的影响。而且经营杠杆系数越高，利润变动越激烈，企业的经营风险就越大。于是，企业经营风险的大小和经营杠杆有重要关系。一般来说，在其他因素不变的情况下，固定成本越高，经营杠杆系数越大，经营风险越大。

子任务四　财务杠杆与财务风险

一、财务杠杆的含义

不论企业营业利润是多少，债务的利息和优先股的股利通常都是固定不变的。当息税前利润增大时，每一元盈余所负担的固定财务费用（如利息、优先股股利、融资租赁租金等）就会相对减少，这能给普通股股东带来更多的盈余；反之，当息税前利润减少时，每一元盈余所负担的固定财务费用就会相对增加，这就会大幅度减少普通股的盈余。这种由于固定财务费用的存在而导致的每股利润变动率大于息税前利润变动率的杠杆效应，称作财务杠杆，见表 3-2。

表 3-2　甲、乙公司的资金结构与普通股利润表

时间	项目	甲公司	乙公司	备注
2011 年	普通股发行在外股数（万股）	5 000	2 000	(1) 已知
	普通股股本（万元）	500 000	200 000	(2) 已知
	债务（年利率 8%）（万元）	0	300 000	(3) 已知
	资金总额（万元）	500 000	500 000	(4)＝(2) ＋(3)
	息税前利润（万元）	50 000	50 000	(5) 已知
	债务利息（万元）	0	24 000	(6) ＝(3) ×8%
	利润总额（万元）	50 000	26 000	(7) ＝(5)－(6)
	所得税（税率 25%）（万元）	12 500	6 500	(8) ＝(7) ×25%
	净利润（万元）	37 500	19 500	(9) ＝(7)－(8)
	每股利润（元/股）	7.5	9.75	(10) ＝(9)/(1)

（续表）

时间	项目	甲公司	乙公司	备注
2012 年	息税前利润增长率	20%	20%	(11) 已知
	增长后的息税前利润(万元)	60 000	60 000	(12) =(5)×[1+(11)]
	债务利息(万元)	0	24 000	(13) =(6)
	利润总额(万元)	60 000	36 000	(14) =(12)-(13)
	所得税(税率 25%)	15 000	9 000	(15) =(14)×25%
	净利润(万元)	45 000	27 000	(16) =(14)-(15)
	每股利润(元)	9.0	13.5	(17) =(16) /(1)
	每股利润增加额(万元)	1.5	3.75	(18) =(17)-(10)
	普通股利润增长率	20%	38.46%	(19) =(18) /(10)

在表 3-2 中，甲、乙两家公司的资金总额相等，息税前利润相等，息税前利润的增长率也相同，不同的只是资金结构。甲公司的全部资金都是普通股，乙公司的资金中普通股占 40%、债券占 60%。在甲、乙两家公司息税前利润均增长 20% 的情况下，甲公司每股利润增长 20%，而乙公司却增长了 38.46%，这就是财务杠杆效应。当然，如果息税前利润下降，乙公司每股利润的下降幅度要大于甲公司每股利润的下降幅度。

二、财务杠杆的计量

从上述分析可知，只要在企业的筹资方式中有固定财务费用支出的债务和优先股，就会存在财务杠杆效应。但不同企业财务杠杆的作用程度是不完全一致的，为此，需要对财务杠杆进行计量。对财务杠杆进行计量最常用的指标是财务杠杆系数。所谓财务杠杆系数是普通股每股利润的变动率相当于息税前利润变动率的倍数。其计算公式为

$$\text{财务杠杆系数 } DFL=\frac{\text{普通股每股利润变动率}}{\text{息税前利润变动率}}$$

【案例 3-13】 以表 3-2 中所列甲、乙两家公司为例，将有关资料代入上述公式，求甲、乙两家公司 2012 年的财务杠杆系数。

分析：

$$\text{甲公司财务杠杆系数}=\frac{20\%}{20\%}=1$$

$$\text{乙公司财务杠杆系数}=\frac{38.46\%}{20\%}=1.923$$

上述公式是计算财务杠杆系数的理论公式，必须已知前后两期的资料才能计算，比较麻烦。因此，有必要把上述计算公式进行化简如下：

$$\text{财务杠杆系数}(DFL)=\frac{\text{基期息税前利润}}{\text{基期息税前利润}-\text{基期利息}}$$

用字母表示为

$$DFL=\frac{EBIT}{EBIT-I}$$

从式上式可见，影响企业财务杠杆系数的因素包括息税前利润、企业资金规模、企业的资金结构、固定财务费用水平等多个因素。财务杠杆系数将随固定财务费用的变化呈同方向变化，即在其他因素一定的情况下，固定财务费用越高，财务杠杆系数越大。财务杠杆系数越大，企业财务风险也越高；如果企业固定财务费用为0，则财务杠杆系数为1。

将表3-2中2011年的有关资料代入上式，可求得甲乙两公司2012年的财务杠杆系数

$$甲公司财务杠杆系数=\frac{50\ 000}{50\ 000-0}=1$$

$$乙公司财务杠杆系数=\frac{50\ 000}{50\ 000-24\ 000}=1.923$$

这说明，在利润增加时，乙公司每股利润的增长幅度大于甲公司的增长幅度；当然，当利润减少时，乙公司每股利润减少得也更快。因此，公司息税前利润较多，增长幅度较大时，适当地利用负债性资金，发挥财务杠杆的作用，可增加每股利润，使股票价格上涨，增加企业价值。

三、财务杠杆与财务风险的关系

财务风险是指企业为取得财务杠杆利益而利用负债资金时，增加了破产机会或普通股利润大幅度变动的机会所带来的风险。企业为取得财务杠杆利益，就要增加负债，一旦企业息税前利润下降，不足以补偿固定利息支出，企业的每股利润就会下降得更快。

子任务五 复合杠杆与复合风险

一、复合杠杆的概念

如前所述，由于存在固定成本，产生经营杠杆效应，使息税前利润的变动率大于产销量的变动率；同样，由于存在固定财务费用(如固定利息、优先股股利)，产生财务杠杆效应，使企业每股利润的变动率大于息税前利润的变动率。如果两种杠杆共同起作用，那么销售额稍有变动就会使每股收益产生更大的变动。这种由于固定成本和固定财务费用的共同存在而导致的每股利润变动率大于产销量变动率的杠杆效应，称为复合杠杆。

二、复合杠杆的计量

只要企业同时存在固定成本和固定财务费用等财务支出，就会存在复合杠杆的作用。但不同企业，复合杠杆作用的程度是不完全一致的，为此，需要对复合杠杆作用的程度进行计量。对复合杠杆进行计量的最常用指标是复合杠杆系数。所谓复合杠杆系数，是指每股利润变动率相当于产销量变动率的倍数。其理论公式为

$$复合杠杆系数(DCL)=\frac{普通股每股利润变动率}{产销量变动率(或销售额变动率)}$$

【案例3-14】 某企业有关资料见表3-3，要求分析复合杠杆效应并计算复合杠杆系数。

表 3-3 某企业有关资料

项目	2011 年	2012 年	变动率
销售收入(元)(单位售价 10 元)	1 000 000	1 200 000	+20%
变动成本(元)(单位变动成本 4 元)	400 000	480 000	+20%
边际贡献(元)	600 000	720 000	+20%
固定成本(元)	400 000	400 000	0
息税前利润(*EBIT*)(元)	200 000	320 000	+60%
利息(元)	80 000	80 000	0
利润总额(元)	120 000	240 000	+100%
所得税(元)(所得税税率 25%)	30 000	60 000	+100%
净利润(元)	90 000	180 000	+100%
普通股发行在外股数(股)	100 000	100 000	0
每股利润(EPS,元/股)	0.90	1.8	+100%

分析:

从表 3-3 中看到,在复合杠杆的作用下,业务量增加 20%,每股利润便增长 100%。当然,如果业务量下降 20%,企业的每股利润也会下降 100%。

根据表 3-3 中的有关数据可求出 2012 年的复合杠杆系数

$$DCL=\frac{0.9/0.9}{200\,000/1\,000\,000}=\frac{100\%}{20\%}=5$$

复合杠杆系数与经营杠杆系数、财务杠杆系数之间的关系可用下式表示:

$$DCL=DOL\cdot DFL$$

即:复合杠杆系数=经营杠杆系数×财务杠杆系数。

这样,复合杠杆系数亦可按以下方法计算:

$$\text{经营杠杆系数}(DOL)=\frac{\Delta EBIT/EBIT}{\Delta x/x}=\frac{60\%}{20\%}=3$$

$$\text{财务杠杆系数}(DFL)=\frac{\Delta EPS/EPS}{\Delta EBIT/EBIT}=\frac{100\%}{60\%}=\frac{5}{3}$$

$$\text{复合杠杆系数}(DCL)=\text{经营杠杆系数}(DOL)\times\text{财务杠杆系数}(DFL)$$

$$=3\times\frac{5}{3}=5$$

这就是说,在本例中,企业的产销量每增减 1%,每股利润就会相应增减 5%,因此,产销量有一个比较小的增长,每股利润便会大幅度增长;反之,产销量有比较小的下降,每股利润便会大幅度下降。

三、复合杠杆与企业风险的关系

从以上分析看到,在复合杠杆的作用下,当企业经济效益好时,每股利润会大幅度上升,当企业经济效益差时,每股利润会大幅度下降。企业复合杠杆系数越大,每股利润的波动幅度越大。由于复合杠杆作用使每股利润大幅度波动而造成的风险,称为复合风险。在其他因素不变的情况下,复合杠杆系数越大,企业风险越大,复合杠杆系数越小,企业风险越小。

任务六　确定最优资金结构

子任务一　了解资金结构

资金结构是指企业各种资金的构成及其比例关系。资金结构是企业筹资决策的核心问题。企业应综合考虑有关影响因素，运用适当的方法确定最佳资金结构，并在以后追加筹资中继续保持。企业现有资金结构不合理，应通过筹资活动进行调整，使其趋于合理化。

在实务中，资金结构有广义和狭义之分。狭义的资金结构是指长期资金结构；广义的资金结构是指全部资金（包括长期资金和短期资金）的结构。

企业资金结构是由企业采用的各种筹资方式筹集资金而形成的，各种筹资方式不同的组合类型决定着企业资金结构及其变化。企业筹资方式虽然很多，但总体可分为负债资金和权益资金两类，因此，资金结构问题总体来说是负债资金的比例问题，即负债在企业全部资金中所占的比重。

子任务二　确定最佳资金结构

从上述分析可知，利用负债资金具有双重作用，适当利用负债，可以降低企业资金成本，但当企业负债比率太高时，会带来较大的财务风险。为此，企业必须权衡财务风险和资金成本的关系，确定最优的资金结构。所谓最优资金结构是指在一定条件下使企业加权平均资金成本最低、企业价值最大的资金结构。

确定最佳资金结构的方法有每股利润无差别点法、比较资金成本法和公司价值分析法。

一、每股利润无差别点法

负债的偿还能力是建立在未来盈利能力基础之上的。研究资金结构，不能脱离企业的盈利能力。企业的盈利能力，一般用息税前利润（*EBIT*）表示。

负债筹资是通过它的杠杆作用来增加股东财富的。确定资金结构不能不考虑它对股东财富的影响。股东财富用每股利润（*EPS*）来表示。

每股利润无差别点法，又称息税前利润-每股利润分析法（EBIT - EPS 分析法），是通过分析资金结构与每股利润之间的关系，计算各种筹资方案的每股利润的无差别点，进而确定合理的资金结构的方法。这种方法确定的最佳资金结构就是每股利润最大的资金结构。

【案例 3 - 15】 M 公司目前有资金 75 000 万元，现因生产发展需要准备再筹集 25 000 万元资金，这些资金可以利用发行股票来筹集，也可以利用发行债券来筹集。表 3 - 4 列示了原资金结构和筹资后资金结构情况。

表 3-4 M公司资金结构变化情况表 单位:万元

筹资方式	原资金结构	增加筹资后资金结构	
		增发普通股(A方案)	增发公司债券(B方案)
公司债券(利率8%)	10 000	10 000	35 000
普通股(每股面值10元)	20 000	30 000①	20 000
资本公积	25 000	40 000②	25 000
留存收益	20 000	20 000	20 000
资金总额合计	75 000	10 0000	100 000
普通股股数	2 000	3 000	2 000

注:①②发行新股票时,每股发行价格为25元,筹资25 000万元须发行1 000万股,普通股股本增加10 000万元,资本公积增加15 000万元。

根据资金结构的变化情况,我们可以采用 $EBIT-EPS$ 分析法分析资金结构对普通股每股利润的影响。详细的分析情况见表3-5。

表 3-5 M公司不同资金结构下的每股利润 单位:万元

项目	增发股票	增发债券
预计息税前利润(*EBIT*)	20 000	20 000
利息	800	2 800
利润总额	19 200	17 200
所得税(税率25%)	4 800	4 300
净利润	14 400	12 900
普通股股数(股)	3 000	2 000
每股利润(元)	4.8	6.45

从表3-5中可以看出,在息税前利润为20 000万元的情况下,利用增发公司债券的方式筹集资金能使每股利润上升较多,这可能有利于股票价格上涨,更符合理财目标。

那么,究竟息税前利润为多少时发行普通股有利,究竟息税前利润为多少时发行公司债券有利呢?这就要测算每股利润无差别点处的息税前利润。其计算公式为

$$\frac{(EBIT-I_1)(1-T)-D_1}{N_1}=\frac{(EBIT-I_2)(1-T)-D_2}{N_2}$$

式中:$EBIT$——每股利润无差别点处的息税前利润;

I_1,I_2——两种筹资方式下的利息;

D_1,D_2——两种筹资方式下的优先股股利;

N_1,N_2——两种筹资方式下的流通在外的普通股股数。

$$\frac{(EBIT-800)(1-25\%)-0}{3\ 000}=\frac{(EBIT-2\ 800)(1-25\%)-0}{2\ 000}$$

$$EBIT=6\ 800(万元)$$

这就是说,当息税前利润大于6 800万元时,利用负债筹资较为有利;当息税前利润小于6 800万元时,不应再增加负债,以发行普通股为宜;当息税前利润等于6 800万元时,采用两

种方式没有差别。M公司预计息税前利润为20 000万元，故采用发行公司债券的方式较为有利。

应当说明的是，这种分析方法只考虑了资金结构对每股利润的影响，并假定每股利润最大，股票价格也就最高。但把资金结构对风险的影响置于视野之外，是不全面的。因为随着负债的增加，投资者的风险加大，股票价格和企业价值也会有下降的趋势，所以，企业单纯地用*EBIT*-*EPS*分析法有时会作出错误的决策。但在资金市场不完善的时候，投资人主要根据每股利润的多少来作出投资决策，每股利润的增加也的确有利于股票价格的上升。

二、比较资金成本法

比较资金成本法是通过计算各方案加权平均的资金成本，并根据加权平均资金成本的高低来确定最佳资金结构的方法。这种方法确定的最佳资金结构亦即加权平均资金成本最低的资金结构，现举例说明如下。

【案例3-16】 华光公司原来的资金结构见表3-6。普通股每股面值1元，发行价格为每股10元，目前价格也为每股10元，今年期望股利为1元/股，预计以后每年增加股利5%。该企业适用的所得税税率假设为25%，假设发行的各种证券均无筹资费。

表3-6　资金结构　　单位：万元

筹资方式	金额
债券(年利率10%)	8 000
普通股(每股面值1元，发行价10元，共800万股)	8 000
合计	16 000

该企业拟增资4 000万元，以扩大生产经营规模，现有如下三个方案可供选择。

甲方案：增加发行4 000万元的债券，因负债增加，投资人风险加大，债券利率增至12%才能发行，预计普通股股利不变，但由于风险加大，普通股市价降至8元/股。

乙方案：发行债券2 000万元，年利率为10%，发行股票200万股，每股发行价10元，预计普通股股利不变。

丙方案：发行股票363.6万股，普通股市价增至11元/股。

为了确定上述三个方案哪个最好，下面分别计算其加权平均资金成本。

(1) 计算计划年初加权平均资金成本

各种资金的比重和资金成本分别为

$$债券资金所占比重=\frac{8\,000}{16\,000}\times 100\%=50\%$$

$$普通股资金所占比重=\frac{8\,000}{16\,000}\times 100\%=50\%$$

$$债券成本=10\%\times(1-25\%)=7.5\%$$

$$普通股成本=\frac{1}{10}+5\%=15\%$$

$$计划年初加权平均资金成本=50\%\times 7.5\%+50\%\times 15\%=11.25\%$$

(2) 计算甲方案的加权平均资金成本

各种资金的比重和资金成本分别为

$$原来发行的债券在资金总额中所占比重=\frac{8\,000}{20\,000}\times100\%=40\%$$

$$新发行的债券在资金总额中所占比重=\frac{4\,000}{20\,000}\times100\%=20\%$$

$$普通股资金所占比重=\frac{8\,000}{20\,000}\times100\%=40\%$$

原来发行债券的资金成本=10%×(1－25%)=7.5%

新发行债券的资金成本=12%×(1－25%)=9%

$$普通股成本=\frac{1}{8}+5\%=17.5\%$$

甲方案加权平均资金成本=40%×7.5%+20%×9%+40%×17.5%=11.8%

(3) 计算乙方案的加权平均资金成本

各种资金的比重和资金成本分别为

$$债券资金所占比重=\frac{8\,000+2\,000}{20\,000}\times100\%=50\%$$

$$普通股资金所占比重=\frac{8\,000+2\,000}{20\,000}\times100\%=50\%$$

债券成本=10%×(1－25%)=7.5%

$$普通股成本=\frac{1}{10}+5\%=15\%$$

乙方案加权平均资金成本=50%×7.5%+50%×15%=11.25%

(4) 计算丙方案的加权平均资金成本

各种资金的比重和资金成本分别为

$$债券资金所占比重=\frac{8\,000}{20\,000}\times100\%=40\%$$

$$普通股资金所占比重=\frac{8\,000+4\,000}{20\,000}\times100\%=60\%$$

债券成本=10%×(1－25%)=7.5%

$$普通股成本=\frac{1}{11}+5\%=14.09\%$$

丙方案加权平均资金成本=40%×7.5%+60%×14.09%=11.454%

从以上计算可以看出,乙方案的加权平均资金成本最低,所以应选用乙方案,即该企业应保持原来的资金结构,50%为负债资金,50%为自有资金。

这种方法通俗易懂,计算过程也不是十分复杂,是确定资金结构的一种常用方法。但因所拟订的方案数量有限,故有把最优方案漏掉的可能。

子任务三　资金结构的调整

当企业现有资金结构与目标资金结构存在较大差异时,企业需要进行资金结构的调整。资金结构调整的方法有以下几种。

1. 存量调整

在不改变现有资产规模的基础上，根据目标资金结构要求，对现有资金结构进行必要的调整。存量调整的方法有以下四种。

（1）债转股、股转债。

（2）增发新股偿还债务。

（3）调整现有负债结构，如与债权人协商，将短期负债转为长期负债，或将长期负债列入短期负债。

（4）调整权益资金结构，如优先股转换为普通股，以资本公积转增股本。

2. 增量调整

即通过追加筹资量，用增加总资产的方式来调整资金结构。其主要途径是从外部取得增量资本，如发行新债、举借新贷款、进行筹资租赁，发行新股票等。

3. 减量调整

即通过减少资产总额的方式来调整资金结构。如提前归还借款，收回发行在外的可提前收回债券，股票回购减少公司股本，进行企业分立等。

【项目小结】

为了满足生产经营需要，企业可以筹集权益资金或负债资金，权益资金的筹集方式主要有吸收直接投资、发行股票、留存收益等方式；负债筹资方式主要有银行借款、发行债券、融资租赁、商业信用等。权益资金能提高企业的资信程度但资金成本较高，负债资金资金成本较低，可以发挥财务杠杆作用，但财务风险较大，限制条件较多。

资金成本是筹集和使用资金所付出的代价，包括筹资费用和使用费用两部分，一般用资金成本率来衡量。资金成本的计算分个别资金成本和综合资金成本。

经营杠杆系数、财务杠杆系数、复合杠杆系数分别用来衡量经营风险、财务风险和复合风险的高低。

资金结构是各种筹资方式的筹资额占全部资金的比重。最优资金结构是指能使企业价值最大、综合资金成本最低的资金结构，常用每股收益无差别点分析法和资金成本分析法等方法来确定最优资金结构。

【项目训练】

一、单项选择题

1. 在下列各项中，能够引起企业自有资金增加的筹资方式是（　　）。

A. 吸收直接投资　　B. 发行公司债券

C. 利用商业信用　　D. 留存收益转增资本

2. 某公司的息税前利润为 6 000 万元，本期实际利息为 1 000 万元，则公司的财务杠杆系数为（　　）。

A. 6　　B. 1.2　　C. 0.83　　D. 2

3. 下列筹资方式中，常用来筹措短期资金的是（　　）。

A. 商业信用　　B. 发行股票　　C. 发行债券　　D. 融资租赁

4. 相对于股票筹资而言，银行借款的缺点是（　　）。

A. 筹资速度慢　B. 筹资成本高　C. 借款弹性差　D. 财务风险大

5. 下列各项资金,可以利用商业信用方式筹措的是(　　)。

A. 国家财政资金　B. 银行信贷资金

C. 其他企业资金　D. 企业自留资金

6. 在下列各项中,不属于商业信用融资内容的是(　　)。

A. 赊购商品　B. 预收货款

C. 办理应收票据贴现　D. 用商业汇票购货

7. 比较资金成本法是确定最优资金结构的一种方法,这里所比较的成本是(　　)。

A. 资金成本　B. 固定成本　C. 变动成本　D. 综合资金成本

8. 某企业按年利率4.5%向银行借款200万元,银行要求保留10%的补偿性余额,则该项借款的实际利率为(　　)。

A. 4.95%　B. 5%　C. 5.5%　D. 9.5%

9. (　　)是指企业为筹集和使用资金而付出的代价。

A. 资金耗费　B. 资金成本　C. 筹资费用　D. 用资费用

10. 在计算个别资金成本时不用考虑筹资费用的是(　　)。

A. 银行借款　B. 债券　C. 股票　D. 留存收益

11. (　　)指企业因经营上的原因而导致利润变动的风险。

A. 经营风险　B. 企业亏损　C. 企业利润　D. 财务风险

12. 财务风险是由(　　)而引起的。

A. 企业亏损　B. 负债经营　C. 发行股票　D. 经营不善

13. 所谓成本习性,是指成本总额与(　　)之间在数量上的依存关系。

A. 业务量　B. 筹资量　C. 利率　D. 时间

14. (　　)是指销售收入减去变动成本以后的差额。

A. 利润　B. 息税前利润　C. 税后利润　D. 边际贡献

15. (　　)是指息税前利润变动率,相当于产销量变动率的倍数。

A. 经营杠杆系数　B. 财务杠杆系数

C. 复合杠杆系数　D. 总杠杆系数

16. 当预计的息税前利润大于每股利润无差别点时,利用(　　)筹资较为有利。

A. 发行股票　B. 吸收直接投资

C. 利用留存收益　D. 发行债券

17. 每股利润无差别点是指两种筹资方案下,普通股每股利润相等时的(　　)。

A. 成本总额　B. 资金总额　C. 资金结构　D. 息税前利润

18. 财务管理中的杠杆原理是因为(　　)存在,当业务量以较小的幅度变动时,利润会发生较大的变化。

A. 所得税　B. 固定成本　C. 变动成本　D. 资金成本

二、多项选择题

1. 吸收直接投资的优点包括(　　)。

A. 有利于降低企业资金成本　B. 有利于加强对企业的控制

C. 有利于壮大企业经营实力　D. 有利于降低企业财务风险

2. 下列各项中，属于“吸收直接投资”与“发行普通股”筹资方式所共有的缺点是(　　)。

A. 限制条件多　B. 财务风险大　C. 控制权分散　D. 资金成本高

3. 相对权益资金的筹资方式而言，长期借款筹资的缺点主要有(　　)。

A. 财务风险较大　B. 资金成本较高

C. 筹资数额有限　D. 筹资速度较慢

4. 影响企业经营风险的因素很多，主要有(　　)。

A. 产品需求　B. 产品售价

C. 产品成本　D. 固定成本的比重

5. 按成本习性可把全部成本划分为(　　)三类。

A. 固定成本　B. 变动成本　C. 混合成本　D. 总成本

6. 下列各项属于变动成本的有(　　)。

A. 直接材料　B. 直接人工　C. 制造费用　D. 管理费用

7. 下列各项属于固定成本的有(　　)。

A. 年折旧费　B. 广告费　C. 培训费　D. 材料费

8. 所谓最优资金结构是指在一定条件下使企业(　　)的资金结构。

A. 利润最大　B. 每股收益最大

C. 企业价值最大　D. 综合资金成本最低

9. 当企业现有资金结构与目标资金结构存在较大差异时，企业需要进行资金结构的调整。资金结构调整的方法有(　　)。

A. 存量调整　B. 增量调整　C. 减量调整　D. 变量调整

10. 资金成本是财务管理中一个很重要的概念，其作用主要有(　　)。

A. 资金成本是影响企业选择资金来源和筹资方式的依据与参考

B. 资金成本是影响企业筹资总额的重要依据

C. 资金成本经常做投资项目的折现率使用

D. 资金成本是计算投资项目内部收益率的重要依据

三、判断题

1. 现金折扣是企业为了鼓励客户多买商品而给予的价格优惠，每次购买的数量越多，价格也就越便宜。(　　)

2. 一般情况下，发行信用债券的企业不得将财产抵押给其他债权人。(　　)

3. 企业按照销售百分率法预测出来的资金需要量，是企业在未来一定时期资金量的增量。(　　)

4. 负债在资本总额中所占的比重越大，财务风险越低。(　　)

5. 固定成本是指不随业务量的变动而变动的那部分成本。(　　)

6. 一般来说，单位产品的变动成本是一个常数，而单位产品的固定成本随业务量的增加而减少。(　　)

7. 只要企业存在固定成本，就存在经营杠杆效应的作用。所以不同企业或同一企业在不同产销量基础上的经营杠杆效应的大小是一致的。(　　)

8. 一般来说，在其他因素不变的情况下，固定成本越高，经营杠杆系数越大，经营风险越大。(　　)

9. 在其他因素一定的情况下，固定成本越高，经营杠杆系数越大，财务风险越大。（　　）

10. 当预计的息税前利润小于每股利润无差别点时，不应再增加负债，以发行普通股筹资为宜。（　　）

四、计算分析题

1. 某公司拟筹资 4 000 万元，其中按面值发行债券 1 500 万元，票面利率为 10%，筹资费率为 1%；发行优先股 500 万元，股利率为 12%，筹资费率为 2%；发行普通股 2 000 万元，筹资费率为 4%，预计第 1 年股利率为 12%，以后每年按 4%递增；所得税税率为 25%。

要求：(1) 计算债券成本；(2) 计算优先股成本；(3) 计算普通股成本。

2. 某企业发行债券、优先股、普通股筹集资金。发行债券 500 万元，票面利率为 8%，筹资费用率为 2%；优先股 200 万元，年股利率为 12%，筹资费用率为 5%；普通股 300 万元，筹资费用率为 7%，预计下年度股利率为 14%，并以每年 4%的速度递增。若企业适用所得税税率为 25%，试计算个别资金成本和综合资金成本。

3. ABC 公司只生产和销售甲产品，其总成本习性模型为 $y=8\,000+4x$。假定该公司 2013 年度产品销售量为 12 000 件，每件售价为 6 元；按市场预测 2014 年产品的销售数量将增长 10%。要求：

(1) 计算 2013 年该公司的边际贡献总额。

(2) 计算 2013 年该公司的息税前利润。

(3) 计算 2014 年的经营杠杆系数。

(4) 计算 2014 年息税前利润增长率。

(5) 假定公司 2013 年利息费用 7 000 元，且无融资租赁租金和优先股，计算 2014 年复合杠杆系数。

4. 某企业有资产 2 000 万元，其中负债为 800 万元，利率为 7%；普通股票 120 万股，每股发行价格为 10 元。企业本年度的息税前利润为 400 万元。企业的所得税税率为 25%。要求：

(1) 计算企业的财务杠杆系数和企业的每股利润。

(2) 若息税前利润增长 20%，则每股利润为多少？

(3) 若每股利润为 3 元，则息税前利润应为多少？

5. 某公司目前发行普通股 100 万股（每股为 1 元），已发行 10%利率的债券 400 万元，该公司打算为一个新的投资项目融资 500 万元，新项目投产后公司每年息税前利润增加到 200 万元。现有两个方案可供选择：按 12%的利率发行债券（方案 1）；按每股 20 元发行新股（方案 2）。公司适用所得税税率为 40%。要求：

(1) 计算两个方案的每股利润。

(2) 计算两个方案的每股利润无差别点息税前利润。

(3) 计算两个方案的财务杠杆系数。

(4) 判断哪个方案更好。

项目四　项目投资管理

导入案例

康源葡萄酒厂是生产葡萄酒的中型企业，该厂生产的葡萄酒酒香醇正，价格合理，长期以来供不应求。为了扩大生产能力，康源葡萄酒厂拟新建一条生产线。

李龙是该厂的助理会计师，主要负责筹资和投资工作。总会计师王冰要求李龙搜集建设生产线的有关资料，并对投资项目进行财务评价，以供厂领导决策考虑。

李龙经过十多天的调查研究，得到以下有关资料：

(1) 投资新的生产线需要一次性投入1 000万元，建设期1年，预计可使用10年，报废时无残值收入；按照税法规定该生产线的折旧年限为8年，直线法计提折旧，残值率10%。

(2) 购置设备所需资金通过银行借款筹措，借款期限4年，每年末支付利息100万元，第4年末用税后利润偿还本金。

(3) 该生产线投入使用后，预计可使工厂第1至5年的销售收入每年增长1 000万元，第6至10年的销售收入每年增长800万元，耗用的人工和材料等成本占收入的60%。

(4) 生产线建设期满后，工厂还需垫支流动资金200万元。

(5) 所得税税率为25%。

(6) 企业的资金成本率10%。

【问题探讨】

该项目是否具备经济上的可行性？

任务一　认识项目投资

一、项目投资的定义

项目投资是一种以特定建设项目为对象，直接与新建项目或更新改造项目有关的长期投资行为。本章所介绍的工业企业投资项目主要包括新建项目（含单纯固定资产投资项目和完整工业投资项目）和更新改造项目。其中，单纯固定资产投资项目是指只涉及固定资产投资而不涉及无形资产投资、其他资产投资和流动资产投资的建设项目。完整工业投资项目简称新建项目，是以新增工业生产能力为主的投资项目，其投资内容不仅包括固定资产投资，而且还包括流动资产投资的建设项目。

二、项目投资的特点

与其他形式的投资比较，项目投资具有投资内容独特（每个投资项目至少涉及一项固定资产投资)、投资数额多、运行时间长、发生频率低、变现能力差和投资风险大等特点。

三、项目计算期的构成

项目计算期是指投资项目从投资建设开始到最终清理结束整个过程全部的时间,包括建设期和运营期。其中建设期是指从项目资金正式投入开始到项目建成投产为止所需要的时间。建设期的第一年初为建设起点,建设期的最后一年末为投产日。项目计算期的最后一年末为终结点。假定项目的终结或报废清理均发生在终结点(更新改造项目除外)。从投产日到终结点之间的时间为运营期,又包括试产期和达产期两个阶段,试产期是指项目投入生产,但生产能力尚未达到设计能力时的过渡阶段。达产期是指生产运营达到设计预期水平后的时间。运营期一般应根据项目主要设备的经济寿命期确定。

项目计算期、建设期和运营期之间有以下关系,其公式为

项目计算期=建设期+运营期

四、项目投资的内容

从项目投资的内容来看,原始投资等于企业为使该项目完全达到设计生产能力、开展正常经营而投入的全部现实资金,包括建设投资和流动资金投资两项内容。

建设投资是指在建设期内按一定生产经营规模和建设内容进行的投资,具体包括固定资产投资、无形资产投资和其他资产投资三项内容。

固定资产投资是指项目用于购置或安装固定资产应当发生的投资。固定资产原值与固定资产投资之间的关系如下:

固定资产原值=固定资产投资+建设期资本化借款利息

无形资产投资是指项目用于取得无形资产而发生的投资。

其他资产投资是指建设投资中除固定资产投资和无形资产投资以外的投资,包括生产准备和开办费投资。

流动资金投资是指项目投产前后一次或分次投放于流动资产项目的投资增加额,又称垫支的流动资金或营运资金投资。

项目总投资是指反映项目投资总体规模的价值指标,等于原始投资与建设期资本化利息之和。

五、项目投资资金的投入方式

原始投资的投入方式一般包括一次性投资和分次投资两种形式。一次性投资方式是指投资行为集中一次性发生在项目计算期第一个年度的年初或年末;如果投资行为分别涉及两个或两个以上年度,或虽涉及一个年度但同时在该年的年初和年末分别发生,则属于分次投入方式。

【案例 4-1】 M 企业拟新建一个项目,需要在建设起点一次投入固定资产 100 万元,在建设期末投入无形资产 20 万元,建设期为 1 年,寿命 10 年。建设期资本化利息 8 万元,全部计入固定资产原值,流动资金合计投资 50 万元。

根据以上资料可分别计算出以下指标:

(1) 项目计算期=1+10=11(年)

(2) 固定资产原值＝100＋8＝108(万元)

(3) 原始投资＝100＋20＋50＝170(万元)

(4) 项目总投资＝100＋20＋50＋8＝178(万元)

任务二　确定项目投资的现金流量

子任务一　认识项目投资的现金流量

一项投资决策对公司财务实质性的影响主要表现在现金流量方面。所谓现金流量是指投资项目计算期内由于资本循环引起的各项现金流入和现金流出的总称。项目投资决策中所称的"现金",不仅包括各种货币现金,而且包括项目需要投入公司拥有的非货币资源的变现价值(或重置成本),如土地使用权的变现价值就是评价在拥有土地上建厂房这一项目时应考虑的一项现金流出。

现金流量包括现金流入、现金流出和净现金流量等具体内容。

1. 现金流入量的概念及构成

现金流入量是指能够使投资方案的现实货币增加的项目,简称现金流入。它包括以下内容。

(1) 营业收入,指项目投产后每年增加的营业收入。它是经营期主要的现金流入项目。

(2) 回收的固定资产余值,是指投资项目的固定资产在终结点报废清理或中途变价转让处理时所收回的价值,即处理固定资产的净收入。

(3) 回收的流动资金,主要是指项目计算期完全终止时(终结点),因不再发生新的替代投资而回收的原垫支的全部流动资金数额。

回收的固定资产余值和回收的流动资金统称为回收额。

(4) 其他的现金流入量,是指不包括在以上内容中的现金流入量。

2. 现金流出量的概念及构成

现金流出量是指能够使投资方案的现实货币减少或需要动用现金的项目,简称为现金流出。其内容主要包括以下几个方面。

(1) 建设投资(含更改投资),是指建设期内按一定生产经营规模和建设内容进行的固定资产、无形资产投资和开办费等项投资的总和,包含基建投资和更改投资。其中固定资产投资可能与计算折旧的固定资产原值之间产生差异,原因在于固定资产原值可能包括建设期资本化了的利息。

(2) 垫支的流动资金,是指在投资项目中发生的用于生产经营周转用的营运资金的投资,例如存货上的投资。垫支的流动资金与建设投资合称为原始总投资,再加上建设期资本化利息,便构成项目投资总额。但建设期资本化利息不属于现金流出的范畴。

(3) 经营成本,是指在经营期内为满足正常生产经营而动用现实货币资金支付的成本费用,又被称为付现的营运成本(或简称付现成本),它是经营期主要的现金流出项目。

(4) 各项税款,是指项目投产后依法缴纳的、单独列示的各项税款,包括营业税、所得税等。

(5) 其他的现金流出量,是指不包括在以上内容中的现金流出量。

3. 净现金流量的含义

净现金流量是指项目计算期内由每年现金流入量与同年现金流出量的差额所形成的序列指标。它是计算项目投资决策评价指标的重要依据。其理论公式为

某年净现金流量 NCF=该年现金流入量-该年现金流出量

由于项目计算期不仅包括经营期,还包括建设期,因此不论是在经营期还是在建设期都存在净现金流量这一范畴。同时,由于现金流出、流入在项目计算期内的不同阶段上的内容不同,使得各个阶段上的现金流量表现出不同的特点,如在建设期内,净现金流量一般小于或等于零;在经营期内,净现金流量一般大于零。

净现金流量又包括所得税前净现金流量和所得税后净现金流量两种形式。其中所得税前净现金流量不受融资方案和所得税政策变化的影响,是全面反映项目投资方案本身财务获利能力的基础数据。计算时,现金流出量的内容不包括所得税调整因素。所得税后净现金流量则将所得税视为现金流出量,可用于在考虑融资条件下项目投资对企业价值所作的贡献,可以在所得税前现金流量的基础上,直接扣除调整所得税求得。

子任务二　了解确定现金流量的假设

(1) 投资项目的类型假设。假设投资项目只包括单纯固定资产投资项目、完整工业投资项目和更新改造投资项目三种类型,这些项目又可进一步分为不考虑所得税因素和考虑所得税因素的项目。

(2) 财务可行性分析假设。假设投资决策是从公司投资者的立场出发,投资决策者确定现金流量就是为了进行项目财务可行性研究,该项目已经具备国民经济可行性和技术可行性。

(3) 全投资假设。假设在确定项目的现金流量时,只考虑全部投资的运动情况,而不具体区分自有资金和借入资金等具体形式的现金流量。即使实际存在借入资金也将其作为自有资金对待。

(4) 建设期投入全部资金假设。不论项目的原始总投资是一次投入还是分次投入,除个别情况外,假设它们都是在建设期内投入的。

(5) 经营期与折旧年限一致假设。假设项目主要固定资产的折旧年限或使用年限与经营期相同。

(6) 时点指标假设。为便于利用资金时间价值的形式,不论现金流量具体内容所设计的价值指标实际上是时点指标还是时期指标,均假设按照年初或年末的时点指标处理。其中,建设投资在建设期内有关年度的年初或年末发生,流动资金投资在经营期初期(年初)发生;经营期内各年的收入、成本、折旧、摊销、利润、税金等项目的确认均在年末发生;项目最终报废或清理均发生在终结点(但更新改造项目除外)。

(7) 确定性假设。假设与项目现金流量有关的价格、产销量、成本水平、公司所得税税率等因素均为已知常数。

(8) 产销平衡假设。在项目投资决策中,假定运营期同一年的产量等于该年的销售量。在这个假设下,假定按成本项目计算的当年成本费用等于按要素计算的成本费用。

子任务三　估算净现金流量

不同类型的投资项目,其现金流量的具体内容有所差别。以下分三种情况介绍净现金流量的计算方法。

一、单纯固定资产投资项目现金流量的估算

1. 现金流入量

单纯固定资产投资项目的现金流入量包括:增加的营业收入和回收的固定资产余值等内容。

2. 现金流出量

单纯固定资产投资项目的现金流出量包括:固定资产投资、新增营业成本和增加的各项税款等内容。

3. 净现金流量的简算公式

(1) 建设期净现金流量的简算公式。若原始投资均在建设期内投入,则建设期的净现金流量可按下式计算

建设期某年净现金流量=－投资额

或　$NCF_t=-I_t(t=0,1,2,\cdots,s;s\geqslant0)$

式中:I_t——第 t 年的原始投资额;

S——建设期年数。

可见,当建设期不为 0 时,建设期净现金流量(NCF_t)的数量特征取决于其投资方式是分次进行还是一次进行。若建设投资是在建设期一次全部投入的,上述公式的投资额即为原始投资额;若建设投资是在建设期分次投入的,上述公式的投资额为该年的投资额。

(2) 经营期(包括终结点)净现金流量的简化公式。确定经营期净现金流量一般应考虑所得税的影响,若项目经营期内不再追加投资,则投资项目的经营期净现金流量可按以下简化公式计算

经营期某年净现金流量=营业收入－付现成本－所得税＋回收额

=净利润＋年折旧＋年利息＋年回收额

【案例 4-2】 企业拟建一固定资产,需在建设起点一次投入全部资金 1 000 万元,按直线法计提折旧,使用寿命 10 年,期末有残值 100 万元。建设期 1 年,发生资本化利息 100 万元。预计投产后每年可获得净利 100 万元。

要求:用简化方法计算该项目每年的税后净现金流量。

分析:

固定资产原值=固定资产投资＋建设期资本化利息

=1 000＋100=1 100(万元)

$$年折旧=\frac{固定资产原值-净残值}{固定资产使用年限}=\frac{1\,100-100}{10}=100(万元)$$

项目计算期=建设期＋运营期=1＋10=11(年)

建设期某年净现金流量=－原始投资额

$$NCF_0=-1\,000$$

$$NCF_1=0$$

运营期某年净现金流量=净利润+年折旧+固定资产残值

$$NCF_{2\sim10}=100+100=200(\text{万元})$$

$$NCF_{11}=100+100+100=300(\text{万元})$$

二、完整工业投资项目的现金流量

1. 现金流入量

完整工业投资项目的现金流入量包括如下内容。

(1) 营业收入。它是经营期最主要的现金流入量,应按照项目在经营期内有关产品的预计单价和预计销量进行估算。

(2) 补贴收入。它是指与经营期收益有关的政府补贴,可根据按政策退还的增值税、按销量或工作量分别计算的定额补贴和财政补贴等内容进行估算。

(3) 回收的固定资产余值和回收的流动资金等内容。在终结点上一次回收的流动资金等于各年垫支的流动资金的合计数。回收的固定资产余值和回收的流动资金统称回收额,假定新建项目的回收额都发生在终结点。

2. 现金流出量

完整工业投资项目的现金流出量包括如下内容。

(1) 建设投资。固定资产投资是所有类型的项目投资在建设期必然会发生的现金流出量,应按项目规模和投资计划所确定的各项建筑工程费用、设备购置费用、安装工程费用和其他费用来估算。在估算构成固定资产原值的资本化利息时,可根据长期借款本金、建设期年数和借款利率按复利计算,并且假定资本化利息只计入固定资产的原值。

无形资产投资和其他资产投资,应根据需要和可能逐项按有关的资产评估方法和计价标准进行估算。

(2) 流动资金投资。在项目投资决策中,流动资金投资是指在运营期内长期占用并周转使用的营运资金。该项投资一般发生在投产日。

(3) 新增营业成本。营业成本又称付现的运营成本,简称付现成本,指在运营期内为满足正常生产经营而动用现实货币资金支付的成本费用。经营成本是所有类型投资项目在运营阶段都要发生的主要现金流出量,它与融资方案无关。

(4) 营业税金及附加。在项目投资决策中,应按营运期内应缴的营业税、消费税、土地增值税、资源税、城市维护建设税和教育费附加进行估算。

(5) 所得税支出。

3. 净现金流量的估算

(1) 若完整工业投资项目的全部原始投资均在建设期投入,则建设期净现金流量可按以下简化公式进行计算:

建设期某年净现金流量=-该年原始投资额=$-I_t(t=0,1,\cdots,s,s\geqslant0)$

式中:I_t——第 t 年的原始投资额;

s——建设期年数。

可见,当建设期 s 不为 0 时,建设期净现金流量的特征取决于其投资方式是一次投入还是分次投入。

(2) 经营期某年净现金流量＝营业收入－付现成本－所得税＋回收额

＝净利润＋年折旧＋年摊销＋年利息＋年回收额

【案例 4－3】 某工业项目需要原始投资 1 200 万元，其中固定资产投资为 1 000 万元，开办费为 50 万元，流动资金投资为 150 万元。建设期为 1 年，假设其发生的与购置固定资产有关的资本化利息为 100 万元。固定资产投资和开办费投资于建设期初一次投入，流动资金于项目建设完工时一次投入。该项目寿命为 10 年，固定资产按直线法计提折旧，期满有残值为 100 万元。开办费于投产当年一次摊销完毕；流动资金于终结点一次回收。投产后每年可获得税前利润分别为：100 万元、200 万元、250 万元、300 万元、350 万元、310 万元、330 万元、360 万元、380 万元和 400 万元。假设该公司所得税税率为 25%。

要求：计算该项目各年的净现金流量。

分析：

有关指标计算如下。

(1) 项目计算期＝1＋10＝11(年)

(2) 固定资产原值＝1 000＋100＝1 100(万元)

(3) 固定资产年折旧＝100(万元)

(4) 建设期净现金流量：

$NCF_0 = -(1\,000+50) = -1\,050$(万元)

$NCF_1 = -150$(万元)

(5) 运营期所得税后净现金流量：

$NCF_2 = 100\times(1-25\%)+100+50+0 = 225$(万元)

$NCF_3 = 200\times(1-25\%)+100+0+0 = 250$(万元)

$NCF_4 = 250\times(1-25\%)+100+0+0 = 287.5$(万元)

$NCF_5 = 300\times(1-25\%)+100+0+0 = 325$(万元)

$NCF_6 = 350\times(1-25\%)+100+0+0 = 362.5$(万元)

$NCF_7 = 310\times(1-25\%)+100+0+0 = 332.5$(万元)

$NCF_8 = 330\times(1-25\%)+100+0+0 = 347.5$(万元)

$NCF_9 = 360\times(1-25\%)+100+0+0 = 370$(万元)

$NCF_{10} = 380\times(1-25\%)+100+0+0 = 385$(万元)

$NCF_{11} = 400\times(1-25\%)+100+0+(150+100) = 650$(万元)

三、更新改造投资项目的现金流量

更新改造投资项目是用新的固定资产更换技术上或经济上不宜继续使用的旧固定资产，或用先进的技术对原有设备进行局部技术改造。更新改造投资项目可分为以恢复固定资产生产效率为目的的更新项目和以改善经营条件为目的的改造项目两大类型。

(1) 现金流入量。固定资产更新改造投资项目的现金流入量主要包括：因使用新固定资产而增加的营业收入、处置旧固定资产的变现净收入和新旧固定资产回收固定资产余值的差额等内容。

(2) 现金流出量。固定资产更新改造投资项目的现金流出量主要包括：购置新固定资产的投资、因使用新固定资产而增加的经营成本、因使用新固定资产而增加的流动资产投资和增加的税款等项内容。其中,因固定资产提前报废所产生的清理净损失而发生的抵减当期所得税税额用负值表示。

(3) 现金净流量。通常采用差量分析法来确定更新改造投资项目的净现金流量。

建设期净现金流量的计算公式:

建设期某年净现金流量=-(该年发生的新固定资产投资
-旧固定资产的变价净收入)

建设期末的净现金流量=因旧固定资产提前报废发生净损失而抵减的所得税额

如果建设期为零,则运营期所得税后净现金流量可按以下简化公式计算

运营期第一年所得税后净现金流量=该年因更新改造而增加的税后利润
+该年因更新改造而增加折旧
+因固定资产提前报废发生净损失而抵减的所得税额

运营期其他各年所得税后净现金流量=该年因更新改造而增加的税后利润
+该年因更新改造而增加折旧
+该年回收新固定资产净残值超过假定继续使用旧固定资产净残值的差额

在计算运营期第1年所得税后净现金流量的公式中,该年"因更新改造而增加的息税前利润"不应当包括"因旧固定资产提前报废发生净损失"。之所以要单独计算因旧固定资产提前报废发生净损失而抵减的所得税额,是因为更新改造不仅会影响到该项目本身,还会影响到本企业总体的所得税水平,从而形成了"抵税效应"。如果将"因旧固定资产提前报废发生净损失"计入"因更新改造而增加的息税前利润",就会歪曲这种效应的计量结果。

【案例4-4】 已知某公司打算购买一套新设备替换尚可使用的旧设备,取得新设备的投资额为180 000元,其变价净收入为80 000元,到第5年末新设备与继续使用旧设备届时的预计净残值相等,新旧设备的替换将在当年内完成。使用新设备每年增加收入60 000元,增加付现成本30 000元。设备采用直线法计提折旧,假设公司所得税税率为40%,与处理旧设备相关的营业税金忽略不计。

要求:计算该更新设备项目的项目计算期内各年的差量现金流量。

分析:

根据所给资料计算相关指标如下:

(1) 更新设备比继续使用旧设备增加的投资额=新设备的投资-旧设备的变价收入=180 000-80 000=100 000(元)

(2) 运营期1~5年每年因更新改造增加的折旧=更新设备比继续使用旧设备增加的投资额÷预计使用年限=100 000÷5=20 000(元)

(3) 运营期1~5年不包括财务费用的总成本费用的变动额=该年增加的经营成本+该年增加的折旧=30 000+20 000=50 000(元)

(4) 经营期每年营业利润的变动额=60 000-50 000=10 000(元)

(5) 经营期每年因更新改造增加的净利润=10 000×(1-40%)=6 000(元)

(6) 建设期差量净现金流量

NCF_0=-(1 800 000-80 000)=-100 000(元)

按简化公式计算的经营期各年差量净现金流量为：

$NCF_{1-5}=6\,000+20\,000=26\,000$(元)

任务三　认识评价投资项目的指标

项目投资的金额大，影响的时间长，投资的风险大，一旦投资就难以改变或补救，因此在投资以前必须利用相关评价指标进行科学分析和评价，并在此基础上进行决策。

项目投资决策评价指标是衡量和比较投资项目可行性并据进行方案决策的定量化标准与尺度，它是由一系列综合反映投资效益、投入产出关系的量化指标构成的。

项目投资决策评价指标可分为两类。一类是静态指标或称非贴现指标，即不按货币时间价值进行统一换算，而直接按投资项目形成的现金流量进行计算的指标，包括投资利润率、投资回收期(静态)等；另一类是动态指标或称贴现指标，即对投资项目形成的现金流量在按货币时间价值进行统一换算的基础上进行计算的各项指标，包括净现值、净现值率、获利指数、内部收益率等。

一、投资利润率

投资利润率又称投资报酬率(记作 *ROI*)，是指年均利润占投资总额或平均投资额的比率，其计算公式是

$$投资利润率=\frac{年均利润}{项目投资总额}\times100\%$$

【案例 4－5】 M 公司拟投资 100 000 元，有 A、B、C 三个投资方案可供选择，其有关信息如下表所示，请计算三个方案的投资利润率。

表 4－1　投资方案现金流量汇总表　　单位：元

期间	方案 A		方案 B		方案 C	
	年净利润	净现金流量	年净利润	净现金流量	年净利润	年现金流量
0	—	(100 000)	—	(100 000)	—	(100 000)
1	5 000	25 000	16 000	50 000	25 000	45 000
2	10 000	30 000	17 000	50 000	20 000	40 000
3	15 000	35 000	17 000	50 000	15 000	35 000
4	20 000	40 000	—	—	10 000	30 000
5	25 000	45 000	—	—	5 000	25 000

分析：

根据表 4－1 提供的资料，三个投资方案的年平均利润可分别计算如下：

$$方案\ A：\frac{5\,000+10\,000+15\,000+20\,000+25\,000}{5}=15\,000(元)$$

$$方案\ B：\frac{16\,000+17\,000+17\,000}{3}=16\,667(元)$$

$$方案\ C：\frac{25\,000+20\,000+15\,000+10\,000+5\,000}{5}=15\,000(元)$$

三个投资方案的投资利润率计算如下：

$$A方案投资利润率=\frac{15\ 000}{100\ 000}=15\%$$

$$B方案投资利润率=\frac{16\ 667}{100\ 000}=16.67\%$$

$$C方案投资利润率=\frac{15\ 000}{100\ 000}=15\%$$

投资利润率是一个非折现的相对量正指标，其主要优点是简单、明了，易于理解和掌握，许多实际工作者乐于应用。其主要缺点是没有考虑“货币的时间价值”，把若干年后的1元同当前的1元等量齐观。例如方案A和方案C，各个年份的净利润和5年净利润合计，数字相同，但方案A逐年的净利润表现为递增数列，方案C逐年的净利润表现为递减数列，即前者第1年的净利润只占第5年的1/5，以后每年递增5 000元；后者第1年的净利润是第5年的5倍，以后每年递减5 000元，显然方案C比方案A有更好的效果，但这种差别，并不能从投资利润率上得到反映。此外，该指标不能利用现金流量信息。

从上述计算可知，方案B具有较高的投资利润率，方案A、C的投资利润率相同。从这点看，方案B较方案A、C为优。

二、静态投资回收期

静态投资回收期是以投资项目经营期的净现金流量补偿原始投资额所需的时间，通常以年表示（记作PP）。

累计的净现金流量法适用于任何形式的现金流量模式的投资方案，计算出的投资回收期PP包括项目建设期。

$$包括建设期的静态投资回收期=收回投资的若干M整年+\frac{至第M年末尚未收回的投资}{第M+1年的现金净流量}$$

【案例4-6】 根据表4-1提供的资料，分别计算三个方案的“累计的净现金流量”。集中反映在表4-2中。

表4-2　累计的净现金流量　　单位：元

期间	方案A	方案B	方案C
0	—		—
1	25 000	—	45 000
2	55 000	50 000	85 000
3	90 000	100 000	120 000
4	130 000	150 000	150 000
5	175 000		175 000

从表4-2提供的“累计的净现金流量”可以看到，方案A原投资额100 000元的静态投资回收期在3期与4期之间，即该方案的PP的数值将为$3<PP<4$。

$$PP(A)=3+\frac{100\ 000-90\ 000}{130\ 000-90\ 000}=3.25(年)$$

同理，方案B、C的 PP 可分别计算如下：

$$PP(B)=2+0=2(年)$$

$$PP(C)=2+\frac{100\ 000-85\ 000}{120\ 000-85\ 000}=2.43(年)$$

如果所有投资均发生在建设期内，经营期前若干年（设为 m 年）的净现金流量均相等，则可按简化公式直接求出不包括建设期的投资回收期 PP'。

【案例4-7】 表4-1中的方案B的投资回收期可直接计算如下

$$PP'(B)=100\ 000/50\ 000=2(年)$$

静态投资回收期是一个非折现的绝对量反指标。

静态投资回收期的主要缺点，首先是没有考虑货币的时间价值，其次，只考虑了净现金流量中小于和等于原投资额的部分，没有考虑其大于原投资额的部分，因而还有一定的局限性，用来评价不同方案的经济效果，难于确切地说明问题。

从上述计算可知，方案B的静态投资回收期最短，其次是方案C，再次是方案A。从投资利润率看不出方案A与方案C之间的差别，但静态投资回收期这个指标却可把他们之间的差别具体地反映出来。

三、净现值

净现值（记作 NPV）是指在项目计算期内，按行业基准收益率或设定的折现率计算的各年净现金流量现值的代数和。其公式为

$$\begin{aligned}NPV &= \sum_{t=0}^{n} NCF_t \cdot (P/F,i,t)\\ &= NCF_0+NCF_1\times(1+i)^{-1}+NCF_2\times(1+i)^{-2}+\cdots+NCF_n\times(1+i)^{-n}\end{aligned}$$

式中：i——该项目的行业基准收益率或设定的贴现率；

$(P/F,i,t)$——第 t 年、贴现率为 i 的复利现值系数。

视净现金流量的特征计算净现值，若每年的现金流量不同，可用定义式进行计算，若现金流量符合年金的特征，可利用年金现值的方法进行计算。

【案例4-8】 表4-1中设折现率为10%，方案A和方案C的净现值可按定义式算式计，方案C的净现值按年金现值计算：

$$\begin{aligned}NPV(A) &= -100\ 000+(25\ 000\times0.909+30\ 000\times0.826+35\ 000\times0.751\\ &\quad +40\ 000\times0.683+45\ 000\times0.621)\\ &= 29\ 055(元)\end{aligned}$$

$$\begin{aligned}NPV(C) &= -100\ 000+(45\ 000\times0.909+40\ 000\times0.826+35\ 000\times0.751\\ &\quad +30\ 000\times0.683+25\ 000\times0.621)\\ &= 36\ 245(元)\end{aligned}$$

$$NPV(B)=-100\ 000+50\ 000(P/A,10\%,5)=24\ 350(元)$$

从上述计算可知，三种方案的净现值都是正值，说明它们的收益率都在10%以上。其中方案C的净现值最大，其次是方案A，再次是方案B。如原始的投资额相同，净现值越大，说明投资的收益率越高。

【案例4-9】 某项目投资100万元，建设期1年。寿命10年，投产后年现金净流量20万

元，若该企业的资金成本率为10%，计算该项目的净现值。

分析：

从资料来看，运营期各年的现金流量属于递延年金的形式，因此可利用递延年金现值进行计算。

$$NPV = 20\times[(P/A,i,11)-(P/A,i,1)]-100$$
$$=20\times(6.4951-0.9091)-100=11.72(\text{万元})$$

净现值是一个折现的绝对量正指标，是投资决策评价指标中最重要的指标之一，其计算形式又与净现值率、内部收益率的计算有关。

其优点是：第一，充分考虑了资金时间价值；第二，能够利用项目计算期内的全部净现金流量信息。

其缺点在于：作为绝对量指标无法反映投资项目的实际收益率水平。

评价标准：只有该指标大于等于零的投资项目才具有财务可行性。

四、净现值率

净现值率（记作 $NPVR$）是指项目的净现值占原始投资现值比率，反映单位原始投资的现值所创造的净现值。这个指标可以使不同方案具有共同的可比基础，因而有较广泛的适用性。其计算公式如下

$$NPVR=\frac{NPV}{\left|\sum_{t=0}^{s}NCF_t\cdot(P/F,i_c,t)\right|}$$

式中 s 为建设期。

【案例4-10】 上例中，3个方案的净现值率可计算如下

$NPVR(\text{A})=29\ 055/100\ 000=0.29$

$NPVR(\text{B})=24\ 350/100\ 000=0.24$

$NPVR(\text{C})=36\ 245/100\ 000=0.36$

从上述计算可知，方案C的净现值率最大，其次是方案A，再次是方案B。这一点，同上述净现值指标的判断是一致的。

净现值率是一个折现的相对量正指标。它的优点在于：第一，可以从动态的角度反映项目投资的资金投入与净产出之间的关系；第二，比其他折现相对量指标更容易计算。其缺点是无法直接反映投资项目的实际收益水平，且必须以已知净现值为前提。只有该指标大于或等于零的投资项目才具有财务可行性。

五、现值指数

获利指数（记作 PI）又被称为现值指数，是指投产后按行业基准折现率或设定折现率计算的经营期各年净现金流量的现值合计与原始投资的现值合计之比。其计算公式为

$$PI=\frac{\sum_{t=s+1}^{n}NCF_t\cdot(P/F,i_c,t)}{\left|\sum_{t=0}^{s}NCF_t\cdot(P/F,i_c,t)\right|}$$

式中：S——建设期；

n——项目计算期。

当原始投资在建设期内全部投入时，PI 与 $NPVR$ 有如下关系：

$$PI=1+NPVR$$

【案例 4-11】 以表 4-1 中的方案为例，计算其获利指数如下：

$$PI(A)=129\ 055/100\ 000=1.29$$

$$PI(B)=124\ 350/100\ 000=1.24$$

$$PI(C)=136\ 245/100\ 000=1.36$$

获利指数是一个折现的相对量正指标，可从动态的角度反映项目投资的资金投入与总产出之间的关系；其缺点除了无法直接反映投资项目的实际收益水平外，计算起来比净现值率指标复杂，且理论上对该指标的认识不同，计算口径也不一致。

只有该指标大于或等于 1 的投资项目才具有财务可行性。在实务中通常并不要求直接计算获利指数，如果需要考核这个指标，可在求得净现值率的基础上推算出来。

六、内部收益率

上述净现值、净现值率的计算虽然考虑了“货币时间价值”，但有一个共同的缺点，就是不能据以了解各个投资方案本身可以达到的具体的投资收益率的多少。内部收益率（记作 IRR）的计算可以做到这一点。它是投资方案在建设和生产经营年限内，各年净现金流量的现值累计等于 0 时的折现率，即投资方案的净现值等于 0 时的折现率。其公式为

$$\sum_{t=0}^{n} NCF_t \cdot (P/F, IRR, t)=0$$

即

$$NCF_0+\frac{NCF_1}{(1+IRR)}+\frac{NCF_2}{(1+IRR)^2}+\cdots+\frac{NCF_n}{(1+IRR)^n}=0$$

1. 内部收益率的一般计算方法——逐次测试法

由于上式中 NCF_0 和 NCF_t 是已知的，可用“逐次测试法”来确定它，也就是通过“逐次逼近”其内含值。其具体的计算步骤如下：

(1) 先自行设定一个折现率 r_1，代入计算净现值的公式，求出按 r_1 为折现率时计算出的净现值 NPV_1，并进行下面的判断。

(2) 若净现值 $NPV_1=0$，则内部收益率 $IRR=r_1$，计算结束。若净现值 $NPV_1>0$，则内部收益率 $IRR>r_1$，应重新设定 $r_2>r_1$，再将 r_2 带入有关计算净现值的公式，求出净现值 NPV_2，继续进行下一轮的判断；若净现值 $NPV_1<0$，则 $IRR<r_1$，应重新设定 $r_2<r_1$，再将 r_2 带入有关计算净现值的公式，求出折现率为 r_2 时的净现值 NPV_2，继续进行下一轮的判断。

若设 r_j 为第 j 次测试的折现率，NPV_j 为按 r_j 计算的净现值，则

当 $NPV_j>0$ 时，$IRR>r_j$，继续测试；

当 $NPV_j<0$ 时，$IRR<r_j$，继续测试；

当 $NPV_j=0$ 时，$r_{m+1}=r_j$，测试结束。

(4) 若经过有限次测试，已无法继续利用资金时间价值系数表，仍没得到 IRR，则可利用最为接近 0 的两个净现值正负临界值 NPV_m 和 NPV_{m+1} 及其相对应的折现率 r_m 和 r_{m+1}，利用“内插法”近似计算出内部收益率 IRR。

$$r_{m+1}-r_m\left\{\begin{array}{l} IRR-r_m\left\{\begin{array}{ll} r_m & NPV_m \\ IRR & 0 \end{array}\right\} \quad 0-NPV_m \\ r_{m+1} \qquad\qquad\quad NPV_{m+1} \end{array}\right\}NPV_{m+1}-NPV_m$$

根据上列图式可得到下式

$$\frac{IRR-r_m}{r_{m+1}-r_m}=\frac{0-NPV_m}{NPV_{m+1}-NPV_m}$$

根据上式可得

$$IRR=r_m+\frac{0-NPV_m}{NPV_{m+1}-NPV_m}\times(r_{m+1}-r_m)$$

【案例 4-12】 上例中，先对方案 A 的有关资料，在表 4-3 中进行具体计算。

表 4-3 方案 A 的有关资料

年份	净现金流量(元)	折现系数	现值(元)
1	25 000	0.870	21 750
2	30 000	0.756	22 680
3	35 000	0.658	23 030
4	40 000	0.572	22 880
5	45 000	0.497	22 365
	原投资额		100 000
	净现值		12 705

注:折现率=15%

表 4-4 方案 A 的有关资料

年份	净现金流量(元)	折现系数	现值(元)
1	25 000	0.833	20 825
2	30 000	0.694	20 820
3	35 000	0.579	20 265
4	40 000	0.482	19 280
5	45 000	0.402	18 090
	原投资额		100 000
	净现值		−720

注:折现率=20%

表 4-5 方案 A 的有关资料

年份	净现金流量(元)	折现系数	现值(元)
1	25 000	0.840	21 000
2	30 000	0.706	21 180
3	35 000	0.593	20 755
4	40 000	0.499	19 960
5	45 000	0.419	18 855
	原投资额		100 000
	净现值		1 750

注:折现率=19%

从上述计算可知，方案A的内部收益率介于19%与20%之间，可用内插法计算其近似值，即

$$IRR(\text{A})=19\%+\left(\frac{1\,750}{1\,750+720}\right)\times 1\%=19.71\%$$

用同样的方法进行计算，可以确定方案C的内部收益率为25%。

2. 内部收益率计算的特殊方法

该方法是指当项目投产后的净现金流量为普通年金的形式时，可直接利用年金现值系数计算内部收益率，所以又称简便算法。

简算法的适用条件是：所有的投资均在建设起点一次投入，且无建设期，经营期的各年净现金流量均相等。即投产后年现金流量为普通年金形式。在此方法下，内部收益率 IRR 可按下式确定，即

$$(P/A,IRR,n)=\frac{I}{NCF}$$

式中：I——在建设起点一次发生的原始投资；

$(P/A,IRR,n)$——n 期、设定折现率为 IRR 的年金现值系数；

NCF——投产后每年相等的净现金流量。

该方法的具体程序如下：

(1) 按上式计算 $(P/A,IRR,n)$ 的值，设为 C。

(2) 根据 C 值，查 n 期的年金现值系数表。

(3) 若 n 期的年金现值系数表中恰好能找到 C 值，则其对应的折现率即为索求的内部收益率 IRR。

(4) 若在系数表上找不到对应的 C 值，需要在年金系数表上找到同期略大于和略小于 C 值的两个临界值 C_m 和 C_{m+1} 及其分别对应的折现率 r_m 和 r_{m+1}，然后利用内插法计算出近似的内部收益率。即，如果以下关系成立

$$(P/A,r_m,n)=C_m>C$$
$$(P/A,r_{m+1},n)=C_{m+1}<C$$

则可按以下公式计算内部收益率 IRR：

$$IRR=r_m+\frac{C_m-C}{C_m-C_{m+1}}\times(r_{m+1}-r_m)$$

为缩小误差，规定 r_m 和 r_{m+1} 之间的差不得大于5%。

【案例4-13】 上例中方案B未来3年每年的净现金流量相等(均为50 000元)，表现为年金的形式；原投资额100 000元发生在建设起点，且无建设期。要求：

(1) 判断该方案是否符合内涵报酬率的简算条件。

(2) 若符合内涵报酬率的简算条件，试计算 IRR。

分析：

(1) 因全部原始投资均在建设起点一次投入，并且投产后每年的净现金流量均为50 000元，完全符合内部收益率计算的特殊方法的条件。

(2) $(P/A,IRR,n)=\dfrac{I}{NCF}=100\,000/50\,000=2$

查年金现金系数表可知 $(P/A,22\%,3)=2.042$；$(P/A,24\%,3)=1.981$，说明方案B的内

部收益介于22%与24%之间(22%<IRR<24%),用内插法计算其近似值。

$$IRR(B)=22\%+\frac{2\%}{2.042-1.981}\times(2.042-2)=23.38\%$$

内部收益率指标的缺陷:一是各年的净现金流量流入后,是假定各个项目在其全过程内是按各自的内部收益率进行再投资而形成增值,而不是所有项目按统一要求达到,并在统一的资金市场上可能达到的收益率进行再投资而形成增值,这一假定具有较大的主观性,缺乏客观的经济根据。二是对于非常规方案,根据上述程序进行计算,可能出现多个内部收益率,所以无法判别其真实的内部收益率究竟是多少,为这一指标的实际应用带来困难。

内部收益率指标的优点既可以从动态角度直接反映项目本身的实际收益率水平,又不受基准收益率的影响,比较客观。

只有单方内涵报酬率大于或等于设定的基准收益率或资金成本率时,投资项目才具有财务上的可行性。

净现值 *NPV*、净现值率 *NPVR*、现值指数 *PI*、内涵报酬率 *IRR* 之间存在如下的数量关系。

当 $NPV>0$ 时,$NPVR>0$,$PI>1$,$IRR>i_c$

当 $NPV=0$ 时,$NPVR=0$,$PI=1$,$IRR=i_c$

当 $NPV<0$ 时,$NPVR<0$,$PI<1$,$IRR<i_c$

此外,净现值率 *NPVR* 的计算需要在已知净现值 *NPV* 的基础上才能进行,内部收益率 *IRR* 的计算也需要利用净现值 *NPV*。这些指标都会受到建设期的长短、投资方式及各年现金净流量特征的影响。

任务四 多个互斥投资方案的对比优选

投资方案的对比与选优,主要是互斥方案之间的对比与选优,以决定取舍。对于独立方案来说,在资金总量没有限制的条件下,是通过经济评价指标的计算来权衡其经济上是否可行,决定取舍,不存在方案之间的对比、选优问题;如一定期内资金总量不足,不可能满足经选定的、经济上可行的全部方案实施的需要,在这种情况下,已选定的、经济上可行的独立方案,也有一个何者优先安排、何者后续安排的抉择问题,因而,对于它们也就同样要进行相互对比和筛选了。

一、独立常规方案取舍的评价条件

对独立的常规方案,评价其经济上是否可行,决定取舍,常用的评价指标是净现值和内部收益率。

1. 判断方案是否完全具备财务可行性的条件

如果某一投资方案的评价指标均处于可行区间,即同时满足以下条件时,则可以断定无论从哪方面讲该投资项目均具有财务上的可行性,或完全具备可行性。这些条件是:$NPV\geqslant 0$,$NPVR\geqslant 0$,$PI\geqslant 1$,*IRR* 大于等于基准折现率 i_c,不包括建设期的静态回收期小于等于运营期的一半,投资收益率 *ROI* 大于等于基准投资收益率 i。

2. 判断方案是否完全不具备财务可行性的条件

如果某一投资方案的评价指标均处于不可行区间，即同时满足以下条件时，则可以断定无论从哪方面讲该投资项目均不具有财务上的可行性，或完全不具备可行性。这些条件是：$NPV<0$，$NPVR<0$，$PI<1$，IRR 小于基准折现率 i_c，不包括建设期的静态回收期大于运营期的一半，投资收益率 ROI 小于基准投资收益率 i。

3. 判断方案是否基本具备财务可行性的条件

如果在评价过程中发现某投资项目的主要指标处于可行区间，如 $NPV\geqslant0$，$NPVR\geqslant0$，$PI\geqslant1$，IRR 大于等于基准折现率 i_c，但次要或辅助指标处于不可行区间，如不包括建设期的静态回收期大于运营期的一半，投资收益率 ROI 小于基准投资收益率 i。则可以断定该方案基本具备财务上的可行性。

4. 判断方案是否基本不具备财务可行性的条件

如果在评价过程中发现某投资项目的主要指标处于不可行区间，如 $NPV<0$，$NPVR<0$，$PI<1$，IRR 小于基准折现率 i_c，即使有不包括建设期的静态回收期小于等于运营期的一半，投资收益率 ROI 大于等于基准投资收益率 i，也断定该方案基本不具备财务上的可行性。

其他应注意的问题在对独立常规方案进行财务可行性评价时，除了要熟练掌握和运用以上判定条件外，还必须明确以下两点：第一，主要评价指标在评价财务可行性的过程中起主导作用。在对独立项目进行财务可行性评价和投资决策过程中，当静态投资回收期（次要指标）或投资收益率（辅助指标）的评价结论与净现值等主要指标的评价结论发生矛盾时，应当以主要指标的结论为准。第二，利用动态指标对同一个投资项目进行评价和决策，会得出完全相同的结论。

【案例 4－14】 某固定资产投资项目，原始投资 100 万元，建设期 1 年，寿命 10 年，基准收益率 10%，行业基准折现率 11%。该项目的有关投资决策评价指标如下：$ROI=13\%$，$PP=6$ 年，$NPV=117$ 万元，$NPVR=1.17\%$，$PI=1.117$，$IRR=12.67\%$。

要求：根据以上资料评价该投资方案的可行性。

分析：

因为 $ROI=13\%>$ 准收益率 10%，$NPV=117$ 万元 >0，$NPVR=1.17\%>0$，$PI=1.117>1$，$IRR=12.67\%$ 大于行业基准折现率 11%，这些主要指标都在可行区间，尽管 $PP=6$ 年 $>11/2$ 年 $=5.5$ 年（超过基准回收期的一半），但该方案也基本上具有财务上的可行性，只是投资回收期稍长些，有一定的投资风险，如果条件允许，可以实施投资。

【案例 4－15】 以表 4－1 所示的方案 A、方案 B、方案 C 为例，它们的净现值和内部收益率分别为

$NPV(A)=29\,055$（元）　$IRR(A)=19.71\%$

$NPV(B)=24\,350$（元）　$IRR(B)=23.38\%$

$NPV(C)=36\,245$（元）　$IRR(C)=25\%$

如这些方案都是独立方案，它们可实现的投资收益率都大于要求达到的最低收益率（10%），因而财务上都是可行的。

二、互斥常规方案的对比与选优

互斥方案是指相互关联、相互排斥的方案，即一组方法中的各个方案彼此可以相互替代，

采纳方案中的某一方案，就会自动排斥这组方案中的其他方案，因此，互斥方案具有排他性。

多个互斥方案比较决策是指在每一个入选方案都具备财务可行性的前提下，利用具体决策方法比较各个方案的优劣，利用评价指标从各个备选方案中最终选择一个最优方案的过程。

项目投资多方案比价决策的方法是指利用特定评价指标作为决策标准或决策依据的各种方法的统称。主要包括净现值法、净现值率法、差额投资内部收益率法、年等额净回收额法等具体方法。

1. 净现值法

净现值法是指通过比较已具有财务可行性的各投资方案的净现值的大小来选择最优方案的方法。该方法适用于原始投资额相同并且项目计算期相等的多方案的比较决策。在此方法下，净现值最大者为最优方案。

【案例 4-16】 某投资项目，有 A、B、C、D 四个相互排斥的备选方案，这四个方案的项目计算期相同，其净现值分别为 53 万元、48 万元、51 万元、54 万元。要求：根据以上资料判断各方案财务上的可行性，并利用净现值法选择最优方案。

分析：

从上述资料可见：A、B、C、D 四个相互排斥的备选方案净现值均大于 0，所以四个方案均具备财务上的可行性。但是从净现值上来看，54 万元＞53 万元＞51 万元＞48 万元，也就是说，D 方案的净现值最大，所以应该选择 D 方案。

2. 净现值率法

净现值率法是指通过比较已具有财务可行性的各投资方案的净现值率的大小来选择最优方案的方法。在此方法下，净现值率最大者为最优方案。在投资额相同的互斥方案决策中，采用净现值法和净现值率法会得到完全一致的结论，但若投资额不同，两者的结论就不一样了。

【案例 4-17】 假设 A、B 两项目为互斥方案，它们的原始投资额分别为 100 万元和 150 万元，净现值分别为 26 万元和 37.5 万元。

要求：

(1) 分别计算两项目的净现值率。

(2) 讨论能否利用净现值法和净现值率法在 A、B 两项目之间进行比较决策。

分析：

(1) A 项目的净现值率＝26÷100＝26％

B 项目的净现值率＝37.5÷150＝25％

(2) 在净现值法下，37.5＞26，即 B 项目优于 A 项目；在净现值率法下 26％＞25％，即 A 项目优于 B 项目。由于两个项目的原始投资额不同，导致了利用上述两种方法会得出矛盾的结论。似乎无法据此作出相应的决策。但净现值法再投资报酬率的基点是相对合理的资金成本，而净现值率法再投资报酬率是基于一个较高的内涵报酬率(高于净现值法的资金成本)。考虑到二者在再投资假设上的区别，净现值法更具合理性。

3. 差额投资内部收益率法

差额投资内部收益率法是指在两个原始投资额不同但计算期相同的方案的净现金流量(ΔNCF)的基础上，计算出差额投资内部收益率(ΔIRR)，并与行业基准折现率进行比较，从而判断方案孰优孰劣的方法。该方法适用于原始投资额不同，但计算期相同的方案的比较。互斥方案的选优，要用差量分析原理进行方案比较，增量投资如能获得要求达到的最低收益率，则增量投资经济上是可取的。这一选优准则的具体化，表现在：

从“差额投资内部收益率”看，“差额投资内部收益率”大于要求达到的最低收益率，投资额大的方案较优；反之，投资额小的方案较优。“差额投资内部收益率”是两个方案净现金流量差额的现值之和等于0时的折现率，可用与计算内部收益率相同的方法进行计算。

【案例4-18】 A项目的原始投资为150万元，运营期1～10年的净现金流量均为29.29万元；B项目的原始投资为100万元，运营期1～10年的净现金流量均为20.18万元。行业基准折现率为10%。

要求：

(1) 计算差额净现金流量ΔNCF。

(2) 计算差额内部收益率ΔIRR。

(3) 用差额投资内部收益率作出投资决策。

分析：

(1) 差额净现金流量为

$$\Delta NCF_0=-150-(-100)=-50(\text{万元})$$

$$\Delta NCF_{1\sim10}=29.29-20.18=9.11(\text{万元})$$

(2) 差额内部收益率(ΔIRR)为

$$(P/A,\Delta IRR,n)=\frac{50}{9.11}=5.4885$$

因为$(P/A,12\%,10)=5.6502>5.4885$，$(P/A,14\%,10)=5.6121<5.4885$，所以$12\%<\Delta IRR<14\%$。

利用内插法可得

$$\Delta IRR=12\%+\frac{5.6502-5.4885}{5.6502-5.2161}\times(14\%-12\%)=12.74\%>10\%$$

(3) 通过以上计算分析可知，应该选择A项目。

【案例4-19】 某公司打算变卖一套尚可使用5年的旧设备，另行购置一套新设备来替换它。经计算分析可知

$$NCF_0=-40$$

$$NCF_{1\sim5}=14$$

要求：就以下两种不相关情况作出是否进行更新决策。

(1) 该企业的基准折现率为22%。

(2) 该企业的基准折现率为24%。

分析：

$$(P/A,\Delta IRR,5)=\frac{40}{14}=2.8571$$

查年金现值系数表可知：

$$(P/A,20\%,5)=2.9906>2.8571$$

$$(P/A,24\%,5)=2.7454<2.8571$$

因此可以判定

$$20\%<\Delta IRR<24\%$$

所以，利用“内插法”计算如下

$$\Delta IRR=20\%+\frac{2.8571-2.9906}{2.7454-2.9906}=22.18\%$$

(1) 当该企业的基准折现率为22%时，$\Delta IRR=22.18\%>22\%$，所以，应该更新设备。

(2) 当该企业的基准折现率为24%时，$\Delta IRR=22.18\%<24\%$，所以，不应该更新设备。

4. 年等额净回收额法

所谓年等额净回收额法，是通过比较所有方案的年等额净回收额指标的大小来选择最优方案的方法。该方法适用于原始投资额不同，特别是计算其不同的多方案的比较决策。在此方法下，年等额净回收额最大者为最优方案。

某方案的年等额净回收额等于该方案的净现值与相关回收系数的乘积。其计算公式为

$$\text{某方案的年等额净回收额}=\text{该方案的净现值}\times\text{相关回收系数}=NPV\cdot(A/P,i,n)$$

【案例4-20】 某公司为扩大生产经营规模拟新建一条生产线。现有甲、乙两方案可供选择：甲方案原始投资200万元，项目计算期12年，净现值98万元；乙方案原始投资180万元，项目计算期10年，净现值90万元。行业基准折现率12%。

要求：按年等额净回收额进行决策。

分析：

从资料可见：甲、乙两方案的净现值均大于0，所以都具有财务上的可行性。两方案的年等额净回收额计算如下

甲方案年等额净回收额$=98\times(A/P,12\%,12)=15.82$(万元)

乙方案年等额净回收额$=90\times(A/P,12\%,10)=15.93$(万元)

因为15.93>15.82，所以选择乙方案。

【项目小结】

项目投资具有投资额大、影响期长、风险大等特点，包括新建项目投资和更新改造投资。利用现金流量信息可以对项目可行性进行评价。现金流量包括现金流入量和现金流出量。现金流入量主要包括营业收入、固定资产变价收入、垫支流动资金的回收额等；现金流出量主要有：建设投资、经营成本、各项税款等。

投资项目可行性评价指标主要有投资回收期、投资利润率、净现值、净现值率、现值指数、内含报酬率等。

【项目训练】

一、单项选择题

1. 某投资项目原始投资额为100万元，使用寿命10年，已知该项目第10年的经营现金净流量为20万元，期满处置固定资产残值收入及回收流动资金共12万元，则该投资项目第10年的现金净流量为(　　)万元。

A. 12　　B. 20　　C. 32　　D. 43

2. 项目投资决策中，完整的项目计算期是指(　　)。

A. 建设期　　B. 经营期

C. 建设期和达产期　　D. 建设期和经营期

3. 在固定资产售旧购新决策中,旧设备的变现价值是继续使用旧设备的( )。

A. 付现成本 B. 购置成本 C. 无关成本 D. 机会成本

4. 下列项目不能引起现金流出的是( )。

A. 支付工资 B. 计提折旧 C. 支付材料价款 D. 垫支流动资金

5. 年回收额法,是指通过比较所有投资方案的年等额净现值指标的大小来选择最优方案的决策方法。在此方法下,年等额净现值( )的方案为优。

A. 最小 B. 最大 C. 大于零 D. 等于零

6. 当建设期不为零且经营期各年现金净流量相等时,经营期各年现金净流量的现值之和的计算可采用的方法是( )。

A. 先付年金现值 B. 永续年金现值

C. 后付年金现值 D. 递延年金现值

7. 假定某项目的原始投资在建设期初全部投入,其预计的净现值率为13.8%,则该项目的现值指数是( )。

A. 5.69 B. 1.138 C. 1.38 D. 1.125

8. 如果其他因素不变,一旦贴现率提高,则下列指标中其数值将会变小的是( )。

A. 净现值率 B. 投资报酬率 C. 内部收益率 D. 静态回收期

9. 下列指标的计算中,没有直接利用现金净流量的是( )。

A. 内部收益率 B. 投资利润率 C. 净现值率 D. 现值指数

10. 已知某建设项目的现金净流量如下:$NCF_0=-120$ 万元,$NCF_{1\sim6}=30$ 万元,$NCF_{7\sim12}=40$ 万元,据此计算的静态投资回收期为( )年。

A. 3 B. 4 C. 5 D. 6

11. 下列各项中,属于长期投资决策静态评价指标的是( )。

A. 现值指数 B. 净现值 C. 投资利润率 D. 内部收益率

12. 某投资项目年营业收入140万元,年付现成本70万元,年折旧额30万元,所得税税率40%,则该方案年营业现金净流量为( )万元。

A. 54 B. 58 C. 72 D. 46

13. 存在所得税的情况下,以"利润+折旧"估计经营期现金净流量时,"利润"是指( )。

A. 利润总额 B. 净利润 C. 营业利润 D. 息税前利润

二、多项选择题

1. 原始投资是指( )。

A. 反映项目所需现实资金的价值指标

B. 它等于项目总投资扣除资本化利息

C. 它包括固定资产投资、无形资产投资、其他资产投资和流动资金投资

D. 它等于企业为使项目完全达到设计生产能力、开展正常生产经营而投入的全部现实资金

2. 单纯固定资产投资项目的现金流出量包括( )。

A. 固定资产投资 B. 流动资金投资

C. 新增经营成本 D. 增加的各项税款

3. 下列各项指标中，(　　)指标属于正指标。
A. 净现值　B. 现值指数　C. 内部收益率　D. 静态回收期
4. 以下各项中，属现金流入量的项目有(　　)。
A. 回收的流动资金　B. 固定资产残值收入
C. 经营收入　D. 折旧额
5. 下列(　　)指标不能直接反映投资项目的实际收益水平。
A. 净现值　B. 现值指数　C. 内部收益率　D. 净现值率
6. 项目投资的评价指标中按照指标的性质可以分为(　　)。
A. 正指标　B. 反指标　C. 静态指标　D. 动态指标
7. 内部收益率是指(　　)。
A. 投资报酬与总投资的比率　B. 项目投资实际可望达到的收益率
C. 投资报酬现值与总投资现值的比率　D. 使投资方案净现值为零的折现率
8. 下列投资决策评价指标中，其数值越大越好的指标是(　　)。
A. 净现值率　B. 静态投资回收期
C. 内部收益率　D. 投资收益率
9. 静态投资回收期和投资收益率指标共同的缺点包括(　　)。
A. 没有考虑资金的时间价值
B. 不能正确反映投资方式的不同对项目的影响
C. 不能直接利用净现金流量信息
D. 不能反映原始投资的返本期限
10. 对于 *NPV*、*NPVR* 和 *IRR* 之间的关系而言，下列说法中正确的是(　　)。
A. 如果 $NPV<0$，则 *NPVR* 一定小于 0
B. 如果 $NPV<0$，则 *IRR* 一定小于该贴现率
C. 如果 $NPV=0$，则 *PI* 一定等于 1
D. 如果 $NPVR>1$，则 *IRR* 一定大于该贴现率

三、判断题

1. 完整的项目计算期包括试产期和达产期。(　　)
2. 在计算投资项目的现金流量时，经营期与固定资产的折旧年限或使用年限相同。(　　)
3. 在投资项目决策中，只要投资方案的投资收益率大于零，该方案就是可行方案。(　　)
4. 净现值小于零，则获利指数也小于零。(　　)
5. 净现金流量就是项目所有现金流入与所有流出的代数和。(　　)
6. 兴建厂房属于间接投资。(　　)
7. 非贴现方法目前只能作为项目评价的辅助方法。(　　)
8. *IRR* 是指能使投资方案的 $NPV=0$ 时的贴现率。(　　)
9. 净现值法适合用于原始投资不同，但项目计算期相同的不同投资方案之间的比较。(　　)
10. 当内含报酬率高于企业资金成本时，投资方案可行，否则方案不可行。(　　)

四、计算分析题

习题一　某工业项目需要原始投资 130 万元,其中固定资产投资 100 万元,无形资产投资 10 万元,流动资金投资 20 万元。建设期为 2 年,建设期资本化利息 20 万元。固定资产投资和无形资产投资在建设期内均匀投入,流动资金于第 2 年末投入。该项目寿命期 10 年,固定资产按直线法计提折旧,期满有 10 万元净残值;无形资产自投产年份起分 5 年摊销完毕。经营期前 4 年每年税后利息费用 10 万元,预计投产后第一年获 10 万元净利润,以后每年递增 5 万元;流动资金于终结点一次收回。

要求:

(1) 计算项目的投资总额。

(2) 计算项目计算期各年的净现金流量。

(3) 计算项目的包括建设期的静态投资回收期。

习题二　某项目投资额为 10 万元,假定企业的资金成本为 10%。有两种方案供选择,有关资料如下(单位:万元)。

年份	0	1	2	3	4	5
甲方案现金流量	−10	4	4	4	4	4
乙方案现金流量	−10	2	7	6	3	2

要求:

(1) 计算两方案的投资回收期。

(2) 计算两方案的净现值。

(3) 计算两方案的净现值率。

(4) 计算两方案的现值指数。

(5) 计算甲方案的内含报酬率。

项目五 流动资产管理

导入案例

四川长虹股份有限公司2003年12月31日应收账款余额49.85亿元,其中美国APEX公司代理出口300万台彩电约42亿元应收账款。2004年年报,长虹公司披露了营运资金管理有关情况,由于证券市场低迷,公司委托南方证券理财尚有1.828亿元,收回的难度相当大,公司对应收账款收回的可能性进行分析,计提25.04亿元坏账准备,并计提10.13亿元存货跌价准备,导致2004年每股亏损1.7元。早在长虹之前江苏宏图高科技股份有限公司已品尝了海外欠款的滋味。1999年9月,宏图高科技股份有限公司与美国APEX公司签订了总额近18万台DVD机订货协议,APEX公司负责海外销售,并且专门设立网页在微软公司网上销售。之后,APEX公司一直按照合同每月在美国销售3万台宏图高科的DVD。但两年后,宏图高科技披露的报告显示,2001年应收账款达7.625 6亿元,占本期公司总资产比例的31.55%。一年后,公司的第三年季度报告显示,这个数字已经高达8亿多元。知情人士说,这其中就包括有APEX公司的应付账款。

据海关公布的最新统计数据,截至2003年11月份,中国出口累计完成2 936.9亿美元,比上年同期增长21.6%。2004年进出口贸易额历史性地突破1万亿美元大关,但新增的欠账也非常“乐观”,据有关机构估计,2004年新增的海外欠账高达250亿美元。商务部的数据也表明,中国目前约有海外应收账款1 000亿美元,而且每年还会新增150亿美元左右。有关资料显示,目前国内逾期未收境外账款中,拖欠3年以上的占10%,1年至3年的占30%,半年至1年的占25%,半年以内的占35%。据美国商法联盟调查数据显示,当逾期时间为一个月时,追账成功率为93.8%,当逾期半年时,成功率急降到57.8%,而当逾期两年左右时,成功率只能达到13.5%。以这样庞大的出口规模测算,中国海外欠款回收是一个严峻的课题。

【问题探讨】

(1) 分析四川长虹股份有限公司应收账款管理存在哪些问题?

(2) 如何加强我国出口环节应收账款的管理?

任务一 拟定现金管理方案

子任务一 了解现金的持有动机

现金有广义和狭义之分。广义的现金包括库存现金、银行活期存款、银行本票、银行汇票、信用证存款、信用卡存款等。狭义的现金仅仅指库存现金,即企业金库中存放的现金,包括人们经常接触的纸币和硬币等。西方会计惯例所称现金即为广义的现金，与我国会计中的货币资金概念几乎一致。一般地，本书涉及的现金概念基本上属于广义上的现金范畴. 现金的功能包括以下几方面：

1. 交易性动机

为维持日常周转及正常商业活动所需持有的现金额。企业日常现金支出与现金收入在数额上不相等及时间上不匹配使企业需要持有一定现金来调节，以使生产经营活动能继续进行。

2. 预防性动机

企业需要持有充足现金，以应付突发事件(大客户违约)。持有现金额的多少取决于企业愿意冒缺少现金风险的程度、企业对现金收支预测的可靠程度、企业临时融资的能力等。

3. 投机性动机

为抓住突然出现的获利机会而持有的现金。

除了上述三种基本的现金需求以外，还有许多公司持有现金是作为补偿性余额，是公司同意保持账户余额。它是公司对银行所提供借款或其他服务的一种补偿。

子任务二　分析现金的持有成本

持有现金的成本又叫作现金的持有成本，包括投资成本、管理成本、短缺成本和转换成本。

1. 投资成本

现金的投资成本是指企业因为交易等需要所保留的货币资产而丧失的投资机会可能获得的收益。这种丧失的投资收益是持有现金的机会成本。这种成本通常是以有价证券的利率来衡量的，有价证券的报酬越高，现金的机会成本就越大，现金的投资成本与其持有量呈正比例变化。因此，持有成本要求减少现金持有量。现金持有成本可按以下方式计算：

持有成本＝现金持有量×有价证券报酬率

2. 管理成本

现金的管理成本是指企业为保持一定的现金余额而增加的相关费用，如安全设施费、管理人员的工资等。管理成本具有固定成本的性质，与现金持有量无明显的线形关系。

3. 短缺成本

短缺成本指企业因缺乏必要的现金，无法应付日常支付可能蒙受的损失。企业现金短缺成本经常发生，例如，因缺乏现金无法及时购买原材料，造成生产中断的停工损失；企业无现金按期偿还债务会造成信用损失；企业因现金不足无法在折扣期内支付销货方货款而丧失的折扣好处等等。现金的短缺成本随现金持有量的增加而下降，随现金持有量的减少而上升。

4. 转换成本

转换成本是指企业出售或购入有价证券时支付的固定性交易费用。如委托买卖佣金、委托手续费、证券过户费、实物交割手续费等。其计算公式为：

现金转换成本＝证券转变现金次数×证券每次转换费用

一般来说，转换成本与转换次数有关，持有现金越少，转换次数越多，转换成本就越大；持有现金余额越高，转换次数越少，它所负担的转换成本就越少。

现金的持有成本与现金持有量的大小分别呈不同方向的变化，实行现金持有成本最小的管理就是寻求在各成本之和最小时的现金持有量，即最佳现金持有量。

子任务三 拟定现金管理策略

一、确定最佳现金持有量

最佳现金持有量，又称为最佳现金额，是指在正常情况下能保证企业生产经营的最低限度需要的现金和银行存款数额，它是控制现金合理持有量的尺度。确定最佳现金持有量的模式主要有成本分析法和存货决策模式法。

1. 成本分析法

成本分析法就是根据持有现金的成本之和最小来预测其现金需要量的一种方法。一般地，成本分析法只考虑现金的投资成本、管理成本和短缺成本，而对现金的转换成本则不予考虑。如果把机会成本、管理成本和短缺成本分别放在同一个坐标图（图 5－1）上就能找到总成本之和的最低点，该点对应的现金量就是最佳现金持有量。

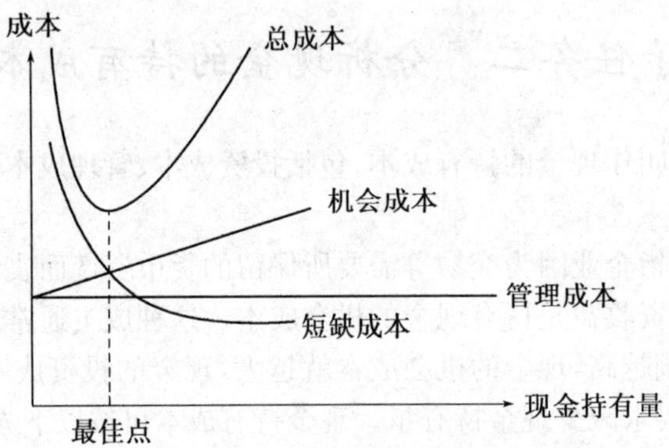

图 5－1 成本分析模式图

从图 5－1 得出，由于各种成本同现金持有量的变动方向不同，因此，持有现金总成本是呈抛物线变化的，抛物线的最低点即总成本最低点，该点所对应的现金持有量即最佳现金持有量，因此，此时总的现金持有成本最低。

【案例 5－1】 某企业有四种现金持有方案，有关现金成本如表 5－1 所示。

表 5－1 不同现金持有量方案比较表

方案 项目	A	B	C	D
现金持有量（元）	30 000	50 000	70 000	80 000
机会成本	8%	8%	8%	8%
管理成本（元）	1 600	1 600	1 600	1 600
短缺成本（元）	5 200	3 000	600	0

A 方案的总成本＝30 000×8%＋1 600＋5 200＝9 200（元）

B 方案的总成本＝50 000×8%＋1 600＋3 000＝8 600（元）

C 方案的总成本＝70 000×8%＋1 600＋600＝7 800(元)

D 方案的总成本＝80 000×8%＋1 600＋0＝8 000(元)

从以上四种方案的计算比较可知,方案 C 持有现金流量 70 000 元时现金持有成本最低,因此 70 000 元为该企业最佳现金持有量。

2. 存货模式法

存货决策模式法是由美国经济学家威廉·鲍莫(William Baumol)借助存货经济批量模型建立起来的,并由此而得名,也称鲍莫模型。该模型认为,能使现金管理的机会成本与固定性转换成本之和保持最低的现金持有量,即为最佳现金持有量。但该模型是有条件的,其主要假设有:企业一定时期内现金流入与现金流出的速度稳定且可预测,每次将有价证券变现为可支付现金的交易成本(指每次证券变现所花费的手续费、经纪费等)已知,短期有价证券的利率或报酬率可知。

持有现金总成本的计算公式为

总成本＝转换成本＋机会成本

假设 T 表示某一时期内的现金总需求量,F 为每次转换有价证券的固定成本,Q 为最佳现金持有量(每次证券变现的数量),K 为有价证券利息率(机会成本),T_C 为现金管理相关总成本,则持有现金总成本可表示为

$$T_C=\frac{Q}{2}K+\frac{T}{Q}F$$

根据经济批量定义可得:

$$Q=\sqrt{\frac{2TF}{K}}$$

最低现金管理相关总成本 $T_C=\sqrt{2TFK}$。

【案例 5-2】 某企业预计本年需要现金 1 000 万元,现金与有价证券的转换成本为每次 312.5 元,有价证券的投资收益率为 10%,则

$$Q=\sqrt{\frac{2\times 10\ 000\ 000\times 312.5}{10\%}}=250\ 000(\text{元})$$

最低现金管理相关总成本 $T_C=\sqrt{2\times 10\ 000\ 000\times 312.5\times 10\%}=25\ 000$(元)

$$\text{交易次数}=\frac{10\ 000\ 000}{250\ 000}=40(\text{次})$$

$$\text{交易间隔}=\frac{360}{40}=9(\text{天})$$

二、规范现金日常管理

企业在确定了最佳现金持有量后,还应采取各种措施,加强现金的日常管理。为此,企业需严格现金的内部管理制度,加快收款步伐,合理控制现金支出。

1. 完善现金收支的内部管理制度

现金具有极强的流动性,容易发生弊端和差错,需严格遵循现金的管理制度和办法以保证其安全。

2. 加速收款

加速收款主要是尽可能缩短从客户汇款或开出支票到企业收到客户汇款或将其支票兑现

的过程。目前西方企业普遍采用邮政信箱法和集中银行法,这对我国的企业理财也有借鉴作用。

3. 控制现金支出

延缓应付款的支付。企业在不影响自身信誉的前提下,可以尽量推迟应付款的支付期,充分利用供货方所提供的信用优惠,使企业增加可利用的现金数量。但是如果对方给予现金折扣,应尽量争取在折扣规定期最后一天付款,这样既享受到现金折扣的好处,又能最大限度地延长付款时间。此外,企业还可以利用汇票这一结算方式来延缓现金支出的时间。因为汇票必须经购货单位承兑后方能付现,所以企业的实际付款时间迟于开出汇票的时间。

4. 使用现金浮游量

现金浮游量是指企业从银行存款户上开出的支票总额超过其银行存款账户的余额。一般从企业开出支票,收款人收到支票并将其送交银行直至银行办理完款项的划转通常需要一定的时间。因此,“浮游量”实际上就是企业与银行双方出账与入账的时间差造成的,也就是在这段时间里,虽然企业已开出支票却仍可动用银行存款账上的这笔资金,以达到充分利用现金的目的。但是,企业因浮游量而得到的实惠实质上也就是另一企业的损失,如使用过度,往往会影响企业与供应商之间的关系,对企业产生不利影响,而且还容易造成银行账户的透支而支付高额利息。

任务二　拟定应收账款管理方案

子任务一　了解应收账款的功能

应收账款的功能是指它在企业生产经营所起的作用。主要功能就是增加销售和减少存货。

一、增加销售的功能

一般来说,企业对外销售主要是现销和赊账。现销就是一手交钱,一手交货,即现金流入与货物的流出是同一时间,是企业理想的销售方式。但在市场竞争比较激烈的情况下,赊销是促进销售的一种重要方式。进行赊销的企业实际上是向顾客提供了两项交易:① 向顾客销售产品;② 在一个有限的时期内向顾客提供资金。虽然赊销仅仅是影响销售量的因素之一,但在银根紧缩、市场疲软、资金缺乏的情况下,赊销的作用是很重要的。特别是在企业销售新产品、开拓新市场时,赊销更有重要意义。

二、减少存货的功能

企业持有产成品存货不仅占用资金,而且还会发生仓储保管费、保险费等支出,同时还可能承担毁损、变质等损失,然而,企业持有应收账款虽然也会占用资金,却无须支付上述费用和损失,因此,当产成品存货多时,企业可以采用较为优惠的信用条件进行赊销,尽快地实现存货向销售收入的变化,变持有存货为持有应收账款,以节约各项存货管理支出。

子任务二　分析应收账款的成本

赊销可以促进销售，减少存货，但持有应收账款也会付出一定的代价，这种代价即为应收账款的成本，包括机会成本、管理成本和坏账成本。

1. **机会成本**

企业的资金如果不投放于应收账款，便可用于其他投资并获得收益，这种因投放于应收账款而放弃的其他收入即为应收账款的机会成本。这种成本一般按有价证券的利息率计算。其计算公式为

应收账款机会成本＝维持赊销业务所需资金×资金成本率(证券利率)

维持赊销业务所需资金＝应收账款平均余额×变动成本率

应收账款平均余额＝平均每天销售额×应收账款平均收款期

【案例 5－3】　某企业预计全年销售收入净额为 450 万元，应收账款的平均收现期为 60 天，产品变动成本为 60%，同期市场有价证券率为 9%，则应收账款机会成本可计算如下：

$$应收账款机会成本=\frac{450}{360}\times60\times60\%\times9\%=4.05(万元)$$

2. **管理成本**

应收账款管理成本是指进行应收账款日常管理所发生的各种费用，主要包括调查顾客信用情况的费用、收集各种信息的费用、账簿的记录费用、收账费用和其他费用。管理成本的高低往往会影响到坏账成本的水平，即企业管理水平越高，投入的管理费用越多，则发生坏账的可能性就会相应降低。

3. **坏账成本**

由于各种各样的原因，应收账款总有一部分不能如数收回而发生损失，这就是应收账款的坏账成本。这一成本一般与应收账款数量同方向变动，即应收账款越多，坏账成本也越多。坏账成本可按赊销收入和预计的坏账损失率来计算。其计算公式为

坏账损失＝赊销收入×预计坏账损失率

子任务三　拟定应收账款管理策略

一、制定信用政策

应收账款赊销的效果依赖于企业所采用的信用政策。信用政策是企业财务政策的重要组成部分。信用政策是指企业对应收账款进行管理而制定的基本原则和行为规范，主要包括信用标准、信用条件和收账政策三部分。

(一) 信用标准

信用标准是企业用于判断客户是否有资格享受商业信用所提出的基本条件，只有具备条件的客户才能享受企业所提供的商业信用。若企业的信用标准过高，只对信誉很好、坏账损失率很低的顾客给予赊销，则会减少坏账损失和收账费用，减少应收账款的机会成本，但不利于扩大销售，甚至可能会使销售减少；反之，若信用标准过低，虽然会增加销售，但同时坏账损失、

收账费用和应收账款的机会成本也会相应增加。企业应根据具体情况来权衡确定信用标准。

企业在确定信用标准时，应考虑三个基本因素。

(1) 同行业的竞争状况。面对竞争，企业首先考虑的是如何在竞争中处于优势地位，保持并不断扩大市场占有率。若对手实力很强，企业欲取得或保持竞争优势，就需采取较低的(相对竞争对手而言)信用标准；反之，可以采取较高的信用标准。

(2) 企业承担违约风险的能力。企业承担违约风险能力的强弱，对其信用标准的选择有着重要的影响。当企业具有较强的违约风险承担能力时，可以以较低的信用标准提高竞争力，争取客户，扩大销售；反之，若企业承担违约风险的能力较弱，则只能选择较高的信用标准以尽可能降低违约风险水平。

(3) 客户的资信程度。企业在制定信用标准时，必须对客户的资信状况进行调查、分析，然后根据客户的资信程度决定是否向客户提供信用。常用的客户资信调查方法有 5C 系统评估法，即从品质(Character)、能力(Capacity)、资本(Capital)、抵押(Collateral)、条件(Condition)这五个方面来确定客户资信程度的高低。

(二) 信用条件

信用条件是指企业向客户提供商业信用的付款要求，包括信用期限、折扣期限和现金折扣率。信用条件通常以“1/20、n/30”的形式表示，其中 30 天为信用期限，20 天为折扣期限，1%为现金折扣率，即若在 20 天内付款则可享受 1%的现金折扣，若未能在 20 天内付款则全部款项应在 30 天内付清。

1. 信用期限

信用期限是指企业为客户规定的最长付款时间。一般来说，延长信用期限有利于企业扩大销售增加收入，但同时也会增加企业应收账款的资金占用，从而增加机会成本，相应的坏账损失和收账费用也会增加；若缩短信用期限，虽然可使机会成本、坏账损失、收账费用等信用成本减少，但不利于扩大销售，甚至可能使销售减少。因此，信用期限的确定是在这些收益与成本之间进行利弊权衡的结果。

【案例 5-4】 某公司现在采用 30 天按发票金额付款的信用政策，拟将信用期放宽至 60 天，仍按发票金额付款即不给折扣，该公司投资的最低报酬率为 15%，其他有关的数据如表5-2所示。

表 5-2 不同信用期的相关数据

项目 \ 信用期	30 天	60 天
销售量(件)	100 000	120 000
销售额(元)(单价 5 元)	500 000	600 000
变动成本(每件 4 元)	400 000	480 000
固定成本	50 000	50 000
毛利(元)	50 000	70 000
可能发生的收账费用(元)	3 000	4 000
可能发生的坏账损失(元)	5 000	9 000

在分析时,先计算放宽信用期得到的收益,然后计算增加的成本,最后根据两者比较的结果作出判断。

(a) 收益的增加:

(120 000－100 000)×(5－4)＝20 000(元)

(b) 应收账款占用资金应计利息的增加:

应收账款应计利息＝应收账款占用资金×资本成本率

应收账款占用资金＝应收账款平均余额×变动成本率

应收账款平均余额＝日销售额×平均收现期

30 天信用期应计利息＝500 000/360×30×4/5×15%＝5 000(元)

60 天信用期应计利息＝600 000/360×60×4/5×15%＝12 000(元)

应计利息增加＝12 000－5 000＝7 000(元)

(c) 收账费用和坏账损失增加:

收账费用增加＝4 000－3 000＝1 000(元)

坏账损失增加＝9 000－5 000＝4 000(元)

(d) 改变信用期的净损益:

收益增加－成本费用增加＝20 000－(7 000＋1 000＋4 000)＝8 000(元)

由于收益的增加大于成本增加,故应采用 60 天的信用期。

以上计算如表 5-3 所示。

表 5-3　信用期限的判断计算　　单位:元

项目＼信用期	30 天	60 天	差量
销售收入	500 000	600 000	100 000
变动成本	400 000	480 000	80 000
固定成本	50 000	50 000	0
营业利润	50 000	70 000	20 000
应收账款平均余额	500 000×30÷360	600 000×60÷360	
应收账款机会成本(15%)	5 000	12 000	7 000
可能的收账费用	3 000	4 000	1 000
可能的坏账损失	5 000	9 000	4 000
扣减信用成本后收益	37 000	45 000	8 000

上述信用期限分析的方法是比较简略的,可以满足一般制定信用政策的需要。如有必要,也可以进行更细微的分析,如进一步考虑销货增加引起存货增加而多占用的资金,以及在信用期内提前付款给予现金折扣造成收入和成本的变化等。

2. 现金折扣和折扣期限

现金折扣是企业为鼓励客户尽早付款而给予的价格优惠。如前所述,延长信用期限会增加应收账款占用资金从而增加信用成本。为加速资金周转,降低信用成本,企业通常给客户提供一个折扣条件,促使客户提早付款。现金折扣实际上是销售收入的抵减,若折扣率较高,则会使企业收入减少,盈利下降,不过信用成本也会相应减少。因此,折扣率的确定要通过对提供折扣后的收益与提供折扣的成本加以权衡。

折扣期限是指企业允许客户享受现金折扣的付款期限。超过这一期限付款,客户将不能获得现金折扣的好处。由于不同时间的折扣期限所带来的收益和成本不同,企业同样需要对折扣期限所引起的收益和成本进行权衡。

(三)收账政策

收账政策是指当客户违反信用条件,拖欠款项或故意赖账时企业所采取的收账策略与措施。收账政策的内容包括两方面:一是选择收账费用的投入量;二是制定收账程序。

二、规范日常管理

为了能够圆满制定和执行信用政策,企业必须做好应收账款的日常管理工作,主要包括以下一些内容。

(一)信用调查与分析

对客户的信用进行分析评价是应收账款管理的重要内容。只有正确评价客户的信用状况,才能合理执行企业的信用政策。为此,企业需要收集客户的有关信用信息,包括客户财务报表、客户付款的历史资料、有关企业的信用等级报告(工商管理部门、企业上级主管部门、财税部门、证券交易部门、消费者协会等)。

(二)应收账款的日常监控

企业应加强应收账款的日常监控工作,从而得以对信用政策进行调节和更新,保证其有效性和及时性。为此应做好以下工作。

1. 应收账款账龄分析

企业可以根据应收账款明细账编制应收账款账龄分析表,用于反映在信用条件规定的付款期限内及超过付款期限的若干天内应收账款的分布情况。企业财务人员可以根据账龄分析表中的信息分析应收账款归还、占用、拖欠情况,进而提出信用政策的改进建议。

2. 监控平均收账期与坏账损失率

平均收账期过长和坏账损失率过高通常表明企业信用政策过宽,资金使用效率低下;平均收账期过短和坏账损失率过低通常表明企业信用政策过严,不利于扩大销售和提高市场竞争力。因此,企业应做好平均收账期和坏账损失率的日常监控工作,以及时发现信用政策所存在的问题并采取必要措施。

3. 对客户进行信用额度管理

为了减少坏账损失和缩短平均收账期,企业可以针对不同客户,通过信用分析制定出不同的信用额度,即欠款最大余额。当客户所欠款项余额达到或接近其信用额度时,企业应拒绝为其提供商业信用,或者经过慎重考虑才予以提供信用。客户信用额度应定期修订,以及时适应客户信用方面发生的变化。

任务三　拟定存货管理方案

子任务一　了解存货的功能

存货的功能是指存货在企业生产经营过程中所起的作用。主要包括以下几个方面。

1. 防止生产经营中断

对于生产企业来说,如果原材料存货不足必然会造成生产中断,停工待料。而对于生产或销售有季节性的企业,一定数量的存货就更有重要的意义,虽然随着自动化的不断提高,有些企业正在推行“零存货”的办法,但从目前的情况看,要做到这一点,并不是易事,有些行业甚至不可能做到这一点。

2. 适应市场的变化

一定数量的存货储备能够增加企业在生产和销售方面的机动性和适应市场变化能力。企业有了足够的库存,当市场的需求量突然增加时,就能及时地满足市场的变化。另外,当发生通货膨胀时,适当地储备一定数量的存货,能使企业获得物价上涨的好处。

3. 降低进货成本

很多企业为扩大销售规模,对购货方提供较优厚的商业折扣待遇,即购货达到一定数量时,便在价格上给予相应的折扣优惠。企业采取批量集中进货,可获得较多的商业折扣。此外,通过增加每次购货数量,减少购货次数,可以降低采购费用支出。在采用大批量购货方式下,只要购货成本的降低额大于因存货增加而导致的储存等各项费用的增加额,便是可行的。

4. 维持均衡生产

有的企业的生产属于季节性生产,或者说有的企业的产品需求很不稳定,如果根据市场需求,产量时高时低地进行生产,有时生产能力会被闲置,有时又会出现超负荷生产,这都会使生产成本提高,为了降低生产成本,最好的办法就是实行均衡生产,这必然会产生一定的产成品存货。

5. 有利于产品的销售

企业的产品一般是批量生产、成批销售的,对于客户来说,也有一个经济采购批量的考虑。企业的产品保持一定的产成品库存可以有利于销售。否则当碰到客户大量订单时,就有可能失去良好的商机。

子任务二　分析存货的成本

要实现存货的功能,就必须持有一定数量的存货,也必然要为此发生一定的支出,这就是存货的成本。主要包括以下几个方面。

1. 购置成本

存货的购置成本一般是由存货买价和运杂费构成。在企业某期存货需求总量一定情况下,如不考虑商业折扣的话,无论进货批量如何变化,存货的购置成本总额总是相对固定的,它在数量上等于存货需求总量与单位存货单价之积。

2. 订货成本

存货的订货成本又称进货费用，是指企业为组织进货而开支的相关费用，如差旅费、办公费、邮资费、电讯费、运输费、检验费等等。通常，企业每次派人去采购地进货的费用往往是相对固定的，不会因为每次采购数量的不同而变化，某期订货成本总额等于进货次数乘以每次订货费用。要想降低订货成本，就需要减少订货次数。

3. 储存成本

储存成本是指企业为持有存货而发生的成本费用支出，主要包括存货资金占用的机会成本、仓储费用、保险费用、存货库存损耗等。储存成本可表示为存货储存量与单位存货储存费用的乘积。一般地，单位存货储存费用是相对固定的，因此，储存成本大小完全受存储数量的制约，要降低某期储存成本，就要减少进货批量（即增加进货次数）。需要说明的是，有部分储存成本与存货数量是无关的，如仓库折旧费用、仓库职工的固定工资等。储存成本管理的重点是与储存数量有关的成本费用支出。

4. 缺货成本

缺货成本是指因存货不足而给企业造成的损失，主要包括由于原材料供应中断造成的停工待料损失、产品供应中导致延误发货的信誉损失以及失去市场机会的有形与无形损失等。缺货成本因其计量很困难常常不予考虑，但如果缺货成本能够准确计量的话，也可以在存货决策中考虑缺货成本。

子任务三　拟定存货管理策略

一、确定经济批量

经济批量是指在一定时期之内能够使存货总成本最低的每次订货数量。通过对存货成本分析可知，决定存货经济进货批量的成本因素主要包括订货成本和储存成本。

（一）经济批量模型

经济批量模型的运用有其必要的条件，这些条件主要表现在模式成立的基本假设之上，其主要假设有：企业能及时补充存货；在需要存货时，能立即无条件地订到货；每次订货是集中到货；不存在缺货成本；存货需求量是确定的；存货单价是已知不变的，且不考虑购货折扣。

在以上假设条件下，不难看出，在存货需求量确定和单价已知情况下，存货的购置成本不会因为订货批量的改变而改变，是订货批量决策的无关成本。在不考虑缺货成本情况下，影响订货批量的存货决策成本只有订货成本和储存成本。订货成本、储存成本和存货总成本三者之间的关系如图 5-2 所示。

从图 5-2 可以看出，当订货成本与储存成本相等时，存货总成本最低，此时的进货批量就是经济进货批量。

相关总成本＝变动性订货成本＋变动性储存成本

$$T_C=\frac{D}{Q}F+\frac{Q}{2}C$$

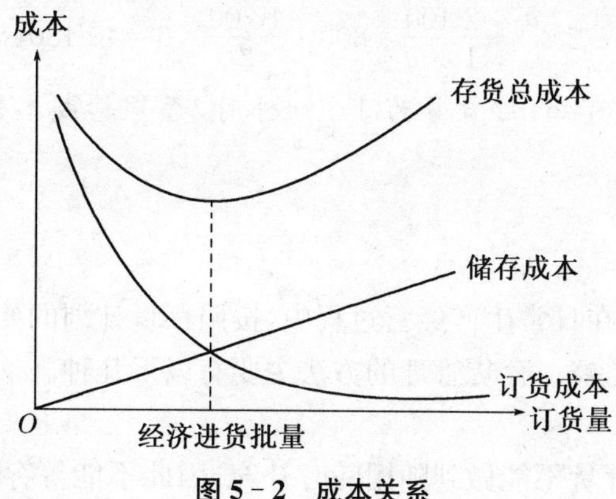

图 5-2　成本关系

式中，T_C 为存货总成本；D 为存货年需要量；F 为每次订货成本；C 为单位存货年储存成本；Q 为订货批量。

$$\text{经济批量 } Q=\sqrt{\frac{2DF}{C}}$$

$$\text{存货最低总成本}(T_C)=\sqrt{2DFC}$$

【案例 5-5】　某公司全年需要 A 零件 2 400 件，每次订货成本为 800 元，每年单位储存成本为 6 元，A 零件的价格为 15 元，则

$$\text{经济批量 } Q=\sqrt{\frac{2DF}{C}}=\sqrt{\frac{2\times 2\,400\times 800}{6}}=800(\text{件})$$

$$\text{最低总成本 } T_C=\sqrt{2DFC}=\sqrt{2\times 2\,400\times 800\times 6}=4\,800(\text{元})$$

$$\text{订货次数}=\frac{D}{F}=\frac{2\,400}{800}=3(\text{次})$$

$$\text{订货间隔}=\frac{360}{3}=120(\text{天})$$

上述计算表明，当进货批量为 800 件时，订货成本与储存成本总额最低。

(二) 有数量折扣的经济批量模型

在上述经济批量分析中，是假设价格不随批量的变动而变动的。但如果价格随订购批量发生变化也即大批量采购可以在价格上取得优惠，此时需要计算不同批量的相关总成本，总成本最低的每次购买量即为经济批量。

【案例 5-6】　沿用案例 5-5 提供的资料，假设企业每次采购超过 1 200 件时，可享受 2% 折扣，问该零件的最佳订货量应为多少。

分析：

(1) 按基本模型经济批量采购的相关总成本

=年采购成本+年订货成本+年储存成本

$$=2\,400\times 15+\frac{2\,400}{800}\times 800+\frac{800}{2}\times 6=40\,800(\text{元})$$

(2) 每次采购 1 200 件时的相关总成本

=年采购成本+年订货成本+年储存成本

$$=2\,400\times15\times(1-2\%)+\frac{2\,400}{1\,200}\times800+\frac{1\,200}{2}\times6=40\,480(\text{元})$$

比较以上两种采购量可知，订货量为 1 200 件时，存货总成本最低。因此，最佳订货量为1 200 件。

二、规范日常管理

存货的日常管理是指在日常生产经营过程中，按照存货计划的要求，对存货的使用和周转情况进行的组织、调节和监督。存货管理的方法主要有以下几种。

(一) 订货点的控制

一般情况下，企业的存货不能做到随用随时补充，因此不能等存货用光再去订货，而需要在没有用完时提前订货。提前到存货为多少时再订货呢？这就是要确定的订货点。所谓订货点，就是订购下一批存货时该存货的储存量。

1. 影响订货点的因素

(1) 每天的正常耗用量，用 n 表示。

(2) 预定每天的最大耗用量，用 m 表示。

(3) 提前时间指从发出订单到货物收到验收完毕所用的时间，用 t 表示。

(4) 预计最大提前时间，用 r 表示。

(5) 保险储备，是指为防止耗用量突然增加，或交货误期进行的储备，用 s 表示。

2. 订货点的确定

由于订货点的确定受上述因素的影响，确定订货点要综合考虑。

订货点＝平均每日的正常耗用量×交货时间＋安全储存量

$$=nt+s$$

$$=nt+\frac{mr-nt}{2}$$

$$=\frac{mr+nt}{2}$$

式中，安全储存量 s＝(预计每日的最大耗用量×预计最长提前时间－平均每日的正常耗用量×提前时间)/2＝$\frac{mr-nt}{2}$。

【案例 5－7】 某企业每天正常耗用零件 30 件，预计每天最大耗用量 35 件，交货时间 10 天，预计最长交货时间 14 天。

$$\text{安全储存量}=\frac{35\times14-30\times10}{2}=95(\text{件})$$

$$\text{订货点}=\frac{35\times14+30\times10}{2}=395(\text{件})$$

这表明当存货还有 395 件时，企业就该再订货。

(二) 控制存货储存期

存货的储存期控制的核心是根据本量利分析的基本原理，计算商品产品的保本期、保利期。不论工业企业还是商业企业，其商品或产品一旦入库，就必须尽早销售出去，否则，存货储存成本会不断增加(如存货占用资金的应计利息或机会成本、仓储保管费等)，所以保本期、保利期的计算是合理控制存货成本，规划目标利润的有效手段。

商品的保本期是指从商品购入到销售保持不盈不亏状态的储存天数，它是商品盈亏的分界点，在这个储存天数以内销售，可以取得一定的利润，超过这个储存天数就会发生亏损。

商品保利期是指保证实现一定目标利润，商品应储存的天数。

以商品流通企业为例，某待售存货的储存时间与利润实现的关系可用以下公式计算：

$$存货的保本期=\frac{进销差价-销售税金及附加-进货费用}{每日储存费}$$

$$存货的保利期=\frac{进销差价-销售税金及附加-进货费用-目标利润}{每日储存费}$$

从上式可以看出，在每日储存费一定情况下，存货的储存期越长，该存货实现的利润就越小。企业要加强对存货储存期的研究和控制，以保证基本销售利润的实现。存货的目标销售利润可按销售利润率、必要的投资报酬率确定，但目标利润水平要合理，要符合行业竞争的要求。

【案例 5－8】 某企业购进甲商品 2 000 件，单位产品进价为 200 元（不含增值税），预计单位售价 250 元，该批商品的进货费用为 12 000 元，由于企业无闲置仓库而从外部租用仓库来储存甲商品，每天租金为 100 元，周期市场有价证券年利率为 10%，则甲商品的保本期计算如下：

甲商品每日所需利息（机会成本）应按该批商品所占用资金和市场利率计算：

$$每天利息费用=\frac{2\,000\times250\times10\%}{360}=138.89(元)$$

则甲商品的保本期为：

$$\frac{2\,000\times(250-200)-12\,000}{100+138.89}=368.37(天)$$

如果该企业要求甲商品要实现 6% 的投资报酬率，那么甲商品的保利期计算如下：

$$目标利润=2\,000\times200\times6\%=24\,000(元)$$

$$保利期=\frac{2\,000\times(250-200)-12\,000-24\,000}{100+138.89}=267.91(天)$$

值得注意的是，以上计算是建立在批进批出的前提条件之上的，有其一定的局限性。在实际存货经销工作中，批进批出只是一种偶然现象，普通的情形是存货大批量购进，小批量售出或批进零售，此时计算方法就有较大差别。

（三）存货 ABC 分类控制法

企业存货品种繁多，尤其是大中型企业的存货往往多达上万种甚至数十万种。实际上，不同的存货项目在企业生产经营中的地位和自身特点方面都有较大差别。有的存货尽管品种数量很少，但金额巨大，如果管理不善，将给企业造成极大的损失。相反，有的存货虽然品种数量繁多，但金额微小，即使管理当中出现一些问题，也不至于对企业产生较大的影响。因此，无论是出于管理能力的原因，还是从经济角度来考虑，企业实行全面细致的存货控制都有一定的困难。ABC 分类控制法的管理目的就是突出重点存货来加强管理，提高存货管理效率。

所谓 ABC 分类管理法就是按照一定的标准，将企业的存货划分为 A、B、C 三类，分别实行按品种重点管理、分类别一般控制和按总额灵活掌握的存货管理方法。A 类存货价值较大，生产经营使用频繁，周转速度快，是企业最重要的存货，对该类存货要按存货品种来组织日常管理，该类存货虽然品种较少，但所占价值比重较大；B类存货价值一般，生产经营也经常使用，存货重要性仅次于A类，但由于品种较多，企业无法按存货品种逐项控制，可以考虑总额控制和个别例外原则相结合的管理方式；C类存货品种繁多，且价值相对很小，使用频率较低，资金周转缓慢，该类存货一般可凭经验，实行总额控制、定期检查的控制方法。

一般而言，A、B、C三类存货的金额比重大致为0.7∶0.2∶0.1，而品种数量比重大致为0.15∶0.3∶0.55。但三类存货的金额与品种的比例并无任何标准可言，企业可根据具体管理要求加以确定。

【项目小结】

本章主要讲述了以下内容：

(1) 现金管理主要包括最佳现金持有量的确定及现金的日常管理。

(2) 应收账款管理主要包括应收账款的功能、成本、信用政策及应收账款的日常管理。

(3) 存货管理主要包括存货的功能、成本，存货经济批量的确定及存货的日常管理。

【项目训练】

一、单项选择题

1. 某企业现金收支状况比较稳定，全年的现金需要量为300 000元，每次转换有价证券的固定成本为600元，有价证券的年利率为10%，则全年固定性转换成本是(　　)元。

A. 1 000　　B. 2 000　　C. 3 000　　D. 4 000

2. 不属于存货的变动储存成本的是(　　)。

A. 存货资金的应计利息　　B. 替代材料紧急购入的额外成本

C. 存货的残损和变质损失　　D. 存货的保险费用

3. 某企业全年耗用A材料2 400吨，每次的订货成本为1 600元，每吨材料储备成本12元，则每年最佳订货次数为(　　)次。

A. 12　　B. 6　　C. 3　　D. 4

4. 某企业预测的年赊销额为1 200万元，应收账款平均收账期为30天，变动成本率为60%，资金成本率10%，则应收账款的机会成本为(　　)万元。

A. 10　　B. 6　　C. 5　　D. 9

5. 成本分析模式下的最佳现金持有量是使以下各项成本之和最小的现金持有量(　　)。

A. 机会成本和转换成本　　B. 机会成本和短缺成本

C. 持有成本和转换成本　　D. 持有成本、短缺成本和转换成本

6. 下列订货成本中属于变动性成本的是(　　)。

A. 采购部门管理费用　　B. 采购人员的工资

C. 订货业务费　　D. 预付订金的机会成本

7. 假定某企业每月现金需要量为20 000元，现金和有价证券的转换成本为20元，有价证券的月利率为5‰，则该企业最佳现金余额为(　　)。

A. 20 000元　　B. 12 649元　　C. 10 000元　　D. 6 649元

8. 存货ABC分类控制法中对存货划分的最基本的分类标准为(　　)。

A. 金额标准　　B. 品种数量标准

C. 重量标准　　D. 金额与数量标准

9. 在其他因素不变的情况下，企业采用积极的收账政策，可能导致的后果是（　）。

A. 坏账损失增加　　B. 应收账款投资增加

C. 收账费用增加　　D. 平均收账期延长

10. 某企业的现金周转率为 6 次，则其现金周转期为（　）。

A. 30 天　　B. 40 天　　C. 50 天　　D. 60 天

二、多项选择题

1. 下列不属于应收账款管理成本的是（　）。

A. 因投资应收账款而丧失的利息费用

B. 对客户的资信调查费用

C. 催收应收账款而发生的费用

D. 无法收回应收账款而发生的费用

2. 控制现金支出的有效措施包括（　）。

A. 推迟支付应付款　　B. 采用汇票付款

C. 加速收款　　D. 合理利用“浮游量”

3. 信用条件的组成要素有（　）。

A. 信用期限　　B. 现金折扣期　　C. 现金折扣率　　D. 商业折扣

4. 用存货模式分析确定最佳现金持有量时，应予考虑的成本费用项目有（　）。

A. 现金管理费用

B. 现金与有价证券的固定性转换成本

C. 持有现金的机会成本

D. 现金短缺成本

5. 流动资产投资的特点有（　）。

A. 变现能力强　　B. 投资风险大　　C. 波动性大　　D. 收益率高

6. 赊销在企业生产经营中所发挥的作用有（　）。

A. 增加现金　　B. 减少存货　　C. 促进销售　　D. 减少借款

7. 为了加强企业现金的支出管理，企业可运用的策略有（　）。

A. 力争现金流量同步　　B. 尽可能加速收款

C. 合理使用现金“浮游量”　　D. 在合理范围内尽量推迟付款

8. 下列属于存货功能的有（　）。

A. 有利于企业的销售　　B. 防止生产中断

C. 降低进货成本　　D. 提高企业的变现能力

9. 在确定经济订货批量时，不需要考虑的因素有（　）。

A. 储存变动成本　　B. 缺货量

C. 年度计划订货总量　　D. 保险储备量

10. 确定收账政策，在向客户提供商业信用时，必须考虑的问题有（　）。

A. 怎样最大限度地防止客户拖欠账款

B. 客户是否会拖欠或拒付账款

C. 一旦账款遭到拖欠或拒付，应采取什么对策

D. 考察客户是否符合给予商业信用所需具备的条件

三、判断题

1. 企业营运资金越大，说明企业风险越小，收益率越高。 (　　)

2. 在成本分析模式和存货模式下确定最佳现金持有量时，都须考虑的成本是机会成本。 (　　)

3. 企业的信用标准严格，给予客户的信用期很短，使得应收账款周转率很高，将有利于增加企业的利润。 (　　)

4. 能够使企业的进货费用、储存成本和缺货成本之和最低的进货批量，便是缺货条件下经济进货批量。 (　　)

5. 存货年需要量、单位存货年储存变动成本和单价的变动会引起经济订货量与占用资金同方向变动；每次订货的变动成本变动会引起经济订货量与占用资金反方向变动。 (　　)

6. 企业现金持有量过多会降低企业的收益水平。 (　　)

7. 一般来讲，当某种存货品种数量比重达到70%左右时，可将其划分为A类存货，进行重点管理和控制。 (　　)

8. 企业的净营运资金是流动资产与流动负债之和。 (　　)

9. 在规定的时间内提前偿付货款的客户可按销售收入的一定比率享受现金折扣，折扣比率越高，越能及时收回货款，减少坏账损失，所以企业应将现金折扣比率订得越高越好。 (　　)

10. 对应收账款实施追踪分析的重点应放在应收账款可能偿还时间的分析方面。 (　　)

四、实务操作题

1. 某企业有三种现金持有方案，具体方案数额如下表所示：

项　目	甲方案	乙方案	丙方案
现金余额	25 000	50 000	100 000
管理成本	20 000	20 000	20 000
短缺成本	12 000	6 750	0
资本收益率	12%	12%	12%

计算该企业的目标现金余额。

2. 某企业每年需耗用A材料45 000件，单位材料年存储成本20元，平均每次进货费用为180元，A材料全年平均单价为240元。假定不存在数量折扣，不会出现陆续到货和缺货的现象。要求：

(1) 计算A材料的经济进货批量。

(2) 计算A材料年度最佳进货批数。

(3) 计算A材料的经济进货批量的总成本。

(4) 计算A材料的经济进货批量占用资金。

3. 某企业预测2014年度销售收入净额为4 500万元，现销与赊销比例为1∶4，应收账款平均收账天数为60天，变动成本率为50%，企业的资金成本率为10%。一年按360天计算。要求：

(1) 计算 2014 年度赊销额。

(2) 计算 2014 年度应收账款的平均余额。

(3) 计算 2014 年度维持赊销业务所需要的资金额。

(4) 计算 2014 年度应收账款的机会成本额。

(5) 若 2014 年应收账款需要控制在 400 万元,在其他因素不变的条件下,应收账款平均收账天数应调整为多少天?

第三模块
财务环节管理

项目六　利润分配管理

导入案例

某公司2012年度的税后利润为1 000万元,该年分配股利500万元,2014年拟投资1 000万元引进一条生产线以扩大生产能力,该公司目标资本结构为自有资金占80%,借入资金占20%。该公司2013年度的税后利润为1 200万元。要求:

(1) 如果该公司执行的是固定股利政策,并保持资金结构不变,则2014年度该公司为引进生产线需要从外部筹集多少自有资金?

(2) 如果该公司执行的是固定股利支付率政策,并保持资金结构不变,则2014年度该公司为引进生产线需要从外部筹集多少自有资金?

(3) 如果该公司执行的是剩余股利政策,则2013年度公司可以发放多少现金股利?

利润是指企业在一定会计期间的经营成果,包括主营业务利润和其他业务利润、营业利润、利润总额和净利润。企业利润反映了企业在一定时期内生产经营活动的最终财务成果,在市场经济条件下,企业利润的多少,是评价企业经济效益水平和企业管理水平的重要依据,它决定着企业收益分配参与者的利益和企业发展的能力,同时也是社会积累的源泉。

任务一　利润分配的概述

一、利润分配概述

企业年度决算后实现的利润总额,要在国家、企业的所有者和企业之间进行分配。利润分配关系着国家、企业、职工及所有者各方面的利益,是一项政策性较强的工作,必须严格按照国家的法规和制度执行。利润分配的结果,形成了国家的所得税收入,投资者的投资报酬和企业的留用利润等不同的项目,其中企业的留用利润是指盈余公积金、公益金和未分配利润。由于税法具有强制性和严肃性,缴纳税款是企业必须履行的义务,从这个意义上看,财务管理中的利润分配,主要指企业的净利润分配,利润分配的实质就是确定给投资者分红与企业留用利润的比例。

(一) 利润分配基本原则

1. 依法分配原则

为规范企业的利润分配行为,国家制定和颁布了若干法规,这些法规规定了企业利润分配的基本要求、一般程序和重大比例。企业的利润分配必须依法进行,这是正确处理企业各项财务关系的关键。

2. **分配与积累并重原则**

企业的利润分配，要正确处理长期利益和近期利益这两者的关系，坚持分配与积累并重。企业除按规定提取法定盈余公积金以外，可适当留存一部分利润作为积累，这部分未分配利润仍归企业所有者所有。这部分积累的净利润不仅可以为企业扩大生产筹措资金，增强企业发展能力和抵抗风险的能力，同时，还可以供未来年度进行分配，起到以丰补歉、平抑利润分配数额波动、稳定投资报酬率的作用。

3. **兼顾职工利益原则**

企业的净利润归投资者所有，是企业的基本制度。但企业职工不一定是企业的投资者，净利润就不一定归他们所有，而企业的利润是由全体职工的劳动创造的，他们除了获得工资和奖金等劳动报酬以外，还应该以适当的方式参与净利润的分配，如在净利润中提取公益金，用于企业职工的集体福利设施支出。公益金是所有者权益的一部分，职工对这些福利设施具有使用权并负有保管之责，但没有所有权。

4. **投资与收益对等原则**

企业利润分配应当体现"谁投资谁收益"、收益大小与投资比例相适应，即投资与收益对等原则，这是正确处理企业与投资者利益关系的立足点。投资者因投资行为，以出资额依法享有利润分配权，就要求企业在向投资者分配利润时，要遵守公开、公平、公正的"三公"原则，不搞幕后交易，不帮助大股东侵蚀小股东利益，一视同仁地对待所有投资者，任何人不得以在企业中的其他特殊地位谋取私利，这样才能从根本上保护投资者的利益。

二、利润分配的一般程序

利润分配程序是指公司制企业根据适用法律、法规或规定，对企业一定期间实现的净利润进行分派必须经过的先后步骤。

(一) 非股份制企业的利润分配程序

根据我国《公司法》等有关规定，非股份制企业当年实现的利润总额应按国家有关税法的规定作相应的调整，然后依法交纳所得税。交纳所得税后的净利润按下列顺序进行分配：

1. **弥补以前年度的亏损**

按我国财务和税务制度的规定，企业的年度亏损，可以由下一年度的税前利润弥补，下一年度税前利润尚不足于弥补的，可以由以后年度的利润继续弥补，但用税前利润弥补以前年度亏损的连续期限不超过5年。5年内弥补不足的，用本年税后利润弥补。本年净利润+年初未分配利润为企业可供分配的利润，只有可供分配的利润大于零时，企业才能进行后续分配。

2. **提取法定盈余公积金**

可供分配的利润大于零是计提法定盈余公积金的必要条件。法定盈余公积金以净利润扣除以前年度亏损为基数，按10%提取。即企业年初未分配利润为借方余额时，法定盈余公积金计提基数为本年净利润减年初未分配利润(借方)余额，若企业年初未分配利润为贷方余额时，法定盈余公积金计提基数为本年净利润，未分配利润贷方余额在计算可供投资者分配的净利润时计入。当企业法定盈余公积金达到注册资本的50%时，可不再提取。法定盈余公积金主要用于弥补企业亏损和按规定转增资本金，但转增资本金后的法定盈余公积金一般不低于注册资本的25%。

3. 提取法定公益金

法定公益金是以法定盈余公积金相同基数的5%～10%计提的职工公共利益资金，主要用于企业职工的福利设施支出。

4. 向投资者分配利润

企业本年净利润扣除弥补以前年度亏损、提取法定盈余公积金和公益金后的余额，加上年初未分配利润贷方余额，即为企业本年可供投资者分配的利润，按照分配与积累并重原则，确定应向投资者分配的利润数额。

三、利润的计算

(一) 主营业务利润和其他业务利润

1. 主营业务利润

主营业务利润是企业从事基本生产经营活动取得的利润，是营业利润的主要组成部分，其计算公式为

主营业务利润＝主营业务收入－主营业务成本－主营业务税金及附加

2. 其他业务利润

其他业务利润公式为

其他业务利润＝其他销售收入－其他销售成本－其他销售税金及附加

(二) 营业利润

营业利润是企业在一定时期从事生产经营活动所取得的利润。它是企业利润的主要来源，其计算公式为

营业利润＝主营业务利润＋其他业务利润－期间费用

企业的期间费用包括营业费用、管理费用和财务费用。它直接计入当期损益。

(1) 营业费用，是指企业在销售商品过程中发生的费用，包括企业销售商品过程中发生的运输费用、装卸费、包装费、保险费、展览费和广告费，以及为销售本企业商品而专设的销售机构(含销售网点，售后服务网点等)的职工工资及福利费、类似工资性质的费用、业务费等经营费用。

(2) 管理费用，是指企业为组织和管理企业生产经营所发生的管理费用，包括企业的董事会和行政管理部门在企业的经营管理中发生的，或者应当由企业统一负担的公司经费(包括行政管理部门职工工资、修理费、物料消耗、低值易耗品摊销、办公费和差旅费等)、工会经费、待业保险费、劳动保险费、董事会费、聘请中介机构费、咨询费(含顾问费)、诉讼费、业务招待费、房产税、车船使用税、土地使用税、印花税、技术转让费、破产资源补偿费、无形资产摊销、职工教育经费、研究与开发费、排污费、存货盘亏或盘盈(不包括应计入营业外支出的存货损失)、计提的坏账准备和存货跌价准备等。

(3) 财务费用，是指企业为筹集生产经营所需资金等而发生的费用，包括应当作为期间费用的利息支出(减利息收入)、汇兑损失(减汇兑收益)以及相关的手续费等。

(三) 利润总额

利润总额是指营业利润加投资净收益、补贴收入及营业外收支净额。即

利润总额＝营业利润＋投资净收益＋补贴收入＋营业外收支净额

投资净收益是指企业对外投资取得的收益减去发生的投资损失和计提的投资减值准备后

的净额。

补贴收入指企业按规定实际收到退还的增值税，或按销量或工作量等依据国家规定的补助定额计算并按期给予的定额补贴，以及属于国家财政扶持的领域而给予的其他形式的补贴。

营业外收支净额是指与企业生产经营活动没有直接联系的各种营业外收入减去营业外支出后的余额。

营业外收入包括固定资产盘盈、处置固定资产净收益、处置无形资产净收益、罚款净收入等。

营业外支出包括固定资产盘亏、计提的无形资产减值准备、计提的固定资产减值准备、计提的在建工程减值准备、罚款支出、捐赠支出、非常损失等。

(四) 净利润

净利润是指利润总额减去所得税后的金额。

净利润＝利润总额－所得税

四、计税利润调整和企业所得税的计算

(一) 计税利润与会计利润的差异

随着我国会计制度改革和税制改革的逐步深入，企业财务会计和所得税会计逐步分离，企业按照会计制度和会计准则核算的会计利润与按照税法计算的企业应纳税所得额之间的差异也逐步扩大。这些差异按其产生原因及其性质又可分为永久性差异和时间性差异两类。

1. 永久性差异

永久性差异是指某一会计期间，由于会计制度和税法在计算收益、费用或损失时的口径不同，所产生的税前会计利润与应纳税所得额之间的差异。这种差异在本期发生，不会在以后各期转回。永久性差异有以下几种类型：

(1) 按会计制度规定核算时作为收益计入会计报表，在计算应税所得时不确认为收益。

(2) 按会计制度规定核算时不作为收益计入会计报表，在计算应税所得时作为收益，需要交纳所得税。

(3) 按会计制度规定核算时确认为费用或损失计入会计报表，在计算应税所得时则不允许扣减。

2. 时间性差异

时间性差异是指税法与会计制度在确认收益、费用或损失时的时间不同而产生的税前会计利润与应纳税所得额的差异。时间性差异发生于某一会计期间，但在以后一期或若干期内能够转回。时间性差异主要有以下几种类型：

(1) 企业获得的某项收益，按照会计制度规定应当确认为当期收益，但按照税法规定需待以后期间确认为应税所得，从而形成应纳税时间性差异。这里的应纳税时间性差异是指未来应增加应纳税所得额的时间性差异。

(2) 企业发生的某项费用或损失，按照会计制度规定应当确认为当期费用或损失，但按照税法规定待以后期间从应税所得中扣减，从而形成可抵减时间性差异。这里的可抵减时间性差异是指未来可以从应纳税所得额中扣除的时间性差异。

(3) 企业获得的某项收益，按照会计制度规定应当于以后期间确认收益，但按照税法规定需计入当期应税所得，从而形成可抵减时间性差异。

(4) 企业发生的某项费用或损失，按照企业制度规定应当于以后期间确认为费用或损失，但按照税法规定可以从当期应税所得中扣减，从而形成应纳税时间性差异。

(二) 企业所得税的计算

企业应纳所得税＝计税利润×所得税税率

任务二　股利政策及分配

一、股利分配理论

企业的股利分配方案既取决于企业的股利政策，又取决于决策者对股利分配的理解与认识，即股利分配理论。股利分配理论是指人们对股利分配的客观规律的科学认识与总结，其核心问题是股利政策与公司价值的关系问题。市场经济条件下，股利分配要符合财务管理目标。人们对股利分配与财务目标之间关系的认识存在不同的流派与观念，还没有一种被大多数人所接受的权威观点和结论。但主要有以下两种较流行的观点：

(一) 股利无关论

股利无关论认为，在一定的假设条件限制下，股利政策不会对公司的价值或股票的价格产生任何影响，投资者不关心公司股利的分配。公司市场价值的高低，是由公司所选择的投资决策的获利能力和风险组合所决定，而与公司的利润分配政策无关。

由于公司对股东的分红只是盈利减去投资之后的差额部分，且分红只能采取派现或股票回购等方式，因此，一旦投资政策已定，那么，在完全的资本市场上，股利政策的改变就仅仅意味着收益在现金股利与资本利得之间分配上的变化。如果投资者按理性行事的话，这种改变不会影响公司的市场价值以及股东的财富。该理论是建立在完全资本市场理论之上的，假定条件包括：第一，市场具有强式效率；第二，不存在任何公司或个人所得税；第三，不存在任何筹资费用；第四，公司的投资决策与股利决策彼此独立。

(二) 股利相关理论

与股利无关理论相反，股利相关理论认为，企业的股利政策会影响股票价格和公司价值。主要观点有以下几种：

(1) "手中鸟"理论。该理论认为，用留存收益再投资给投资者带来的收益具有较大的不确定性，并且投资的风险随着时间的推移会进一步加大，因此，厌恶风险的投资者会偏好确定的股利收益，而不愿将收益留存在公司内部，去承担未来的投资风险。该理论认为公司的股利政策与公司的股票价格是密切相关的，即当公司支付较高的股利时，公司的股票价格会随之上升，公司价值将得到提高。

(2) 信号传递理论。该理论认为，在信息不对称的情况下，公司可以通过股利政策向市场传递有关公司未来获利能力的信息，从而会影响公司的股价。一般来讲，预期未来获利能力强的公司，往往愿意通过相对较高的股利支付水平吸引更多的投资者。对于市场上的投资者来讲，股利政策的差异或许是反映公司预期获利能力的有价值的信号。如果公司连续保持较为稳定的股利支付水平，那么投资者会对公司未来的盈利能力与现金流量抱有乐观的预期。如果公司的股利支付水平突然发生变动，那么股票市价也会对这种变动作出反应。

(3) 所得税差异理论。该理论认为,由于普遍存在的税率和纳税时间的差异,资本利得收入比股利收入更有助于实现收益最大化目标,公司应当采用低股利政策。一般来说,对资本利得收入征收的税率低于对股利收入征收的税率;再者,即使两者没有税率上的差异,由于投资者对资本利得收入的纳税时间选择更具有弹性,投资者仍可以享受延迟纳税带来的收益差异。

(4) 代理理论。该理论认为,股利政策有助于减缓管理者与股东之间的代理冲突,即股利政策是协调股东与管理者之间代理关系的一种约束机制。该理论认为,股利的支付能够有效地降低代理成本。首先,股利的支付减少了管理者对自由现金流量的支配权,这在一定程度上可以抑制公司管理者的过度投资或在职消费行为,从而保护外部投资者的利益;其次,较多的现金股利发放,减少了内部融资,导致公司进入资本市场寻求外部融资,从而公司将接受资本市场上更多的、更严格的监督,这样便通过资本市场的监督减少了代理成本。因此,高水平的股利政策降低了企业的代理成本,但同时增加了外部融资成本,理想的股利政策应当使两种成本之和最小。

二、股利政策

股利政策是指在法律允许的范围内,企业是否发放股利、发放多少股利以及何时发放股利的方针及对策。股利政策由企业在不违反国家有关法律、法规的前提下,根据本企业具体情况制定。股利政策既要保持相对稳定,又要符合公司财务目标和发展目标。在实际工作中,通常有以下几种股利政策可供选择:

(一) 剩余股利政策

剩余股利政策是指公司在有良好的投资机会时,根据目标资本结构,测算出投资所需的权益资本额,先从盈余中留用,然后将剩余的盈余作为股利来分配,即净利润首先满足公司的资金需求,如果还有剩余,就派发股利;如果没有,则不派发股利。剩余股利政策的理论依据是MM股利无关理论。根据MM无关理论,在完全理想状态下的资本市场中,公司的股利政策与普通股每股市价无关,故而股利政策只需随着公司投资、融资方案的制订而自然确定。因此,采用剩余股利政策时,公司要遵循如下四个步骤:

(1) 设定目标资本结构,在此资本结构下,公司的加权平均资本将达到最低水平。

(2) 确定公司的最佳资本预算,并根据公司的目标资本结构预计资金需求中所需增加的权益资本数额。

(3) 最大限度地使用留存收益来满足资金需求中所需增加的权益资本数额。

(4) 留存收益在满足公司权益资本增加需求后,若还有剩余再用来发放股利。

【案例5-1】 某公司2013年税后净利润为1 000万元,2014年的投资计划需要资金1 200万元,公司的目标资本结构为权益资本占60%,债务资本占40%。

按照目标资本结构的要求,公司投资方案所需的权益资本数额为

$$1\,200\times60\%=720(\text{万元})$$

公司当年全部可用于分派的盈利为1 000万元,除了满足上述投资方案所需的权益资本数额外,还有剩余可用于发放股利。2013年,公司可以发放的股利额为:

$$1\,000-720=280(\text{万元})$$

假设该公司当年流通在外的普通股为1 000万股,那么,每股股利为

$$280\div1\,000=0.28(\text{元/股})$$

剩余股利政策的优点是：留存收益优先保证再投资的需要，有助于降低再投资的资金成本，保持最佳的资本结构，实现企业价值的长期最大化。

剩余股利政策的缺陷是：若完全遵照执行剩余股利政策，股利发放额就会每年随着投资机会和盈利水平的波动而波动。在盈利水平不变的前提下，股利发放额与投资机会的多寡呈反方向变动；而在投资机会维持不变的情况下，股利发放额将与公司盈利呈同方向波动。剩余股利政策不利于投资者安排收入与支出，也不利于公司树立良好的形象，一般适用于公司初创阶段。

（二）固定或稳定增长的股利政策

固定或稳定增长的股利政策是指公司将每年派发的股利额固定在某一特定水平或是在此基础上维持某一固定比率逐年稳定增长。公司只有在确信未来应予不会发生逆转时才会宣布实施固定或稳定增长的股利政策。在这一政策下，应首先确定股利分配额，而且该分配额一般不随资金需求的波动而波动。

固定或稳定增长股利政策的优点：① 由于股利政策本身的信息含量，稳定的股利向市场传递着公司正常发展的信息，有利于树立公司的良好形象，增强投资者对公司的信心，稳定股票的价格。② 稳定的股利额有助于投资者安排股利收入和支出，有利于吸引那些打算进行长期投资并对股利有很高依赖性的股东。③ 稳定的股利政策可能会不符合剩余股利理论，但考虑到股票市场会受多种因素影响（包括股东的心理状态和其他要求），为了将股利维持在稳定的水平上，即使推迟某些投资方案或暂时偏离目标资本结构，也可能比降低股利或股利增长率更为有利。

固定或稳定增长股利政策的缺点：股利的支付与企业的盈利相脱节，即不论公司盈利多少，均要支付固定的或按固定比率增长的股利，这可能会导致企业资金紧缺，财务状况恶化。此外，在企业无利可分的情况下，若依然实施固定或稳定增长的股利政策，也是违反《公司法》的行为。

因此，采用固定或稳定增长的股利政策，要求公司对未来的盈利和支付能力能作出准确的判断。一般来说，公司确定的固定股利额不宜太高，以免陷入无力支付的被动局面。固定或稳定增长的股利政策通常适用于经营比较稳定或正处于成长期的企业，且很难被长期采用。

（三）固定股利支付率政策

固定股利支付率政策是指公司将每年净利润的某一固定百分比作为股利分派给股东。这一百分比通常称为股利支付率，股利支付率一经确定，一般不得随意变更。在这一股利政策下，只要公司的税后利润一经计算确定，所派发的股利也就相应确定了。固定股利支付率越高，公司留存的净利润越少。

固定股利支付率的优点：① 采用固定股利支付率政策，股利与公司盈余紧密地配合，体现了“多盈多分、少盈少分、无盈不分”的股利分配原则。② 由于公司的获利能力在年度间是经常变动的，因此，每年的股利也应当随着公司收益的变动而变动。采用固定股利支付率政策，公司每年按固定的比例从税后利润中支付现金股利，从企业的支付能力的角度看，这是一种稳定的股利政策。

固定股利支付率的缺点：① 大多数公司每年的收益很难保持稳定不变，导致年度间的股利额波动较大，由于股利的信号传递作用，波动的股利很容易给投资者带来经营状况不稳定、投资风险较大的不良印象，成为公司的不利因素。② 容易使公司面临较大的财务压力。这是因为公司实现的盈利多，并不能代表公司有足够的现金流用来支付较多的股利额。③ 合适的固定股利支付率的确定难度比较大。

由于公司每年面临的投资机会、筹资渠道都不同，而这些都可以影响到公司的股利分派，所以，一成不变地奉行固定股利支付率政策的公司在实际中并不多见，固定股利支付率政策只是比较适用于那些处于稳定发展且财务状况也较稳定的公司。

【案例 5-2】 某公司长期以来用固定股利支付率政策进行股利分配，确定的股利支付率为 30%。2013 年税后净利润为 1 500 万元，如果仍然继续执行固定股利支付率政策，公司本年度将要支付的股利为

1 500×30%=450(万元)

但公司下一年度有较大的投资需求，因此，准备本年度采用剩余股利政策。如果公司下一年度的投资预算为 2 000 万元，目标资本结构为权益资本占 60%。按照目标资本结构的要求，公司投资方案所需的权益资本额为

2 000×60%=1 200(万元)

公司 2013 年度可以发放的股利为：

1 500-1 200=300(万元)

(四) 低正常股利加额外股利政策

低正常股利加额外股利政策，是指公司事先设定一个较低的正常股利额，每年除了按正常股利额向股东发放股利外，还在公司盈余较多、资金较为充裕的年份向股东发放额外股利。但是，额外股利并不固定化，不意味着公司永久地提高了股利支付率。可以用以下公式表示：

$$Y=a+bX$$

其中：Y——每股股利；X——每股收益；

a——低正常股利；b——股利支付比率。

低正常股利加额外股利政策的优点：① 赋予公司较大的灵活性，使公司在股利发放上留有余地，并具有较大的财务弹性。公司可根据每年的具体情况，选择不同的股利发放水平，以稳定和提高股价，进而实现公司价值的最大化。② 使那些依靠股利度日的股东每年至少可以得到虽然较低但比较稳定的股利收入，从而吸引住这部分股东。

低正常股利加额外股利政策的缺点：① 由于年份之间公司盈利的波动使得额外股利不断变化，造成分派的股利不同，容易给投资者收益不稳定的感觉。② 当公司在较长时间持续发放额外股利后，可能会被股东误认为“正常股利”，一旦取消，传递出的信号可能会使股东认为这是公司财务状况恶化的表现，进而导致股价下跌。

相对来说，对那些盈利随着经济周期而波动较大的公司或者盈利与现金流量很不稳定时，低正常股利加额外股利政策也许是一种不错的选择。

三、利润分配制约因素

理论上，股利是否影响企业价值存在相当大的分歧，现实经济生活中，企业仍然是要进行股利分配的。当然，企业分配股利并不是无所限制，总是要受到一些因素的影响，一般认为，企业股利政策的影响因素主要有法律因素、企业因素、股东意愿及其他因素等几个方面。

(一) 法律因素

为了保护债权人、投资者和国家的利益，有关法规对企业的股利分配有如下限制：

1. 资本保全限制

资本保全限制规定，企业不能用资本发放股利。如我国法律规定：各种资本公积准备不能转增股本，已实现的资本公积只能转增股本，不能分派现金股利；盈余公积主要用于弥补亏损和转增股本，一般情况下不得用于向投资者分配利润或现金股利。

2. 资本积累限制

企业积累限制规定，企业必须按税后利润的一定比例和基数，提取法定公积金和法定公益金。企业当年出现亏损时，一般不得给投资者分配利润。

3. 偿债能力限制

偿债能力限制是指企业按时足额偿付各种到期债务的能力。如果企业已经无力偿付到期债务或因支付股利将使其失去偿还能力，则企业不能支付现金股利。

(二) 企业因素

企业资金的灵活周转，是企业生产经营得以正常进行的必要条件。因此企业长期发展和短期经营活动对现金的需求，便成为对股利的最重要的限制因素。其相关因素主要有：

1. 资产的流动性

企业现金股利的分配，应以一定资产流动性为前提。企业的资产流动性越好，说明其变现能力越强，股利支付能力也就越强。高速成长的盈利性企业，其资产可能缺乏流动性，因为他们的大部分资金投资在固定资产和永久性流动资产上了，这类企业当期利润虽然多但资产变现能力差，企业的股利支付能力就会削弱。

2. 投资机会

有着良好投资机会的企业需要有强大的资金支持，因而往往少发现金股利，将大部分盈余留存下来进行再投资；缺乏良好投资机会的企业，保留大量盈余的结果必然是大量资金闲置，于是倾向于支付较高的现金股利。所以，处于成长中的企业，因一般具有较多的良好投资机会而多采取低股利政策，许多处于经营收缩期的企业，则因缺少良好的投资机会而多采取高股利政策。

3. 筹资能力

如果企业规模大、经营好、利润丰厚，其筹资能力一般很强，那么在决定股利支付数额时，有较大选择余地。但对那些规模小、新创办、风险大的企业，其筹资能力有限，这类企业应尽量减少现金股利支付，而将利润更多地留存在企业，作为内部筹资。

4. 盈利的稳定性

企业的现金股利来源于税后利润。盈利相对稳定的企业，有可能支付较高股利，而盈利不稳定的企业，一般采用低股利政策。这是因为，对于盈利不稳定的企业，低股利政策可以减少因盈利下降而造成的股利无法支付、企业形象受损、股价急剧下降的风险，还可以将更多的盈利用于再投资，以提高企业的权益资本比重，减少财务风险。

5. 资本成本

留用利润是企业内部筹资的一种重要方式，同发行新股或举借债务相比，不但筹资成本较低，而且具有很强的隐蔽性。企业如果一方面大量发放股利，而另一方面又以支付高额资本成本为代价筹集其他资本，那么，这种舍近求远的做法无论如何是不恰当的，甚至有损于股东利益。因而从资本成本考虑，如果企业扩大规模，需要增加权益资本时，不妨采取低股利政策。

(三) 股东意愿

股东在避税、规避风险、稳定收入和股权稀释等方面的意愿,也会对企业的股利政策产生影响。毫无疑问,企业的股利政策不可能使每个股东财富最大化,企业制定股利政策的目的在于,对绝大多数股东的财富产生有利影响。

1. 避税考虑

企业的股利政策不得不受到股东的所得税负影响。在我国,由于现金股利收入的税率是20%,而股票交易尚未征收资本利得税,因此,低股利支付政策,可以给股东带来更多的资本利得收入,达到避税目的。

2. 规避风险

"双鸟在林,不如一鸟在手"。在一部分投资者看来,股利的风险小于资本利得的风险,当期股利的支付解除了投资者心中的不确定性。因此,他们往往会要求企业支付较多的股利,从而减少股东投资风险。

3. 稳定收入

如果一个企业拥有很大比例的富有股东,这些股东多半不会依赖企业发放的现金股利维持生活,它们对定期支付现金股利的要求不会显得十分迫切。相反,如果一个企业绝大部分股东,属于低收入阶层以及养老基金等机构投资者,他们需要企业发放的现金股利来维持生活或用于发放养老金等,因此,这部分股东特别关注现金股利,尤其是稳定的现金股利发放。

4. 股权稀释

企业必须认识到高股利支付率会导致现有股东股权和盈利的稀释,如果企业支付大量现金股利,然后再发行新的普通股以融通所需资金,现有股东的控制权就有可能被稀释。另外,随着新普通股的发行,流通在外的普通股股数增加,最终将导致普通股的每股盈利和每股市价的下降,对现有股东产生不利影响。

(四) 其他因素

影响股利政策的其他因素主要包括,不属于法规规范的债务合同约束、政府对机构投资者的投资限制以及因通货膨胀带来的企业对重置实物资产的特殊考虑等。

1. 债务合同约束

企业的债务合同特别是长期债务合同,往往有限制企业现金股利支付的条款,这使得企业只能采用低股利政策。

2. 机构投资者的投资限制

机构投资者包括养老基金、储蓄银行、信托基金、保险企业和其他一些机构。机构投资者对投资股票种类的选择,往往与股利特别是稳定股利的支付有关。如果某种股票的连续几年不支付股利或所支付的股利金额起伏较大,则该股票一般不能成为机构投资者的投资对象。因此,如果某一企业想更多地吸引机构投资者,则应采用较高而且稳定的股利政策。

3. 通货膨胀的影响

在通货膨胀的情况下,企业固定资产折旧的购买水平会下降,会导致没有足够的资金来源重置固定资产。这时较多的留存利润就会当作弥补固定资产折旧购买力水平下降的资金来源,因此,在通货膨胀时期,企业股利政策往往偏紧。

四、股利种类

企业通常以多种形式发放股利,股利支付形式一般有现金股利、股票股利、财产股利和负债股利，其中最为常见的是现金股利和股票股利。在现实生活中，我国上市公司的股利分配广泛采用一部分股票股利和一部分现金股利的做法。其效果是股票股利和现金股利的综合。

(一) 现金股利

现金股利是指企业以现金的方式向股东支付股利，也称为红利。现金股利是企业最常见的、也是最易被投资者接受的股利支付方式。企业支付现金股利，除了要有累计的未分配利润外，还要有足够的现金。因此，企业在支付现金前，必须做好财务上安排，以便有充足的现金支付股利。因为，企业一旦向股东宣告发放股利，就对股东承担了支付的责任，必须如期履约，否则，不仅会丧失企业信誉，而且会带来不必要的麻烦。

(二) 股票股利

股票股利是指应分给股东的股利以额外增发股票形式来发放。以股票作为股利，一般都是按在册股东持有股份的一定比例来发放，对于不满一股的股利仍采用现金发放。股票股利最大的优点就是节约现金支出，因而常被现金短缺的企业所采用。

发放股票股利时，在企业账面上，只需在减少未分配利润项目金额的同时，增加股本和资本公积等项目金额，并通过中央清算登记系统增加股东持股数量。显然，发放股票股利是一种增资行为，需经股东大会同意，并按法定程序办理增资手续。但发放股票股利与其他的增资行为不同的是，它不增加股东财富，企业的财产价值和股东的股权结构也不会改变，改变的只是股东权益内部各项目的金额。

【项目小结】

本章主要介绍利润分配的理论以及分配管理的有关技术。

利润分配是指财务管理中的利润分配，主要指企业的净利润分配，利润分配的实质就是确定给投资者分红与企业留用利润的比例。为了正确处理企业与各方面的财务关系，企业利润分配必须遵循依法分配原则、分配与积累并重原则、兼顾职工利益原则和投资与收益对等原则。

【项目训练】

一、单选题

1. 上市公司按照剩余股利政策发放股利的好处是(   )。

A. 有利于公司合理安排资金结构

B. 有利于投资者安排收入与支出

C. 有利于公司稳定股票的市场价格

D. 有利于公司树立良好的形象

2. 我国上市公司不得用于支付股利的权益资金是(   )。

A. 资本公积　　B. 任意盈余公积

C. 法定盈余公积　　D. 上年未分配利润

3. 在下列股利分配政策中，能保持股利与利润之间一定的比例关系的政策是(   )。

A. 剩余股利政策　　B. 固定股利政策

C. 固定股利支付率政策　　D. 低正常股利加额外股利政策

4. 经营比较稳定或正处于成长期、信誉一般的公司适用于(   )。

A. 剩余股利政策　　B. 固定股利政策

C. 固定股利支付率政策　　D. 低正常股利加额外股利政策

5.（　　）既可以在一定程度上维持股利的稳定性，又有利于企业的资本结构达到目标资本结构，使灵活性与稳定性较好地结合。

A. 剩余股利政策　　B. 固定股利政策

C. 固定股利支付率政策　　D. 低正常股利加额外股利政策

二、多选题

1. 上市公司发放股票股利可能导致的结果有（　　）。

A. 公司股东权益内部结构发生变化

B. 公司股东权益总额发生变化

C. 公司每股利润下降

D. 公司股份总额发生变化

2. 在确定利润分配政策时须考虑股东因素，其中主张限制股利的是（　　）。

A. 稳定收入考虑　　B. 避税考虑

C. 控制权考虑　　D. 规避风险考虑

3. 影响利润分配的其他因素主要包括（　　）。

A. 控制权　　B. 超额累积利润约束

C. 债务合同限制　　D. 通货膨胀限制

4. 固定股利支付率政策的优点包括（　　）。

A. 使股利与企业盈余紧密结合　　B. 体现投资风险与收益的对等

C. 有利于稳定股票价格　　D. 缺乏财务弹性

三、判断题

1. 在除息日之前，股利权从属于股票；从除息日开始，新购入股票的人不能分享本次已宣告发放的股利。（　　）

2. 引起个别投资中心的投资报酬率提高的投资，不一定会使整个企业的投资报酬率提高；但引起个别投资中心的剩余收益增加的投资，则一定会使整个企业的剩余收益增加。（　　）

3. 采用剩余股利分配政策的优点是有利于保持理想的资金结构，降低企业的总和资金成本。（　　）

4. 派发股票股利有可能会导致公司资产的流出或负债的增加。（　　）

5. 只要企业有足够的现金就可以支付现金股利。（　　）

6. 通常在除息日之前进行交易的股票，其价格高于在除息日后进行交易的股票价格。（　　）

7. 股票分割可能会增加股东的现金股利，使股东感到满意。（　　）

8. 出于稳定收入考虑，股东最不赞成固定股利支付率政策。（　　）

9. 在公司的高速发展阶段，企业往往需要大量的资金，此时适应于采用剩余股利政策。（　　）

四、计算题

某公司 2012 年度的税后利润为 1 000 万元，该年分配股利 500 万元，2014 年拟投资 1 000

万元引进一条生产线以扩大生产能力，该公司目标资本结构为自有资金占 80%，借入资金占 20%。该公司 2013 年度的税后利润为 1 200 万元。要求：

（1）如果该公司执行的是固定股利政策，并保持资金结构不变，则 2014 年度该公司为引进生产线需要从外部筹集多少自有资金？

（2）如果该公司执行的是固定股利支付率政策，并保持资金结构不变，则 2014 年度该公司为引进生产线需要从外部筹集多少自有资金？

（3）如果该公司执行的是剩余股利政策，则 2013 年度公司可以发放多少现金股利？

项目七　财务预算

导入案例

A公司为了确保实现2014年的年度经营目标，公司领导组织办公室、财务、销售、供应、生产等部门的负责人及有关领导，召开了2014年年度预算工作会议。

会上，首先由办公室负责人向大家介绍了2014年的年度经营目标及计划开展的一些主要经营活动，然后由大家围绕2014年的年度经营目标开展讨论，并要求各部门负责人结合本部门的实际情况作了汇报，为企业编制各项业务预算、财务预算，提供了许多有效的信息资料。

会上，销售部门汇报了他们开展市场调查的情况，对2014年度各产品的销量和价格做了预测分析；生产部门对企业生产各产品的材料用量、人工消耗以及各间接费用发生情况做了较为详细的分析和预算，并结合现有的生产条件，测算了各产品的产量情况；供应部门汇报各类材料的库存和价格情况；财务部门则介绍了企业的财务状况、收付款政策及资金运用等方面的一些情况。

会议结束，公司负责人责成销售部门根据2014年的年度经营目标，结合企业实际，尽快做好各产品的销售预算，供应部门、生产部门则根据销售预算，尽快做材料采购、产品生产、产品成本和费用方面的预算。最后，责成财务部门根据各部门提供的预算方案或建议，按季编制2014年度各季现金收支预算，预计2014年度可实现的利润，编制2014年度预计的资产负债表等。

任务一　了解财务预算的编制方法

一、预算的含义与作用

1. 预算的含义

预算是企业在预测、决策的基础上，以数量和金额的形式反映企业未来一定时期内经营、投资、财务等活动的具体计划，是为实现企业目标而对各种资源和企业活动的详细安排，是计划的数量化。

预算具有两个特征：首先，预算必须与企业的战略或目标保持一致，编制预算的目的是促成企业以最经济有效的方式实现预定目标；其次，预算的数量化和可执行性是预算最主要的特征，预算作为一种数量化的详细计划，是对企业未来活动的细致、周密安排，是企业未来经营活动的依据。因此，预算是一种可据以执行和控制经济活动的、最为具体化的计划，是将企业活动导向预定目标的有力工具。

2. 预算的作用

概括而言，企业预算的作用主要体现在以下几个方面：

(1) 可以明确工作目标。企业作为一个有机的生产经营系统，是由若干个子系统（即职能部门）构成的，为了实现企业整体经营目标，就必须按照一致性原则明确各职能部门的具体工作目标。预算是对企业目标的具体化，是计划的数量化，它不仅明确了企业一定时期的经营总目标，也明确了各部门的具体工作目标和努力方向，从而可以调动它们在各自的职责范围内努力完成自身的工作任务，并最终保证企业总目标的实现。

(2) 可以协调部门之间的关系。预算是以企业的经营总目标为出发点，按照经营生产活动内在的逻辑关系来编制的，它可使各项活动的预算形成一个有机整体，让各部门按照预算确定的轨道工作，从而使它们的工作能够密切配合，相互协调。

(3) 可以引导和控制日常经济活动。预算为控制各部门的日常经济活动提供了一个适当的标准和依据，实施控制时，可随时将各部门的实际执行情况与预算数进行比较分析，以便及时发现问题，采取措施加以纠正，达到避免不必要的损失，实现预期经营目标的目的。

(4) 可以作为业绩考核的标准。预算是计划的数量化，它为企业对各部门业绩进行考核提供了依据，使各项活动的实际执行有章可循，有据可依。企业可以根据预算的完成情况，分析各部门实际偏离预算的程度和原因，以划清责任，评定业绩，实行奖罚，促使各部门为完成预算目标更积极地工作。

二、预算的分类

1. 按预算指标所涉及的内容划分，可分为业务预算（经营预算）、专门决策预算（资本预算）和财务预算（总预算）三类

业务预算又称经营预算，是指与企业日常经营生产活动直接相关的各项业务预算。它主要包括销售预算、生产预算、材料采购预算、直接材料消耗预算、直接人工预算、制造费用预算、产品成本预算、经营费用及管理费用预算等。由于企业供应、生产、销售和管理等活动是企业最基本、经常性的活动，所以又将业务预算称之为基本预算或经常预算。

专门决策预算又称资本预算，是指针对企业不经常发生的、一次性的重要决策项目或活动所编制的预算，如资本支出预算、一次性专门业务预算等。专门决策预算直接反映相关决策的结果，是决策选定方案的进一步规划。如企业决定上马新的生产线，就必须在事先做好可行性分析的基础上来编制预算，具体反映投资额多少，资金如何筹措，投资期限多长，何时可以投产，未来经营期内每年的现金流量有多少等内容。

财务预算又称总预算，是指企业在预算期内反映有关预计现金收支、财务状况和经营成果的预算。财务预算作为企业预算体系的最后环节，它从价值方面总括地反映企业经营业务预算和专门决策预算的结果，是各项业务预算和专门决策预算的整体计划，故亦称总预算，其他预算则相应地称为辅助预算或分预算。

从预算的内容上来看，各种预算是一个有机联系的整体。一般将由业务预算、专门决策预算和财务预算组成的预算体系，称为全面预算体系。其结构如图 7－1 所示。

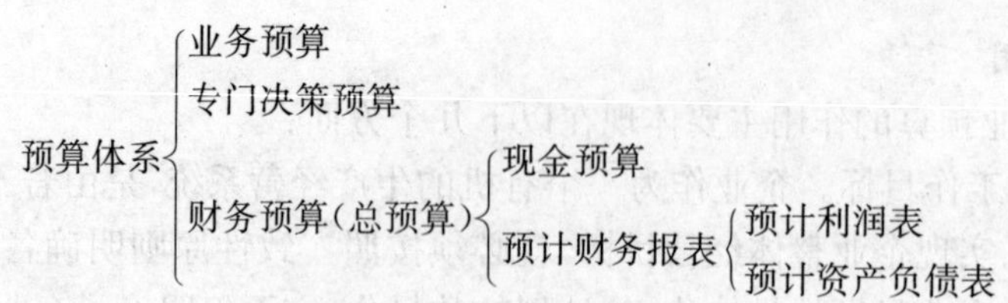

图7-1 全面预算体系

2. 按预算指标所涉及的时间长短划分,可分为长期预算和短期预算

通常将预算期在1年以内(含1年)的预算称为短期预算,预算期在1年以上的预算称为长期预算。预算的编制时间可以视预算的内容和实际需要而定,可以是1周、1月、1年或若干年等。在预算编制过程中,往往应结合各项预算的特点,将长期预算与短期预算结合使用。一般情况下,企业的业务预算和财务预算多为1年期的短期预算,年内按季或按月细分,且预算期要与会计期间保持一致。

三、预算工作的组织

预算工作的组织包括决策层、管理层、执行层和考核层,具体的组织分工如下:

(1) 企业董事会或类似机构应当对企业预算的管理工作负总责。企业董事会或经理办公会可以根据情况设立预算委员会或指定财务管理部门负责预算管理事宜,并对企业法定代表人负责。

(2) 预算委员会(或财务管理部门)主要拟订预算的目标、政策,制定预算管理的具体措施和办法,审议、平衡预算方案,组织下达预算,协调解决预算编制和执行中的问题,组织审计、考核预算的执行情况,督促企业完成预算目标。

(3) 企业财务部门具体负责企业预算的跟踪管理,监督预算的执行情况,分析预算与实际执行的差异及原因,提出改进管理的意见与建议。

(4) 企业内部生产、投资、物资、人力资源、市场营销等职能部门具体负责本部门业务涉及的预算编制、执行、分析等工作,并配合预算委员会或财务管理部门做好企业总预算的综合平衡、协调、分析、控制与考核等工作,其主要负责人参与企业预算委员会的工作,并对本部门预算执行结果承担责任。

(5) 企业所属基层单位是企业预算的基本单位,在企业财务管理部门的指导下,负责本单位现金流量、经营成果和各项成本费用预算的编制、控制、分析工作,接受企业的检查、考核。其主要负责人对本单位财务预算的执行结果承担责任。

四、编制预算的程序

企业编制预算,一般应按“上下结合、分级编制、逐级汇总”的程序进行。

1. 下达目标

企业董事会或经理办公室根据企业发展战略和预算期经济形势的初步预测,在决策的基础上,提出下一年度企业预算目标,包括销售或营业目标、成本费用目标、利润目标和现金流量目标,并确定预算的编制政策,由预算委员会下达到各预算执行单位。

2. 编制上报

各预算执行单位按照企业预算委员会下达的预算目标和政策,结合自身特点以及预测条件，提出详细的本单位预算方案，上报企业财务管理部门。

3. 审查平衡

企业财务管理部门对各预算执行单位上报的财务预算进行审查、汇总，提出综合平衡的建议。在审查、平衡过程中，预算委员会应当进行充分协调，对发现的问题提出初步调整意见，并反馈给有关预算执行单位予以修正。

4. 审议批准

企业财务管理部门在有关预算执行单位修正调整的基础上，编制出企业预算方案，报财务预算委员会讨论。对于不符合企业发展战略或者预算目标的事项，企业预算委员会应当责成有关预算执行单位进一步修订、调整。在讨论、调整的基础上，企业财务管理部门正式编制企业年度预算草案，提交董事会或经理办公会审议批准。

5. 下达执行

企业财务管理部门对董事会或经理办公会审议批准的年度总预算，一般在次年 3 月底以前，分解成一系列的指标体系，由预算委员会逐级下达到各项预算执行单位执行。

任务二　编制各种财务预算

子任务一　固定预算法

一、固定预算法的概念和特点

1. 概念

固定预算法是指以某一固定业务量水平为基础来编制与该固定业务量水平相对应的预算项目的预算数以及与该预算项目相关的其他预算项目的预算数的一种预算编制方法。

2. 特点

固定预算法的特点是在编制预算时，不考虑预算项目预算期内业务量水平可能发生的变动，即不考虑预算期内业务量水平出现多种结果的可能性，只按照一个固定的、预计可以实现的正常业务量水平为基础来确定与该业务量相关的各个预算项目的预算数。采用固定预算法编制出来的预算只有一个预算。

二、固定预算法的优缺点及适用范围

1. 优点

固定预算法的优点是只根据一个固定的业务量水平来编制某一个预算项目的预算数以及与该预算项目相关的其他预算项目的预算数，简单易行，而且编制出来的预算只有一个预算而不是一组预算，因此预算编制的工作量比较少。

2. 缺点

固定预算法不论预算期内实际业务量水平是否发生波动，都只按预定的某一个固定业务量水平作为编制预算的依据，当实际业务量与编制预算所依据的预计业务量发生较大差异时，

就会使指标的实际数与预算数失去比较的意义，使预算无法适应实际业务量的变化，削弱甚至失去了预算的控制和考核作用。

3. 适用范围

固定预算法一般只适用于那些业务量基本不发生波动或者波动程度很小的预算项目的预算，比如折旧费用的预算、摊销费用的预算、办公费用的预算以及其他固定成本项目的预算；不适用于那些业务量受市场因素影响较大的预算项目的预算，比如销售预算、生产预算、变动成本预算、投资预算等。

三、固定预算法的基本原理

1. 选择适合采用固定预算法的预算项目

一个企业或单位的财务预算将会涉及很多预算项目，因此，采用固定预算法来编制财务预算，首先就要对所有预算项目的业务发生情况进行分析判断，掌握各个预算项目的业务发生规律，根据固定预算法的特点和适用范围来分析哪些预算项目适合采用固定预算法，然后把这些预算项目确定为采用固定预算法来编制预算的项目。

2. 对所选择的预算项目的未来发生数进行预测

对所选择的适合采用固定预算法来编制预算的预算项目的未来发生数进行预测，是编制固定预算的重要前提。对未来发生数的预测是否准确可靠，直接关系到采用固定预算法编制出来的预算是否准确可靠，而预算是否准确可靠，又直接影响到预算管理的作用和效果的发挥。要做好对所选择的预算项目的未来发生数的预测，就要掌握这些项目的历史发生数，了解这些项目业务发生的规律，同时对这些项目在预算期可能发生的变化做出充分的估计，然后采用定性预测，必要时还要采用定量预测的方法，对这些项目在预算期的发生数做出可靠的预测。

3. 编制预算

编制预算时，除了以预测数为参考依据之外，还要考虑预算期内的管理要求，比如成本降低的要求、费用节约的要求、业务扩大的要求、利润增加的要求等。充分考虑预算期内的管理要求之后，所编制出来的预算才有可能是切合实际的预算和有效的预算。

四、固定预算法的应用举例

【案例 7-1】 M公司预算年度某产品销售量在 40 000～60 000 件之间，正常可实现的销售量为 50 000 件，销售单价为 15 元，单位变动成本 9 元，其中直接材料 3.5 元，直接人工 2.5 元，变动性制造费用 2 元，变动性销售及管理费用 1 元。固定成本总额 100 000 元，其中，固定性制造费用 70 000 元，固定性销售及管理费用 30 000 元。根据上述资料，按照正常可实现的销售量水平用固定预算法编制该公司预算年度的利润预算。

分析：

根据上述资料，编制该公司预算年度的利润预算如表 7-1 所示。

表 7-1　M 公司预算年度分季度利润预算表(金额单位:元)

预算项目	第一季度	第二季度	第三季度	第四季度	全年合计
销售量(件)	15 000	9 500	12 000	13 500	50 000
销售收入	225 000	142 500	180 000	202 500	750 000
减:变动成本总额	135 000	85 500	108 000	121 500	450 000
直接材料	52 500	33 250	42 000	47 250	175 000
直接人工	37 500	23 750	30 000	33 750	125 000
制造费用	30 000	19 000	24 000	27 000	100 000
销售及管理费用	15 000	9 500	12 000	13 500	50 000
贡献毛益	90 000	57 000	72 000	81 000	300 000
减:固定成本总额	25 000	25 000	25 000	25 000	100 000
制造费用	17 500	17 500	17 500	17 500	70 000
销售及管理费用	7 500	7 500	7 500	7 500	30 000
经营利润	65 000	32 000	47 000	56 000	200 000

案例 7-1 中,由于变动成本总额=销量×单位变动成本,因此,影响变动成本总额变动的因素就有销量和单位变动成本两个因素。当分析变动成本总额的实际执行结果与预算数的差异时,要注意采用因素分析法分析各个因素的影响程度,判断哪个因素是积极因素、哪个因素是消极因素,进而区分有利差异和不利差异,以免造成对变动成本总额变动(发生差异)的误判。

【案例 7-2】　承例 1,M 公司预算年度某产品变动成本预算如表 7-2 所示。

表 7-2　M 公司预算年度某产品变动成本预算表(金额单位:元)

成本项目	总成本	单位成本
直接材料	175 000	3.5
直接人工	125 000	2.5
变动性制造费用和变动性销售及管理费用	150 000	3
合　计	450 000	9

假设该产品预算期实际销量为 60 000 件,实际变动成本为 510 000 元,其中直接材料 190 000 元,直接人工 155 000 元,变动性制造费用和变动性销售及管理用 165 000 元,单位变动成本为 8.5 元,试根据实际成本资料和预算成本资料编制该公司的成本业绩报告并进行差异分析。

分析:

该公司的成本业绩报告如表 7-3 所示。

表 7-3　M 公司某产品预算年度成本业绩报告表(金额单位:元)

成本项目	实际成本	预算成本	差异(实际—预算)
直接材料	190 000	175 000	+15 000
直接人工	155 000	125 000	+30 000
变动制造费用和变动性销售及管理用	165 000	150 000	+15 000
合　计	510 000	450 000	+60 000
销量(件)	60 000	50 000	+10 000
单位变动成本	8.5	9	−0.5

差异因素分析:

(1) 分析销量的变动对变动成本总额的影响:

(60 000−50 000)×9=90 000(元)

(2) 分析单位变动成本的变动对变动成本总额的影响:

60 000×(8.5−9)=−30 000(元)

(3) 两个因素综合影响:90 000−30 000=60 000(元)

案例 7-2 的分析结果表明,由于销量的增加,导致变动成本增加了 90 000 元,属于不利差异;由于单位变动成本的降低,使变动成本减少了 30 000 元,属于有利差异;两个因素共同影响的结果,使得实际成本比预算成本超支了 60 000 元。从表面上看,实际成本大于预算成本,出现了不利差异;但如果按实际业务量 60 000 件和预算单位成本 9 元计算预算成本,那么,调整后的预算成本却节约了 30 000 元,出现了有利差异。这说明,如果预算期实际业务量发生了变化,仍将实际成本与预算成本比较,就会因业务量基础不同而缺乏可比性,影响业绩考核和评价的真实性,甚至可能出现相反的结论。因此,在评价成本业绩时应将预算成本按实际业务量进行调整,以便客观地反映成本业绩。

五、采用固定预算法应注意的问题

采用固定预算法应该注意预算项目固定业务量的可靠性,因为如果这个固定业务量不可靠,编制出来的预算就会与实际执行结果偏差太大,使预算失去应有的作用。而要保证这个固定业务量的可靠性,就需要充分了解和掌握影响这个业务量发生变动的相关因素及其数据信息,采用定性预测和定量预测相结合的方法来可靠地预测业务量的发生水平。

子任务二　弹性预算法

一、弹性预算法的概念和特点

1. 概念

弹性预算法是指按照预算期内可预见的各种不同的业务量水平,编制出各种不同业务量水平下相关预算项目的预算数的一种预算编制方法。

比如，在编制某种产品的销售预算时，假设该产品预测的销售量有 40 000 件、50 000 件、60 000 件这三种比较可靠的可能结果，就以 40 000 件、50 000 件、60 000 件作为可能的销售量来编制出三个方案的销售预算以及与这三个方案的销售预算所对应的成本费用预算、利润预算、现金流量预算等，这就是弹性预算法。弹性预算法是与固定预算法相对立的一种预算编制方法，因此又可称之为变动预算法。

2. 特点

弹性预算法的特点：在编制预算时，需要考虑预算期内业务量水平出现多种结果的可能性，然后再根据各种不同的业务量水平来编制与之相对应的预算。这时，编制出来的预算已不再是只适应一个业务量水平的一个预算，而是能够适应多个业务量水平的一组预算。

二、弹性预算法的优缺点及适用范围

1. 优点

弹性预算法的优点是能够反映预算期内各种可能的业务量水平下相关预算项目的预算结果，便于企业从不同的业务量水平的角度去了解其生产经营活动的量化过程和结果。

2. 缺点

弹性预算法的缺点在于编制预算的工作量较大，而且技术要求高。如果对预算项目在预算期内各种可能的业务量水平估计不准，编制出来的预算就会与实际发生较大偏差，这时，预算管理就会发挥不了应有的作用。

3. 适用范围

弹性预算法适用于业务量水平可能会发生较大变动的预算项目的预算，比如销售预算、生产预算、变动成本预算、投资预算等。但在实务中，为了减少预算编制的工作量，通常将所有预算项目划分为变动项目和固定项目两大类，对变动项目采用弹性预算法来编制，而对固定项目则采用固定预算法来编制。

三、弹性预算法的基本原理

1. 将所有预算项目划分为变动项目和固定项目

所谓变动项目，是指预算期内业务量可能会发生较大变动的那些预算项目，比如销量、产量、变动成本、投资总额、筹资总额、现金流量、利润等，其中，变动成本主要包括直接材料、直接人工、变动性制造费用、变动性销售及管理费用。所谓固定项目，是指预算期内业务量不会发生较大变动的那些预算项目，比如折旧费用、摊销费用、办公费用以及其他固定成本。固定成本主要包括固定性制造费用、固定性销售及管理费用。

把所有预算项目划分为变动项目和固定项目，就是为了确定哪些预算项目可以采用弹性预算法，哪些预算项目则要用固定预算法。通常，变动项目采用弹性预算法，固定项目采用固定预算法。

2. 确定弹性范围和业务量可能值

确定了需要采用弹性预算法的预算项目以后，就需要确定这些项目的弹性范围和业务量可能值。弹性范围的大小和业务量可能值的多少直接关系到预算编制的工作量和难易程度。通常情况下，业务量可能值的个数以 3～5 个为宜，太多了会增加预算编制的工作量和困难程度，太少了又显得弹性不足、达不到弹性预算的效果。确定弹性范围和业务量可能值的方法主要有以下两种：

(1) 以正常业务量水平的上下一定幅度作为弹性范围的上下限，以3个或5个作为业务量可能值的个数，然后每隔10个或若干个百分点取一个业务量可能值来编制一个预算，共编制出一组若干个预算。比如，在正常业务量的80～120%之间取5个可能值，每隔10个百分点取一个，就可以取得正常业务量80%、90%、100%、110%、120%这5个可能值，然后根据这5个可能值分别编制出5个预算，就得到了业务量分别为正常业务量的80%、90%、100%、110%、120%时的一组共5个预算。

(2) 以近3～5年的最高业务量和最低业务量作为弹性范围的上下限，以3个或5个作为业务量可能值的个数，然后用2或4去除上下限的距离(注:业务量可能值为3个时用2去除，业务量可能值为5个时用4去除)，求出弹性的间距，再按此间距确定3个或5个不同的业务量，然后根据这3个或5个不同的业务量编制出3个或5个不同的预算。比如，假设上限为100，下限为60，则上下限的距离为40。这时，如果业务量可能值为3个，则用2去除40得到弹性的间距为20，业务量可能值就取60、80、100这3个，编制出来的弹性预算就是业务量分别为60、80、100的一组共3个预算；如果业务量可能值为5个，则用4去除40得到弹性的间距为10，业务量可能值就取60、70、80、90、100这5个，编制出来的弹性预算就是业务量分别为60、70、80、90、100的一组共5个预算。

3. 编制预算

将所有预算项目划分为变动项目和固定项目，并确定了变动项目的弹性范围和业务量可能值之后，即可根据历史信息、预测信息和其他相关信息编制预算。编制时，变动项目采用弹性预算法，固定项目采用固定预算法。

四、弹性预算法的应用举例

【案例7-3】 某公司第一车间201×年1月份的人工工时正常为50 000工时，弹性范围为40 000～60 000工时，该月各项固定性制造费用和变动性制造费用的相关资料如表7-4所示。

表7-4 某公司第一生产车间201×年1月制造费用情况表(单位:元)

业务量(人工工时)	正常50 000，变动范围40 000～60 000	
费用项目	固定性制造费用总额	单位变动性制造费用(元/工时)
辅助材料		0.30
辅助人员工资		0.45
检验员工资		0.25
维修费	6 000	0.20
水电费	1 500	0.15
管理人员工资	15 000	
保险费	5 000	
折旧费	9 000	
设备租金	12 000	
合　计	48 500	1.35

试根据上述资料编制该车间1月份人工工时分别为正常水平的80%、90%、100%、110%、120%时的制造费用预算。

分析：

本例中，制造费用总额＝固定性制造费用＋单位变动性制造费用×人工工时，即 $y=a+b\cdot x$。根据这个公式编制该车间1月份制造费用预算如表7－5所示。

表7－5 某公司第一生产车间201×年1月制造费用预算表(金额单位:元)

人工工时的弹性范围	80%	90%	100%	110%	120%
人工工时的可能值	40 000	45 000	50 000	55 000	60 000
变动成本项目	40 000	45 000	50 000	55 000	60 000
辅助材料	12 000	13 500	15 000	16 500	18 000
辅助工人工资	18 000	20 250	22 500	24 750	27 000
检验员工资	10 000	11 250	12 500	13 750	15 000
混合成本项目	21 500	23 250	25 000	26 750	28 500
维修费	14 000	15 000	16 000	17 000	18 000
水电费	7 500	8 250	9 000	9 750	10 500
固定成本项目	41 000	41 000	41 000	41 000	41 000
管理人员工资	15 000	15 000	15 000	15 000	15 000
保险费	5 000	5 000	5 000	5 000	5 000
折旧费	9 000	9 000	9 000	9 000	9 000
设备租金	12 000	12 000	12 000	12 000	12 000
制造费用总额	102 500	109 250	116 000	122 750	129 500

表7－5中：

(1) 变动成本项目＝(0.3＋0.45＋0.25)×人工工时

(2) 混合成本项目＝(6 000＋1 500)＋(0.2＋0.15)×人工工时

(3) 固定成本项目＝15 000＋5 000＋9 000＋12 000＝41 000

(4) 制造费用总额＝48 500＋1.35×人工工时

其中：

(1) 辅助材料项目＝0.3×人工工时

(2) 辅助人员工资项目＝0.45×人工工时

(3) 检验员工资项目＝0.25×人工工时

(4) 维修费项目＝6 000＋0.2×人工工时

(5) 水电费项目＝1 500＋0.15×人工工时

(6) 管理人员工资项目＝15 000

(7) 保险费项目＝5 000

(8) 折旧费项目＝9 000

(9) 设备租金项目＝12 000

【案例7-4】 乙公司预算年度某产品销售量变动的范围在40 000～60 000件之间，销售单价为15元，单位变动成本9元，固定成本总额100 000元。试编制该公司销售量弹性的间距为5 000件时的年度利润预算。

分析：

销售量弹性的间距为5 000件，则销售量的可能值就有40 000件、45 000件、50 000件、55 000件、60 000件这五个水平。据此编制乙公司的利润预算如表7-6所示。

表7-6 乙公司某年度利润预算表(金额单位:元)

销售量可能值(件)	40 000	45 000	50 000	55 000	60 000
销售单价	15	15	15	15	15
单位变动成本	9	9	9	9	9
销售收入	600 000	675 000	750 000	825 000	900 000
减:变动成本	360 000	405 000	450 000	495 000	540 000
边际贡献	240 000	270 000	300 000	330 000	360 000
减:固定成本	100 000	100 000	100 000	100 000	100 000
营业利润	140 000	170 000	200 000	230 000	260 000

【案例7-5】 某公司生产多种产品，某年度正常的销售收入为15 000万元，加权平均变动成本率为60%，固定成本为3 500万元。试编制该公司销售收入的弹性范围为正常销售收入的80%～120%、弹性间距为10%时的年度利润预算。

分析：

销售收入的弹性范围为正常销售收入的80%～120%、弹性间距为10%，意味着销售收入有五种可能值，它们分别为正常销售收入的80%、90%、100%、110%和120%。据此编制该公司的年度利润预算如表7-7所示。

表7-7 某公司年度利润预算表(金额单位:万元)

销售收入弹性范围	80%	90%	100%	110%	120%
销售收入可能值	12 000	13 500	15 000	16 500	18 000
减:变动成本(60%)	7 200	8 100	9 000	9 900	10 800
边际贡献(40%)	4 800	5 400	6 000	6 600	7 200
减:固定成本	3 500	3 500	3 500	3 500	3 500
利润总额	1 300	1 900	2 500	3 100	3 700

五、采用弹性预算法应注意的问题

采用弹性预算法应该注意两个问题:一是变动项目和固定项目划分的合理性。因为固定项目的预期发生额(量)基本不会发生变动或变动范围很小，所以，通常都采用固定预算法来编制预算。而变动项目的预期发生额(量)通常会发生较大的变动，需要采用弹性预算法来编制预算。如果对变动项目和固定项目的划分不合理，就会误将变动项目按照固定预算法来编制预算，或者误将固定项目按照弹性预算法来编制预算，从而使整个预算失去了编制的合理性。二是弹性范围的合理性和业务量可能值的可靠性。因为弹性范围的合理性和业务量可能值的可靠性都会直接影响预算编制的质量，进而影响预算管理作用的发挥，因此，采用弹性预算法必须确定一个合理的弹性范围，选择几个可靠的业务量可能值。

子任务三　定基预算法

一、定基预算法的概念和特点

1. 概念

定基预算法又称为增减调整预算法，它是以基期（一般是上期）各个预算项目的实际数或估计数为基础，结合预算期内生产经营环境可能发生的变化，对各个预算项目的基期实际数或估计数进行适当的增减调整后形成预算期的预算数的一种预算编制方法。

定基预算法为什么需要以基期的估计数为基数？这是因为，在按年来编制预算的情况下，通常是在上年年末（一般是第四季度）就开始着手编制下一年的预算，编制预算时，上年的预算还没有执行完毕，全年的实际执行结果还没有出来，因此就需要根据已执行完成的月份的实际执行结果来估计全年的实际执行结果，并以此为基数来进行增减调整，编制下一年的预算。所以，如果是以上年为基期，那么，基数就是上年实际执行结果的估计数。

2. 特点

定基预算法的特点就是以基期的实际数或估计数为预算编制的基数，在这个基数的基础上进行增减调整后作为预算期的预算数。定基预算法下，预算期的预算数可以用以下公式反映：

预算期的预算数＝基期的实际数或估计数×（1±预算期增减调整的百分比）

或者

预算期的预算数＝基期的实际数或估计数±预算期增减调整的金额

二、定基预算法的优缺点与适用范围

1. 优点

定基预算法以基期的实际数或估计数为基数，考虑预算期生产经营环境可能发生的变化，对这个基数进行适当的增减调整后确定预算期的预算数。这种编制方法比较简单易行，可以减少预算编制的工作量，提高预算编制的效率，因此，在实际工作中被许多单位广泛运用。

2. 缺点

(1) 容易导致基期的一些不合理的发生数在预算期得以继续发生。定基预算法的一个基本前提就是承认基期的全部或大部分实际发生数或估计发生数的合理性，但实际上这些实际发生数或估计发生数往往不都是合理的，总有一些不合理的成分的存在，采用定基预算法来编制预算，不加分析地保留基期全部或大部分的发生数，就会导致基期的那些不合理发生数继续存在。

(2) 容易导致预算编制的随意性，使预算偏离实际。定基预算法是对基期的实际或估计发生数进行适当的增减调整，然后确定预算期的预算数的一种方法。它很容易使预算编制人员产生随意增减的心理，对基期的实际或估计发生数是否存在合理性不进行认真的分析，对预算期的实际需要也不加以合理判断，为了省去预算编制的麻烦，在基期的实际或估计发生数的基础上随意增减一个数就作为预算期的预算数，从而使预算编制带有较大的随意性，最终的结果就是造成预算偏离实际。

(3) 容易导致新增预算项目被忽视。定基预算法是建立在原有预算项目的基础上而采用的一种预算编制方法，因此，它很容易导致预算编制人员忽视新增的预算项目，使一些在预算期内有可能或者有必要发生的收支项目因为得不到重视而没有被纳入预算体系，从而使这些收支项目失去了预算的控制。

3. 适用范围

由于定基预算法是建立在原有预算项目的基础上，对原有预算项目的基期实际或估计发生数进行适当的增减调整后作为预算期预算数的一种预算编制方法，因此，它只适用于预算期内变动幅度较小甚至基本不发生变动的原有预算项目的预算，不适用于新增预算项目的预算，也不适用于预算期内变动幅度较大的原有预算项目的预算。

三、定基预算法的基本原理

1. 确定适合采用定基预算法的预算项目

由于定基预算法只适用于预算期内变动幅度较小甚至基本不发生变动的原有预算项目的预算，因此，在选择预算编制方法之前，首先要对基期的预算项目进行逐个地分析，判断哪些预算项目在预算期内的发生数变动幅度较小甚至基本不发生变动，然后确定适合采用定基预算法的预算项目。

2. 确定增减调整的幅度

对适合采用定基预算法的预算项目，要认真分析其基期实际或估计发生数的合理性，对那些不合理的发生数要加以剔除，而对那些合理的发生数要予以保留；同时，要合理判断适合采用定基预算法的预算项目在预算期内的实际需要。在此基础上合理确定增减调整的幅度，即合理确定增减调整的金额或比例。

3. 确定预算数、编制预算

根据基期的实际或估计发生数和所确定的增减调整金额或比例，运用公式“预算期的预算数＝基期的实际数或估计数×(1±预算期增减调整的百分比)”或者“预算期的预算数＝基期的实际数或估计数±预算期增减调整的金额”来确定预算期的预算数，进而编制预算。

四、定基预算法的应用举例

【案例7-6】 某公司第一生产车间2013年11月编制2014年的制造费用预算时，根据11个月的实际发生数估计2013年整个车间的制造费用为35 000元，劳动工时为140 000工时。根据2014年的生产预算，该车间2014年的劳动工时预计为180 000工时。根据公司下达的成本降低目标，该车间2014年制造费用要在2013年的基础上降低5%。试计算确定该车间2014年度制造费用的预算数。

分析：

首先，根据2013年的估计数计算单位工时应分摊的制造费用金额如下：

35 000÷140 000＝0.25(元)

其次,根据公司下达的成本降低目标计算确定2014年的单位工时制造费用目标如下:

0.25×(1−5%)=0.237 5(元)

最后,根据2014年的单位工时制造费用目标和预计的劳动工时计算确定2014年制造费用的预算数如下:

0.237 5×180 000=427 50(元)

以上三个步骤的计算过程可以组合在以下公式计算:

(35 000÷140 000)×(1−5%)×180 000=42 750(元)

案例7-6的计算采用2013年平均每个工时发生的制造费用乘以2014年预计的劳动工时来求得2014年的制造费用预算数。这种计算办法假定制造费用的发生数与劳动工时的发生数存在线性的相关关系,但实际上,由于制造费用既包括变动性制造费用,也包括固定性制造费用,其中,固定性制造费用(比如固定资产的折旧费用等)与劳动工时并无直接的关系,因此,制造费用发生数与劳动工时发生数之间虽然存在一定的相关关系,但并非线性的相关关系。所以,采用这种计算办法来计算确定2014年的制造费用预算数会降低预算的合理性。为了克服这种弊端,应该先将35 000元的制造费用分解为变动性制造费用和固定性制造费用,对变动性制造费用可以合理确定其降低目标,而对固定性制造费用则保留其原有发生数(假设预算期不发生导致固定性制造费用变动的经济事项),然后再计算单位工时应分摊的变动性制造费用,并以此为依据计算确定2014年制造费用的预算数。

【案例7-7】 承案例7-6,假设该公司该车间2013年估计发生的35 000元制造费用中,有28 000元属于变动性制造费用,有7 000元属于固定性制造费用,公司给该车间下达的变动性制造费用的降低目标为6%,其他条件不变,试重新计算确定该车间2014年制造费用的预算数。

分析:

该车间2014年制造费用的预算数可计算如下:

28 000÷140 000×(1−6%)×180 000+7 000=41 560(元)

【案例7-8】 某公司2013年销售收入为1 000万元,销售费用率为5%。2014年公司要求销售收入在上年的基础上提高20%,销售费用率在上年的基础上降低10%。试计算确定该公司2014年销售收入和销售费用的预算数。

分析:

销售收入预算数=1 000×(1+20%)=1 200(万元)

销售费用预算数=1 200×5%×(1−10%)=54(万元)

本例中,如果销售费用不完全属于变动费用,则需按照案例7-7所介绍的办法计算确定2014年销售费用的预算数。

五、采用定基预算法应注意的问题

采用定基预算法需要注意两个问题:一是准确判断适合采用定基预算法的预算项目,二是合理确定增减调整的幅度。预算项目很多,究竟哪些预算项目适合采用定基预算法,需要对各个预算项目的业务发生特点和规律进行认真分析之后做出可靠的判断。增减调整的幅度直接影响预算数的准确性和合理性,需要对基期发生数的合理性进行认真分析,同时对预算期的生产经营环境做出可靠分析之后再进行可靠的、合理的估计。

子任务四　零基预算法

一、零基预算法的概念和特点

1. 概念

零基预算法是根据预算项目在预算期内的实际需要和现实的可行性，以零为基数（而不是以前期的实际数或估计数为基数）来合理确定预算项目的预算数的一种预算编制方法。零基预算法的全称应为“以零为基数编制预算的方法”，它与定基预算法是一对相互对立的预算编制方法。

比如，办公费这个项目，假设基期的发生数为 10 万元，在 10 万元的基础上增加 2 万元，按照 12 万元来做预算，这是定基预算法。但如果不考虑基期的发生数，完全根据预算期的实际需要和现实的可行性，对构成办公费的各项开支逐项进行估计之后再将它们汇总起来，把汇总所得到的数当做办公费的预算数，这就是零基预算法。假设办公费主要由材料费用、茶水费用和其他费用三个项目构成，根据预算期的实际需要和现实的可行性，估计材料费用 8 万元、茶水费用 3 万元、其他费用 1 万元，合计 12 万元，把 12 万元当做办公费的预算数，这种编制预算的方法就是零基预算法。

2. 特点

零基预算法的特点就是“以零为基数编制预算”，一般不考虑基期的发生数，只考虑预算期的实际需要和现实的可行性。与定基预算法相比，零基预算法的编制基数是零，而定基预算法的编制基数则是基期的发生数；零基预算法需要逐项分析、逐项估计，然后把各项的估计数汇总起来作为预算数，而定基预算法则通常只进行总体分析、总体估计，在基期发生数的基础上进行适当的增减调整后作为预算数。不妨做个比喻，定基预算法是在一幅已完成的画卷上进行修改、加工、润色，使其艺术品位和欣赏价值得到升华；而零基预算法则是在一幅洁白的画布上进行艺术构思，然后布图、落笔、提炼，直至勾画出一幅美丽的图画。

二、零基预算法的优缺点及适用范围

1. 优点

与定基预算法相比，零基预算法不受前期发生数的约束，可以根据预算期的实际需要对预算项目进行重新评价，从零开始对预算项目的可能发生数进行观察、分析和确定，有助于增强员工的投入产出意识和成本效益观念，避免由于采用定基预算法而有可能出现的随意增减一个数作为预算数的现象，使预算更加切合预算期的实际需要，从而有助于提高预算管理的水平。

2. 缺点

由于零基预算法在编制预算时需要根据实际情况对预算项目进行重新评价，从零开始对预算项目的可能发生数进行观察、分析和确定，这就使预算编制所花费的时间和精力较多，而且在重新评价各个预算项目的实际需要、进而确定各个预算项目的预算数时，可能会存在一定程度的主观性，给预算协调机构带来一定的协调障碍。

3. 适用范围

零基预算法一般适用于以下三种预算项目的预算编制：一是发生数变化较大的经常性预

算项目(即前述变动项目);二是非经常性预算项目,比如专项开支的项目,它们没有比较可靠的基数,不适合采用定基预算法,只能采用零基预算法;三是重大或特殊的预算项目,比如重大投资项目、重大采购项目、并购重组项目等,它们也没有比较可靠的基数,不适合采用定基预算法,只能采用零基预算法。

虽然人们普遍认为零基预算法比定基预算法更有助于提高预算编制质量,但在实践中,零基预算法并没有得到更为广泛的应用。原因可能有两个方面,一是零基预算法本身存在预算编制花费的时间和精力较多,而且在编制预算数时可能会存在一定程度的主观性等缺点,使预算编制单位或人员不愿意采用这种方法;二是由于预算编制单位或人员在实践中形成了较为稳定的思维方式和工作习惯,不愿意改变现有的思维方式和工作习惯,编制预算时依然沿袭以往的定基预算法,对基期发生数进行适当调整后就编制出预算期的预算。零基预算法的这种受冷落的局面正在逐步地得到改变,目前,已经有越来越多的单位尝试着采用零基预算法来编制预算。

近年来,在实践中产生了一种"基础预算法",该方法将零基预算法和定基预算法结合起来运用,扬长避短,是一种值得借鉴的方法。基础预算法在编制预算时,以维持预算单位生存所必需的最低限度的基本费用作为基础数据,在此基础上再从实际需要出发,考虑增加的每一项经济业务的必要性以及所需的费用水平,并对该项经济业务进行成本效益分析之后,才根据其所需的费用水平来确定它的预算数。

三、零基预算法的基本原理

1. 确定适合采用零基预算法的预算项目

零基预算法一般适用于以下三种预算项目的预算编制:一是发生数变化较大的经常性预算项目,二是非经常性预算项目,三是重大或特殊的预算项目。因此,在选择预算编制方法之前,首先要对基期的预算项目进行逐个的分析,判断哪些预算项目在预算期内的发生数可能会变动较大;其次要详细了解预算期内的生产经营活动,对非经常性的生产经营活动以及重大或特殊的生产经营活动要做出可靠的判断,然后确定适合采用零基预算法的预算项目。

2. 分析适合采用零基预算法的预算项目在预算期内的实际需要并评估这种需要的现实可行性

预算项目在预算期内的实际需要是预算编制的重要依据,因此,在编制预算之前必须要认真分析适合采用零基预算法的各个预算项目在预算期内的实际需要,并根据这种实际需要来估计预算期内的发生数。当资源(资金)不能全部满足各个预算项目的实际需要时,要对各个预算项目的估计发生数进行成本效益分析,根据成本效益分析的结果把各个预算项目划分为可避免项目和不可避免项目,再把不可避免项目划分为重点项目和非重点项目,然后按照轻重缓急的原则,排出资源(资金)安排的先后顺序。对重点项目必须足额地安排预算,对非重点项目可酌情安排或延缓安排预算,对可避免项目不安排预算。

3. 确定预算数、编制预算

根据"重点项目足额安排预算、非重点项目酌情安排或延缓安排预算、可避免项目不安排预算"的原则,合理确定有关预算项目的预算数,进而编制预算。

四、零基预算法的应用举例

【案例7-9】 C公司拟采用零基预算法对历年严重超支的业务招待费、劳动保护费、办公费、广告费、保险费等间接费用项目编制销售及管理费用预算,以有效地降低费用开支水平。经过自下而上又自上而下多次反复讨论研究,预算人员确定上述费用在预算年度开支水平如表7-8所示。

表7-8 C公司某年度预计销售及管理费用开支表(单位:元)

费用项目	开支金额
1. 业务招待费	175 000
2. 劳动保护费	125 000
3. 职工培训费	80 000
4. 办公费	100 000
5. 广告费	300 000
6. 保险费	150 000
合　计	930 000

经过充分论证,上述费用中,劳动保护费、办公费和保险费属于不可避免的重点项目,必须全额保证;业务招待费、职工培训费和广告费属于不可避免的非重点项目,需进行成本效益分析后再酌情安排,分析情况见表7-9。

表7-9 C公司某年度有关预算项目成本效益分析表(单位:元)

费用项目	费用金额	收益金额
职工培训费	100	200
业务招待费	100	400
广告费	100	400

假定C公司上述六项费用可安排的资金只有800 000元,试编制这六项费用的预算。

分析:

根据“重点项目足额安排预算、非重点项目酌情安排或延缓安排预算、可避免项目不安排预算”的原则,劳动保护费、办公费和保险费属于不可避免的重点项目,必须足额安排资金。这三项费用需安排的预算金额合计为

125 000+100 000+150 000=375 000(元)

剩余可安排给另外三项费用的预算金额为800 000-375 000=425 000(元)。

广告费、业务招待费和职工培训费都属于不可避免的非重点项目,根据表7-9的成本效益分析结果,这三项费用都有比较明显的投入产出效益,但广告费和业务招待费的投入产出效益相对较大,职工培训费的投入产出效益相对较小,可根据三者之间的投入产出效益比例来计算分配每一项费用应安排的预算金额。

$$分配比例=\frac{某项费用的投入产出效益}{各项费用的投入产出效益合计}\times 100\%$$

分配金额=剩余可供安排的预算金额总额×分配比例

据此计算广告费、业务招待费和职工培训费应安排的预算金额分别如下:

(1) 广告费应安排的预算金额:

425 000×[400÷(200+400+400)]=170 000(元)

(2) 业务招待费应安排的预算金额：

425 000×[400÷(200+400+400)]=170 000(元)

(3) 职工培训费应安排的预算金额：

425 000×[200÷(200+400+400)]=85 000(元)

上述六项费用的预算编制过程可列表反映如表7-10所示。

表7-10　C公司某年度销售及管理费用预算表(单位:元)

费用项目		初步预算数 (总预算数930 000元)	调整后的预算数 (总预算数800 000元)
重点项目	劳动保护费	125 000	125 000
	办公费	100 000	100 000
	保险费	150 000	150 000
	小计	375 000	375 000
剩余可供安排的资金		555 000	425 000
非重点项目	职工培训费	80 000	85 000
	业务招待费	300 000	170 000
	广告费	175 000	170 000
	小计	555 000	425 000
总计		930 000	800 000

五、采用零基预算法应注意的问题

零基预算法是以零为基数编制预算的方法，其特点是不考虑基期的发生数，只考虑预算期的实际需要和现实的可行性。零基预算法一般适用于发生数变化较大的经常性项目、非经常性项目和重大或特殊项目的预算编制。在采用零基预算法的过程中，应当注意以下三个问题：第一，要正确选择适合采用零基预算法的预算项目；第二，要准确掌握外部市场信息和内部经营信息，为编制零基预算提供准确可靠的信息来源；第三，要合理制定各项资源的消耗定额，为编制零基预算提供科学的参考依据和控制标准；第四，要认真分析有关预算项目在预算期内的实际需要，并评估这种实际需要的现实可行性，为合理安排预算资金提供可靠、充分的事实依据。

子任务五　定期预算法

一、定期预算法的概念和特点

1. 概念

定期预算法又称静态预算法，是以一个会计年度作为一个固定的、独立的预算期，每年定期在年末编制下一年度预算的一种预算编制方法。

比如，在实际工作中，很多单位都是定期在第四季度甚至更早的时间就开始着手编制下一年度的预算，这种定期编制下一年度预算的方法就是定期预算法。

2. 特点

定期预算法的特点是预算期与会计年度一致，不同会计年度的预算是定期、分开、单独编制的，因而是相互独立的。

二、定期预算法的优缺点及适用范围

1. 优点

定期预算法的优点是预算期与会计年度一致，会计信息能够直接反映预算的实际执行结果，有利于将会计信息所反映的实际执行结果与预算数进行比较，也有利于利用会计信息进行预算的考评。此外，由于定期预算法只定期在年末编制一次预算，所以，它还有助于减少预算编制的工作量和降低整个预算管理的复杂程度。

2. 缺点

(1) 定期预算法可能会使管理者为了追求某一个预算年度的显著效益而忽略下一个预算年度的持续效益，从而削弱年度预算之间资源配置的连续性，使企业的生产经营管理出现一些短期行为。

(2) 定期预算法还有可能导致资源的浪费。有一种现象——姑且称之为“期末狂欢现象”——值得注意：年度预算的执行临近年末时，如果预算指标（主要是指资源消耗性指标）的控制额度还有剩余，执行部门和执行人员往往会采取突击行动，将尚未消耗完的预算控制额度，无论需要与否，都尽可能地花光耗尽，以防下期预算中被砍掉，给下期预算的执行造成压力，其结果必然导致资源的严重浪费。

(3) 定期预算法不利于对预算进行实时的、动态的调整和修正。定期预算法由于每年都定期在年末编制预算，不利于建立实时的、动态的预算调整修正机制，在过于强调预算刚性的情况下，不利于及时发现并调整修正预算执行过程中出现的偏差，从而使预算脱离实际。

3. 适用范围

定期预算法是被各类单位广泛运用的一种预算编制方法。理论上说，不管哪一个单位，都可以采用定期预算法来编制预算。但由于这种方法本身存在上述缺点，一些对管理要求比较高、而且具备较高的预算管理技术水平的单位，更倾向于采用下节所介绍的滚动预算法。此外，从定期预算法的第三个缺点来看，它更适用于那些生产经营活动相对比较稳定、预算执行过程中不会出现较大偏差的单位。

三、采用定期预算法应注意的问题

针对定期预算法存在的三个缺点，在采用定期预算法时，首先要注意提高预算编制的质量（即提高预算编制的准确性），只有预算编制准确了，执行过程中出现偏差的可能性才会很小，需要实时、动态调整和修正的次数也才会变少；而且，只有预算编制准确了，“期末狂欢现象”才能得到杜绝。其次，要注意保持年度预算之间资源配置的连续性，防止短期行为的发生。再次，要培育健康的预算管理心态，提倡开源节流的良好风尚，增强各级预算管理单位和人员的全局观念，对年末剩余的预算控制额度要严加控制，有效防止“期末狂欢现象”的发生。

子任务六 滚动预算法

一、滚动预算法的概念和特点

1. 概念

滚动预算法又称动态预算法、永续预算法或连续预算法，是一种随着时间的推移，逐月或逐季地调整、修正现有预算，同时追加编制一个新的月份或季度的预算，从而使预算期始终都保持着 12 个月或 4 个季度时间跨度的一种预算编制方法。

2. 特点

滚动预算法的特点主要有预算期的连续性、时间跨度的固定性、预算调整的动态性、预算编制的追加性。即预算期是连续不断的，始终保持在 12 个月或 4 个季度时间跨度的状态上，预算每执行完 1 个月或 1 个季度，都要全面分析实际执行结果和预算发生偏差的程度和原因，并结合执行过程中出现的新情况、新问题和未来可以预知的生产经营环境的变化情况，动态地调整和修正剩余月份或季度的预算，然后再追加编制 1 个月或 1 个季度的预算，如此逐期向后滚动，使预算连续不断地规划单位未来 12 个月或 4 个季度的生产经营活动。

二、滚动预算法的优缺点及适用范围

1. 优点

(1) 有助于提高预算的准确性。滚动预算法需要在预算执行每过 1 个月或 1 个季度之后，都要根据该月或季的执行结果和执行中出现的新情况、新问题并结合未来生产经营环境可能发生的变化，对剩余 11 个月或 3 个季度的预算加以调整修正，同时追加编制第 12 个月或第 4 个季度的预算，这就使得原来较为粗糙的、准确度不太高的预算随着时间的推移经过每个月或季度的调整修正后会逐渐变得细致和准确，从而提高了预算的准确性。

(2) 有助于保持预算的连续性，克服预算管理过程中的短期行为。滚动预算法使预算管理模式由静态管理模式转变为动态管理模式，有助于管理人员从动态的预算中实时地把握单位未来生产经营活动的发展趋势，有效地配置各种资源，保持预算期内资源配置的连续性，使预算同单位的近期发展目标、长期发展战略有机地结合在一起，更好地发挥预算管理的作用。

(3) 有助于发挥预算的监控功能，提高预算的监控效果。滚动预算每执行完 1 个月或 1 个季度，都要对该月或季的执行情况进行监督检查，并根据监督检查的结果和未来生产经营环境可能发生的变化来调整修正剩余月份或季度的预算，使预算完全处于一种动态的、实时的监控状态之下，有利于加强对预算执行过程的监控，提高预算的监控效果。

2. 缺点

(1) 滚动预算法由于需要逐月或逐季地调整、修正现有预算，同时追加编制一个新的月份或季度的预算，因此，会大大增加预算管理的工作量，使预算管理工作变得更加繁琐。

(2) 滚动预算法的预算期始终都保持在 12 个月或 4 个季度时间跨度的状态上，这 12 个月或 4 个季度的时间跨度与会计年度的时间跨度不一致，容易造成预算监控、考评、奖惩所需的信息与会计信息脱节，不利于利用会计信息来进行预算的监控、考评和奖惩。

(3) 滚动预算法由于需要逐月或逐季地调整、修正现有预算，同时追加编制一个新的月份或季度的预算，因此，对预算管理的技术水平和信息化程度要求比较高，适用性比较差。

3. 适用范围

滚动预算法由于对预算管理的技术水平和信息化程度要求比较高，因此它只适用于那些预算管理技术水平较高、信息化程度也较高的单位。

三、滚动预算法的基本原理

首次采用滚动预算法编制预算时，先按 12 个月或 4 个季度的时间跨度编制出预算并付诸执行，随后，每当执行完 1 个月或 1 个季度的预算，都要根据该月或季的执行结果和执行中出现的新情况、新问题并结合未来生产经营环境可能发生的变化，对剩余 11 个月或 3 个季度的预算加以调整修正，并追加编制第 12 个月或第 4 个季度的预算，使总的预算期持续保持 12 个月或 4 个季度的时间跨度。

四、滚动预算法下预算的滚动方式

滚动预算法的一个基本技术问题就是预算的滚动方式问题。所谓预算的滚动方式，就是指预算执行每隔多长时间就要定期调整和修正剩余期间的预算并同时追加编制与剩余期间相连续的一个固定期间的预算。在实际工作中，常见的预算滚动方式主要有逐月滚动、逐季滚动和逐季分月滚动三种。

1. 逐月滚动方式

逐月滚动方式是指按年、分月编制预算，然后预算执行每隔 1 个月就要定期调整和修正剩余 11 个月的预算并同时追加编制第 12 个月的预算的方式。逐月滚动方式的示意图如图7－2所示。

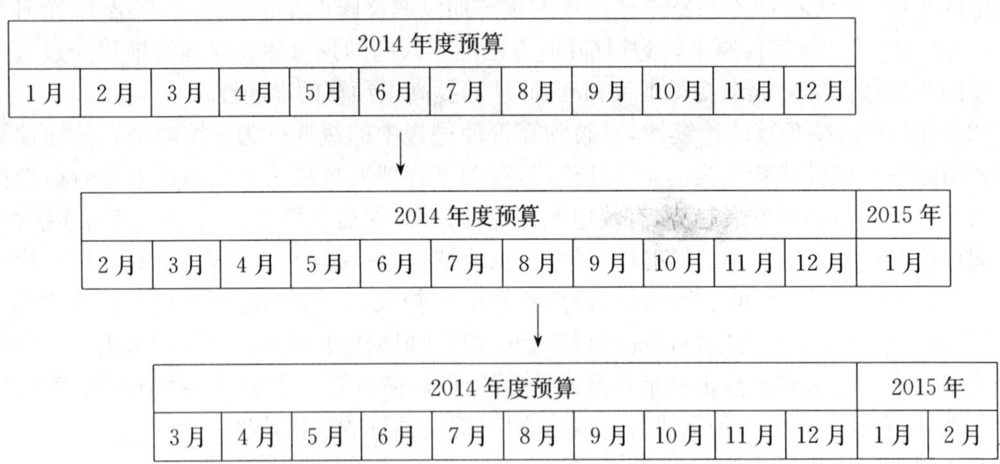

图 7－2 逐月滚动预算方式示意图

图 7－2 表明，假设某单位从 2014 年起采用滚动预算法，编制了 2014 年 1～12 月共 12 个月的预算并付诸执行。1 月末，根据该月预算的实际执行情况进行差异分析，并根据执行中出现的新情况、新问题和未来生产经营环境可能发生的变化，重新调整和修订 2～12 月的预算，同时追加编制 2015 年 1 月份的预算；2 月末又根据该月预算的实际执行情况进行差异分析，

并根据执行中出现的新情况、新问题和未来生产经营环境可能发生的变化，重新调整和修订2014年3月至2015年1月份的预算，同时追加编制2015年2月份的预算；……如此连续不断地逐月执行、逐月调整修订、逐月追加预算。这就是逐月滚动方式。

逐月滚动方式编制的预算精确度较高，但由于是逐月执行、逐月调整修订、逐月追加预算，使得预算管理的工作量较大、繁杂程度也较高。

2. 逐季滚动方式

逐季滚动方式是指按年、分季度编制预算，然后预算执行每隔1个季度就要定期调整和修正剩余3个季度的预算并同时追加编制第4个季的预算的方式。逐季滚动方式的示意图如图7-3所示。

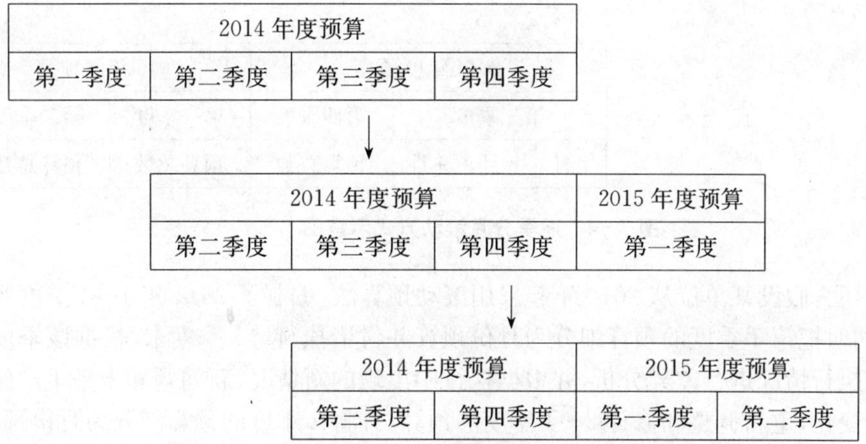

图7-3　逐季滚动方式示意图

图7-3表明，假设某单位从2014年起采用滚动预算法，编制了2014年1～4季度共4个季度的预算并付诸执行。1季度末，根据该季度预算的实际执行情况进行差异分析，并根据执行中出现的新情况、新问题和未来生产经营环境可能发生的变化，重新调整和修订2～4季度的预算，同时追加编制2015年1季度的预算；2季度末又根据该季度预算的实际执行情况进行差异分析，并根据执行中出现的新情况、新问题和未来生产经营环境可能发生的变化，重新调整和修订2014年3季度至2015年1季度的预算，同时追加编制2015年2季度的预算；……如此连续不断地逐季执行、逐季调整修订、逐季追加预算。这就是逐季滚动方式。

逐季滚动方式是逐季执行、逐季调整修订、逐季追加预算，工作量较小，预算管理的繁杂程度较低，但预算的精确度较低。

3. 逐季分月滚动方式

逐季分月滚动方式是指先按年、分季度编制预算，然后再在执行预算的那个季度把本季度的预算细分为月份预算并按月份预算来付诸执行，预算执行每隔1个季度(3个月份)就要定期调整和修正剩余3个季度的预算并同时追加编制第4个季的预算的方式。逐季分月滚动方式的示意图如图7-4所示。

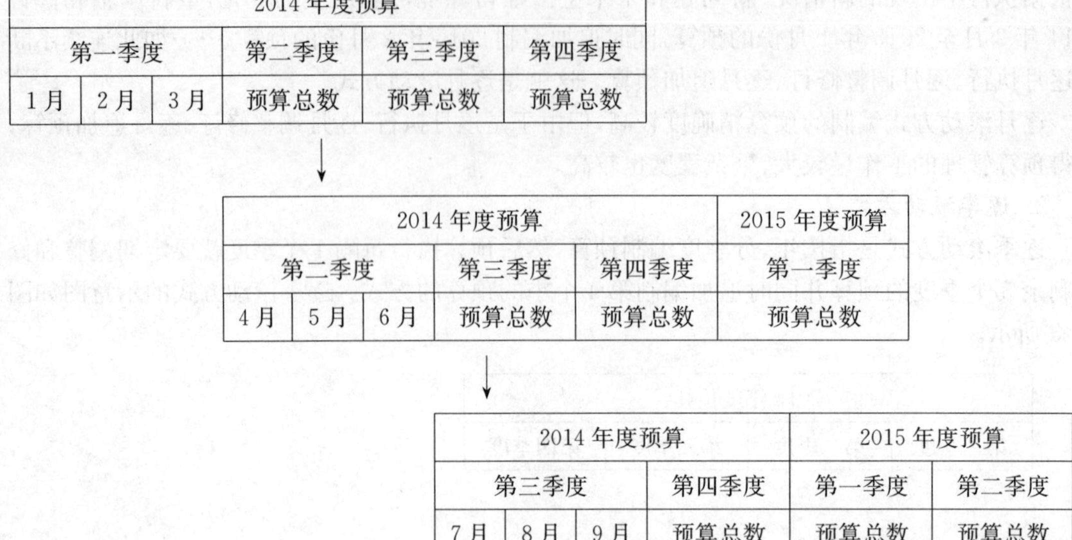

2014 年度预算					
第一季度			第二季度	第三季度	第四季度
1月	2月	3月	预算总数	预算总数	预算总数

↓

2014 年度预算					2015 年度预算
第二季度			第三季度	第四季度	第一季度
4月	5月	6月	预算总数	预算总数	预算总数

↓

2014 年度预算				2015 年度预算	
第三季度			第四季度	第一季度	第二季度
7月	8月	9月	预算总数	预算总数	预算总数

图 7-4 逐季分月滚动方式示意图

图 7-4 表明，假设某单位从 2014 年起采用滚动预算法，编制了 2014 年 1～4 季度共 4 个季度的预算，同时把第 1 季度的预算细分为月份预算并付诸执行。1 季度末，根据该季度 3 个月预算的实际执行情况进行差异分析，并根据执行中出现的新情况、新问题和未来生产经营环境可能发生的变化，重新调整和修订 2～4 季度的预算，并将 2 季度的预算细分为月份预算，同时追加编制 2015 年 1 季度的预算；2 季度末又根据该季度 3 个月预算的实际执行情况进行差异分析，并根据执行中出现的新情况、新问题和未来生产经营环境可能发生的变化，重新调整和修订 2014 年 3 季度至 2015 年 1 季度的预算，并将 2014 年 3 季度的预算细分为月份预算，同时追加编制 2015 年 2 季度的预算；……如此连续不断地逐季分月执行、逐季调整修订、逐季追加预算。这就是逐季分月滚动方式。

逐季分月滚动方式采用的是“长预算、短安排”的方式，即首先按年分季度来编制预算，然后再把执行的那个季度的预算细分为月份预算来做出精细的安排并付诸执行。这种“长预算、短安排”的方式又称为“远略近详”的预算管理方式，它既可以克服逐月滚动方式的工作量较大、繁杂程度较高的缺点，又可以克服逐季滚动方式的预算精确度较低的缺点，是一种介于逐月滚动方式和逐季滚动方式之间的折中方式，采用滚动预算法编制预算的单位可以采用这种滚动方式。

五、采用滚动预算法应注意的问题

采用滚动预算法首先要建立一支训练有素的预算管理队伍，并配备信息化程度较高的预算管理网络系统，因为滚动预算法需要对预算进行动态的、实时的监控、调整、修正、考评和编制，如果没有一支业务素质很好的预算管理队伍和一套信息化程度较高的预算管理网络系统，就很难成功地采用滚动预算法。其次，要对预算采取分月执行、按月考评的管理办法，保证当月的会计信息能够真实地反映当月预算的实际执行结果，保持会计信息与预算考评之间的高度相关性，防止会计信息不能真实反映预算的实际执行结果、进而不能满足预算考评的需要的现象发生。再次，要根据单位自身的业务规模、业务复杂程度、管理幅度大小、管理链条长短、信息化水平和整体管理水平的高低来选择有效的预算滚动方式，力求达到预算既精确、管理又高效的理想境界。最后，还要注意建立通畅、快速、可靠的信息交流网络，为动态的、实时的监控、调整、修正、考评和编制预算提供准确及时的相关信息。

任务三　执行与考核财务预算

企业在着手编制各项预算前，首先就应确定好企业的年度预算目标。年度预算目标源于企业的战略规划、受制于年度经营计划，是运用财务指标对企业及下属单位预算年度经营活动目标的全面、综合表述。通过预算目标，高层管理者可将战略和计划传达给整个组织；每个部门也可以明确在实现战略与计划中需要履行的预算方针与责任。

衡量年度预算目标的核心指标是目标利润。目标利润的测算，应在考虑企业投资者盈利要求及其战略安排的基础上，充分评判主客观条件，考虑其经济上的合理性、技术上的可行性和生产经营上的可能性，应根据企业总体指标和各分项指标的关系进行综合平衡，根据预算年度的生产经营活动及其财务活动进行确定。

假定在有关产品的销售价格、经营成本、产品销售结构等条件明确的情况下，企业未来一定时期(通常为一个预算年度)的目标利润通常可用下列方法进行测算。

一、量本利分析法

量本利分析法是根据有关产品的产销数量、销售价格、变动成本和固定成本等因素与利润之间的相互关系来确定企业目标利润的一种方法。具体计算式如下：

目标利润＝预计产品产销数量×(单位产品销售价格－单位产品变动成本)
－固定费用总额

二、比例测算法

比例测算法是利用利润指标与其他经济指标之间存在的内在比例关系来确定目标利润的方法。由于产品销售利润与产品销售收入的多少、产品成本水平、企业资金总量有着密切的关系，所以可以分别采用以下比例测算法测定企业的目标利润。

(1) 销售收入利润率法。它是利用销售利润与销售收入的比例关系来确定目标利润的方法。在其他条件不变的情况下，销售利润的多少完全取决于销售收入的多寡，两者成正比例变动。企业可根据上期或前几期的销售利润率，测算预算期的销售利润率，并据此确定预算期的销售利润率。具体计算式如下：

目标利润＝预计销售收入×测算的销售利润率

(2) 成本费用利润率法。它是利用利润总额与成本费用的比例关系来确定目标利润的方法。具体计算式如下：

目标利润＝预计营业成本费用总额×核定的成本费用利润率

上式中核定的成本费用利润率可参照同行业的平均水平或先进水平确定。

(3) 投资资本回报率法。它是利用利润总额与投资资本平均总额的比例关系来确定目标利润的方法。具体计算式如下：

目标利润＝预计投资资本平均总额×核定的投资资本回报率

根据投资资本回报率确定目标利润，实质上就是按投资者所期望的投资报酬率来测算目标利润，期望投资报酬率也可参照同行业的平均水平或先进水平确定。

(4) 利润增长百分比法。利润增长百分比法是根据有关产品上一期实际获得的利润总额或过去连续若干期间的平均利润增长幅度(即百分比)，并综合考虑影响利润的有关因素的预期变动来确定企业目标利润的方法。具体计算式如下：

目标利润＝上期利润总额×(1＋利润增长百分比)

【案例 7-10】 某企业预算年度计划以股本的10%向投资者分配利润，并新增留存收益800万元，企业股本8 000万元，所得税率20%，则可按下述步骤测算目标利润：

目标红利分配额＝8 000×10%＝800(万元)

净利润＝800＋800＝1 600(万元)

$$目标利润=\frac{1\,600}{1-20\%}=2\,000(万元)$$

三、销售预算

销售预算是为规划预算期销售活动而编制的一种业务预算。它是编制全面预算的关键和起点，企业其他预算均以销售预算为基础。销售预算是在销售预测的基础上，根据企业年度目标利润确定的预计销量、价格和预计销售收入等参数编制的，主要依据市场预测资料、销售合同、未交货的订货量，以及价格决策所确定的销售价格和货款收回的信用政策规定等。

编制销售预算时，应根据预算年度内市场预测的每期预计销量和单价，确定每期的预计销售收入；同时，为便于以后编制现金预算，还应根据各期的预计销售收入和货款收回的信用政策规定，确定每期的预计现金收入(即销售现金流量)。确定每期的预计销售收入和预计现金收入是销售预算的两个核心内容。

【案例 7-11】 假定W公司2014年(计划年度)只生产和销售一种产品，根据销售合同和市场预测，预计全年销量为10 000件，其中一季度2 000件、二季度2 500件、三季度3 000件、四季度2 500件；按价格决策确定该产品的预计价格为250元/件；根据货款收回的信用政策规定，预计每季的销售货款的60%可当期收回，其余的40%属于赊销但在下一季度可收回，上一年末的应收账款的余额为175 000元。

根据上述资料，编制该公司计划年度的销售预算如表7-11所示。

表 7-11　W公司销售预算表

2014年度　　　　金额单位：元

项　目	一季度	二季度	三季度	四季度	全　年
预计销量(件)	2 000	2 500	3 000	2 500	10 000
预计价格(元/件)	250	250	250	250	250
预计销售收入	500 000	625 000	750 000	625 000	2 500 000

（续表）

项 目		一季度	二季度	三季度	四季度	全 年
预计现金收入	收回上年应收账款	175 000				175 000
	一季度销售收现	300 000	200 000			500 000
	二季度销售收现		375 000	250 000		625 000
	三季度销售收现			450 000	300 000	750 000
	四季度销售收现				375 000	375 000
	现金收入合计	475 000	575 000	700 000	675 000	2 425 000

四、生产预算

生产预算是为规划预算期生产数量而编制的一种业务预算。它是按“以销定产”的原则，在销售预算的基础上，主要根据预算期各产品的预计销量及各产品在期初、期末的存货水平等资料编制的。具体计算公式为：

预计生产量＝预计销量＋预计期末结存量－预计期初结存量

说明：期末结存产品数量一般应按下一期预计销量的一定比例确定。

生产预算的主要内容是确定预算期各产品的预计生产量和各产品期初、期末的结存数量，前者是编制材料采购预算、直接人工预算、制造费用预算、生产成本预算等的基础和依据，后者是编制期末存货预算和预计资产负债表的基础和依据。

【案例7－12】 假定W公司2014年年初结存产品300件，预计每季度末结存产品数量分别为：一季度末500件、二季度末550件、三季度末500件、四季度末400件（说明：预计每期期末结存产品数量，通常按预算期的下一期的预计销量的一定比例来确定）；预计销量见表7－11。

根据上述资料，编制的W公司计划年度的生产预算如表7－12所示。

表7－12 W公司生产预算表

2014年度　　单位：件

项 目	一季度	二季度	三季度	四季度	全 年
预计销量	2 000	2 500	3 000	2 500	10 000
加：预计期末结存量	500	550	500	400	400
减：期初结存量	300	500	550	500	300
预计生产量	2 200	2 550	2 950	2 400	10 100

五、材料采购预算

材料采购预算又称直接材料预算，是为规划预算期材料消耗及材料采购情况而编制的业务预算。它预算的主要内容包括确定预算期各材料的生产需要量、期末需要结存的数量和各种材料的预计采购数量、采购金额等。此外，为便于后面编制现金支出预算，还应确定预算期材料采购的现金支出数。

材料采购预算是以生产预算为基础，依据预计的各产品生产量和单位产品材料耗用量（即材料消耗定额或用量标准），确定生产需要量；再根据材料的期初、期末结存量及预计的材料价格（或计划价格），确定材料的采购数量和采购金额；最后按采购材料的付款规定或信用政策约定，确定材料采购的现金支出情况。具体计算公式为：

某种材料的生产需要量＝预计生产量×单位产品材料耗用量

某种材料的预计采购量＝该材料的生产需要量＋期末结存量－期初结存量

说明：期末结存材料数量一般应按下一期材料的生产需要量的一定比例确定。

【案例7-13】 假定W公司2014年年初材料结存量720千克，本年各季末结存材料的预计数分别为：一季度末820千克、二季度末980千克、三季度末784千克、四季度末860千克（说明：预计每期期末结存材料数量，通常按预算期的下一期该种材料的预计生产需要量的一定比例来确定）；每季度材料采购款于当季付40%，剩余的60%于下一季度付清，上一年应付账款余额为120 000元，其他资料见表7-11、表7-12。

根据上述资料，编制的W公司计划年度的材料采购预算如表7-13所示。

表7-13 W公司材料采购预算表

2014年度　　金额单位：元

项 目		一季度	二季度	三季度	四季度	全 年
预计生产量（件）		2 200	2 550	2 950	2 400	10 100
材料消耗定额（kg/件）		5	5	5	5	5
预计生产需要量（kg）		11 000	12 750	14 750	12 000	50 500
加：期末结存量（kg）		820	980	784	860	860
减：期初结存量（kg）		720	820	980	784	720
预计材料采购量（kg）		11 100	12 910	14 554	12 076	50 640
材料计划单价（元/kg）		20	20	20	20	20
预计材料采购金额		222 000	258 200	291 080	241 520	1 012 800
预计现金支出	应付账款年初余额	120 000				120 000
	一季度购料付现	88 800	133 200			222 000
	二季度购料付现		103 280	154 920		258 200
	三季度购料付现			116 432	174 648	291 080
	四季度购料付现				96 608	96 608
	现金支出合计	208 800	236 480	271 352	271 256	987 888

六、直接人工预算

直接人工预算是规划预算期内人工工时消耗水平及直接人工成本支出的业务预算，其预算的内容主要是确定直接人工总成本。直接人工成本预算也是以生产预算为基础，根据产品的预计生产量、单位产品的工时定额（标准工时）和单位工时工资率或计件工资标准等有关产品的标准成本资料进行编制的。在通常情况下，企业往往要雇用不同工种的工人，因此要按工种类别分别计算不同工种的直接人工总工时数，然后将算得的直接人工总工时数分别乘以各工种的工资率，再予以合计，求得直接人工成本总数。具体计算公式为：

某产品的直接人工总工时＝该产品预计生产量×单位产品工时定额

某产品的直接人工总成本＝该产品直接人工总工时×单位工时工资率

产品的预计生产量来自生产预算，产品的工时定额是由生产工艺和技术水平决定的，应由生产部门和技术部门负责提供，单位工时工资率由人事部门负责提供。

【案例 7－14】 假定 W 公司在预算期内生产产品只需要一个工种，单位产品的工时定额为 6 小时/件，单位工时工资率为 5 元/小时，预计生产量见表 7－12。

根据上述资料，编制的 W 公司计划年度的直接人工预算如表 7－14 所示。

表 7－14　W 公司直接人工预算表

2014 年度

项　目	一季度	二季度	三季度	四季度	全　年
预计生产量(件)	2 200	2 550	2 950	2 400	10 100
单位产品工时定额(小时/件)	6	6	6	6	6
直接人工总工时(小时)	13 200	15 300	17 700	14 400	60 600
单位工时工资率(元/小时)	5	5	5	5	
预计直接人工总成本(元)	66 000	76 500	88 500	72 000	303 000

编制直接人工预算时，一般认为预算期的人工成本都是以现金发放的，也就是说人工成本中的现金支出就是预计的直接人工总成本，因此对人工成本中的现金支出不需再列示。另外还需要说明一下，进行直接人工成本预算时还应包括计提的应付福利费开支等内容。

七、制造费用预算

制造费用是指生产成本中除了直接材料、直接人工以外的间接生产费用项目。制造费用预算内容主要包括确定各个具体的变动及固定费用项目的预算数和预计的制造费用现金支出等。其编制依据是预算期预计的生产业务量(如直接人工工时数或机器工时数)、基期制造费用的实际水平、上级管理部门下达的成本降低率指标以及各费用项目的性质等。

为便于成本控制和考核，编制制造费用预算时，需要将各制造费用项目按成本性态分为变动制造费用和固定制造费用两大类，并分别进行编制。其中，各变动制造费用项目的预算数根据各明细项目预计的分配率标准乘以预算期预计的生产业务量确定；各固定制造费用项目的预算数可在基期实际水平的基础上根据预算期上级下达的成本降低率指标等有关因素加以适当修正确定。

$$某项变动制造费用的分配率=\frac{该项变动制造费用的预算总额}{业务量预算总额}$$

编制制造费用预算时，为方便现金预算编制，还要确定预算期内制造费用中的现金支出部分。为简化计算，一般将制造费用中扣除折旧费用后的余额，作为预算期内制造费用的现金支出。

八、产品成本预算

产品成本预算是反映预算期内各种产品的生产成本水平的一种业务预算。它是在生产预算、销售预算、直接材料预算、直接人工预算和制造费用预算的基础上编制的。预算内容主要包括各产品的单位成本，期初、期末产成品存货成本和各期销售成本水平等。

某产品的预计单位成本＝单位产品材料成本＋单位产品人工成本
＋单位产品耗用的变动制造费用＋单位产品分配的固定制造费用

预算期预计的销售成本＝期初结存产品成本＋本期产品生产成本
－期末结存产品成本

或　　预计销售成本＝预计销量×产成品存货的加权平均单位成本

公式中期初、期末结存产品成本和销售成本，应根据具体的存货计价方法确定，一般采用加权平均法计算，并进行单独列示。

九、销售及管理费用预算

销售及管理费用预算是反映整个预算期内销售产品和维持一般行政管理工作而发生的各项费用支出预算。其预算内容主要包括确定各个具体的变动及固定费用项目的预算数和预计的现金支出等。

该项预算与制造费用预算的编制方法相同，编制预算时，也需将各项销售及管理费用按成本性态分为变动费用和固定费用两大类，并分别进行编制。其中，各变动费用项目的预算数根据各项目预计的分配率标准乘以预算期预计的业务量确定；各固定费用项目的预算数可根据它在基期的实际发生水平、预算期上级下达的成本降低率指标和费用项目自身特点等因素进行调整确定。

十、专门决策预算

专门决策预算是为企业不经常发生的长期投资项目和一次性专门业务所编制的预算，主要用于反映建设项目或某项专门业务的资金投放与筹资计划等方面的内容，又称资本支出预算。它是编制现金预算和预计资产负债表的依据。

十一、现金预算

现金预算是为了反映企业在预算期内现金收支详细情况而编制的预算。其编制依据是业务预算中的销售预算、材料采购预算、直接人工预算、制造费用预算、销售及管理费用预算和专门决策预算。

现金预算的内容包括可用现金(或现金收入)、现金支出、现金余缺与现金融通和期末现金余额四个部分构成。

(1) 可用现金(或现金收入)。包括预算期的期初现金余额，加上本期预计可产生的现金收入，数据资料可从销售预算中获得。

(2) 现金支出。包括预算期预计可能发生的一切现金支出，如支付的材料款、直接人工工资、制造费用、销售及管理费用、项目投资、缴纳所得税和支付股利等，数据资料可从材料采购预算、直接人工预算、制造费用预算、销售及管理费用预算和专门决策预算中获得。

(3) 现金余缺与现金融通。用可用现金总额减去现金支出总额，与期末现金余额的限量比较，以决策分析预算期是否进行现金投放或现金筹资，如有多余，可用来进行短期投资或归还借款；如出现短缺，则需向银行借款或通过其他途径筹措资金。数据资料主要从专门决策预算中获得。

(4) 期末现金余额。用可用现金总额减去现金支出总额，再减去资金投入或归还借款，加上筹措的资金总额，即可求得期末现金余额。

上述四个部分之间的关系可表示为

现金余缺＝现金收入－现金支出

期末现金余额＝现金收入－现金支出＋现金筹措(现金不足时)

或　期末现金余额＝现金收入－现金支出－现金投放(现金多余时)

十二、预计利润表

预计利润表是用来综合反映预算期内企业最终经营成果的预算，又称利润预算。它是控制企业经营活动和财务收支的主要依据，是企业最主要的财务预算表。编制预计利润表的主要依据是业务预算中的销售预算、制造费用预算、产品成本预算、销售及管理费用预算和专门决策预算中所得税预算等。

十三、预计资产负债表

预计资产负债表是用来反映企业在预算期期末的财务状况而编制的预算。编制预计资产负债表的主要依据是以计划期的上一期期末(即基期期末)的资产负债表为基础，结合计划期各项业务预算、专门决策预算、现金预算和预计利润表中的资料进行调整编制。它是编制全面预算的终点。

【项目小结】

通过本章的学习，要求同学掌握财务预算相关的基本概念，财务预算在全面预算中的地位及作用，了解预算的编制方法及财务预算的具体编制。包括固定预算法、弹性预算法、定基预算法、零基预算法、滚动预算法等各种财务预算编制。

衡量年度预算目标的核心指标是目标利润。目标利润的测算，应在考虑企业投资者盈利要求及其战略安排的基础上，充分评判主客观条件，考虑其经济上的合理性、技术上的可行性和生产经营上的可能性，应根据企业总体指标和各分项指标的关系进行综合平衡，根据预算年度的生产经营活动及其财务活动进行确定。

【项目训练】

一、单选题

1. 在下列预算方法中，能够适应多种业务量水平并能克服固定预算方法缺点的是(　　)。

A. 弹性预算方法　　B. 增量预算方法

C. 零基预算方法　　D. 滚动预算方法

2. 下列预算中，不能既反映经营业务又反映现金收支内容的有(　　)。

A. 生产预算　　　　　　　　　　B. 销售预算

C. 材料采购预算　　　　　　　　D. 制造费用预算

3. 已知A公司销售当季度收回货款55%，下季度收回货款40%，下下季度收回货款5%，预算年度期初应收账款金额为28万元，其中包括上年第三季度销售的应收账款10万元，第四季度销售的应收账款18万元，则下列说法不正确的是(　　)。

A. 上年第四季度的销售额为40万元

B. 上年第三季度的销售额为200万元

C. 上年第三季度销售的应收账款10万元在预算年度第一季度可以全部收回

D. 预算年度第一季度收回的期初应收账款为28万元

4. 某商业企业编制"应交税金及附加预算"时，采用简捷法预计应交增值税，预计10月份含税销售收入总额为100万元，不含税采购额为60万元，适用的增值税率为17%，该企业应交增值税按不含税销售收入的5%估算，则预计10月份应交增值税为(　　)万元。

A. 4.27　　B. 5　　C. 6.8　　D. 4.33

5. 某企业编制"材料采购预算"，预计第四季度期初应付账款为10 000元，第四季度期初直接材料存量500千克，该季度生产需用量3 500千克，预计期末存量为400千克，材料单价(不含税)为8元，若材料采购货款及税金有70%在本季度内付清，另外30%在下季度付清，增值税税率为17%，则该企业预计资产负债表年末"应付账款"项目为(　　)元。

A. 11 160　　B. 8 160　　C. 9 547.2　　D. 12 547.2

6. 某企业编制"现金预算"，预计6月末现金余缺为−25万元。现金不足时，通过银行借款解决，借款额为5万元的倍数，6月末现金余额要求不低于10万元。假设企业每月支付一次利息，预计6月要归还借款利息1万元，则应向银行借款的最低金额为(　　)万元。

A. 40　　B. 35　　C. 55　　D. 75

7. 下列选项中，(　　)是全面预算体系的最后环节。

A. 确定目标利润　　　　　　　　B. 财务预算

C. 日常业务预算　　　　　　　　D. 专门决策预算

8. 下列项目中，原本属于日常业务预算，但因其需要根据现金预算的相关数据来编制，因此被纳入财务预算的是(　　)。

A. 财务费用预算　　　　　　　　B. 预计利润表

C. 销售费用预算　　　　　　　　D. 预计资产负债表

9. 固定预算中的"固定"是指(　　)。

A. 预算的费用金额固定　　　　　B. 编制预算所依据的业务量固定

C. 编制预算的时间基础固定　　　D. 编制预算的费用项目固定

10. 编制生产预算，预计生产量时需要估算确定的最关键的指标是(　　)。

A. 销售数量　　　　　　　　　　B. 期末存货量

C. 期初存货量　　　　　　　　　D. 目标利润

二、多选题

1. 在下列各项中，属于日常业务预算的有(　　)。

A. 销售预算　　B. 现金预算　　C. 生产预算　　D. 销售费用预算

2. 下列关于零基预算方法的叙述正确的有(　　)。

A. 不受已有费用项目和开支水平的限制

B. 能够调动各方面降低费用的积极性

C. 容易保护落后

D. 滋长预算中的“平均主义”和“简单化”

3. 在下列各项预算中,属于财务预算内容的有(　　)。

A. 销售预算　B. 生产预算　C. 现金预算　D. 预计利润表

4. 下列各项中,属于增量预算基本假定的有(　　)。

A. 预算期的费用预算是在现有费用的基础上调整的结果

B. 进行费用预算时,原确定的各项费用开支标准必须调整

C. 原有的各项开支都是合理的

D. 现有的业务活动为企业必须

5. 相对定期预算而言,滚动预算的优点有(　　)。

A. 透明度高　B. 及时性强

C. 预算工作量小　D. 连续性好、完整性和稳定性突出

6. 在编制现金预算的过程中,可作为其编制依据的有(　　)。

A. 日常业务预算　B. 预计利润表

C. 预计资产负债表　D. 专门决策预算

7. 某期现金预算中假定出现了负值的现金余缺额,单纯从财务预算调剂现金余缺的角度看,该期不宜采用的措施是(　　)。

A. 偿还部分借款利息　B. 偿还部分借款本金

C. 抛售短期有价证券　D. 购入短期有价证券

8. 从实用角度看,弹性预算主要适用于编制(　　)。

A. 材料采购预算　B. 收入预算

C. 成本费用预算　D. 利润预算

9. 与生产预算有直接联系的预算是(　　)。

A. 材料采购预算　B. 变动制造费用预算

C. 固定的销售及管理费用预算　D. 直接人工预算

10. 现金预算一般包括(　　)。

A. 期初现金余额　B. 现金收入

C. 现金支出　D. 现金不足或多余

三、判断题

1. 企业在编制零基预算时,需要以基期费用项目为依据,但不以基期的费用水平为基础。(　　)

2. 与固定预算方法相比,弹性预算方法具有预算范围宽和可比性强的优点。(　　)

3. 以预算期正常的、可实现的某一固定业务量水平为基础来编制预算的方法称为定期预算。(　　)

4. 总预算是根据企业目标所编制的经营、资本、财务等年度收支计划,包括专门决策预算、日常业务预算与财务预算三大类内容。(　　)

5. 生产预算是在销售预算的基础上编制的,按照“以销定产”的原则,则各期生产预算中

的预计产量应等于各期的预计销量。 ( )

6. 因管理费用多属于固定费用项目，因此管理费用预算一般是以过去的实际开支为基础，并按预算期的可预见变化来调整。 ( )

7. 产品成本预算既要反映各产品的单位生产成本与总成本，也要反映各产品的现金支出情况。 ( )

8. 生产预算是整个预算编制的起点，其他预算的编制都以生产预算作为基础。 ( )

9. 全面预算包括特种决策预算、总预算和日常业务预算。 ( )

10. 直接材料消耗及采购预算和直接工资及其他直接支出预算均同时反映业务量消耗和成本消耗，但后一种预算的支出均属于现金支出。 ( )

四、计算题

甲企业年有关预算资料如下：

(1) 该企业6～10月份的销售收入分别为80 000元、100 000元、120 000元、140 000元、160 000元，每月销售收入中，当月收到现金30%，下月收到现金70%。

(2) 各月直接材料采购成本按下一个月销售收入的60%计算，所购材料款于当月支付现金50%，下月支付现金50%。

(3) 该企业7～9月份的制造费用分别为8 000元、9 000元、8 400元，每月制造费用中包括折旧费2 000元。

(4) 该企业7月份购置固定资产，需要现金30 000元。

(5) 该企业在现金不足时，向银行借款(为1 000元的倍数)；现金有多余时，归还银行借款(为1 000元的倍数)，借款在期初，还款在期末，借款年利率12%。

(6) 该企业期末现金余额最低为12 000元，其他资料见表7-15。

表7-15 单位:元

月 份	7月	8月	9月
(1) 期初现金余额	14 000		
(2) 经营现金收入			
(3) 直接材料采购支出			
(4) 直接工资支出	4 000	7 000	5 600
(5) 制造费用支出			
(6) 其他付现费用	1 600	1 800	1 500
(7) 预交所得税			16 000
(8) 购置固定资产			
(9) 现金余缺			
(10) 向银行借款			
(11) 归还银行借款			

项目八 财务控制

导入案例

格雷公司专门从事服饰用品的生产。公司设有六个分部，护发用品部是其中之一。每个分部被设为投资中心，总部根据分部的投资报酬率，对其进行考核和奖励。只有投资报酬率最高的分部经理才能获得奖金并得到提升的机会。护发用品分部的经理弗雷德一直表现突出。在过去的两年里，其分部的投资报酬率是最高的，去年该分部的净利润为 256 万元，而平均营业资产为 1 600 万元。弗雷德对分部的业绩很满意。而且有迹象表明，如果他今年能再创佳绩，将被提升到总部工作。

弗雷德分部今年可获得的资本预算额为 150 万元，公司要求投资必须有 9%以上的投资报酬率。经过论证，该分部的营销人员和工程人员建议他将可获得的资本用于烫发夹的生产。该产品以前从未生产过，生产设备估计投入 120 万元，而该产品将带来 15.6 万元的利润。

研究该项建议后，弗雷德否决了新的投资项目。试解释弗雷德放弃新的投资项目的原因，并列示有关计算过程。

任务一 认识财务控制

一、财务控制概述

1. 财务控制的内涵

(1) 财务控制的概念和特征

财务控制是指企业对财务活动的控制，是按照一定的程序和方式确保企业及其内部机构和人员责任的全面落实，实现对企业资金的取得、投放、使用和分配过程的控制。

财务控制的特征如下：

① 财务控制以价值形式为控制手段。

② 财务控制以不同岗位、部门和层次的不同经济业务为综合控制对象。

③ 财务控制以控制日常现金流量为目的。

(2) 财务控制的作用

财务控制与财务预测、决策、预算和分析等环节共同构成财务管理的循环。财务预测、决策和预算可以为财务控制指明方向、提供依据和规划措施；财务控制可以确保有关财务目标和规划得以落实。

财务控制在企业的经济控制系统中能起到保证、促进、监督和协调的作用，是最具有连续性、系统性和综合性的控制子系统。

2. 财务控制的基础

财务控制的基础是指进行财务控制所必须具备的基本条件，包括以下内容。

(1) 组织基础。财务控制的首要基础是围绕控制目标建立有效的组织机构，以保证控制的有效性。

(2) 制度基础。内部控制制度是指企业为了顺利实施控制过程所进行的组织机构的设计、控制手段的采取及各种措施的制定。

(3) 预算目标。健全的财务预算目标是进行财务控制的依据。

(4) 会计信息。准确、及时、真实的会计信息是财务控制实施过程中的基本保障。

(5) 信息反馈系统。财务控制是一个动态的控制过程，要确保财务预算目标的贯彻实施，必须对各责任中心执行预算的情况进行跟踪监控，不断调整执行偏差。

(6) 奖励制度。奖励制度是保证控制系统长期有效运行的重要因素。

3. 财务控制的原则

(1) 经济原则。实施财务控制总是有一定的成本发生，企业应该根据其财务目标，有效地组织日常的财务控制，且只有财务控制的收益大于成本时，相关财务控制措施才是必要的、可行的。

(2) 目标管理及责任原则。企业的目标管理要求将财务预算层层分解，明确规定有关单位和个人应该承担的责任、控制义务及其相应应该享有的权利，使财务控制目标和相应的管理措施落到实处，作为考核的依据。

(3) 例外管理原则。企业日常财务控制涉及企业经营的各个方面。财务管理人员要将注意力集中在那些重要的、不正常的、不符合常规的预算执行差异上。通过例外管理，既可以通过分析实际脱离预算的差异达到日常控制的目的，也可以通过检查以分析预算的制定是否科学、先进。

4. 财务控制的种类

(1) 按照财务控制的内容分类

按照财务控制的内容可将财务控制分为一般控制和应用控制两类。

① 一般控制。一般控制是指对企业财务活动赖以进行的内部环境所实施的总体控制，因而亦称基础控制或环境控制。它包括组织控制、人员控制、财务预算、业绩评价、财务记录等项内容。这类控制的特征是并不直接地作用于企业的财务活动，而是通过应用控制对财务活动产生影响。

② 应用控制。应用控制是指直接作用于企业财务活动的具体控制，亦称业务控制，如业务处理程序中的批准与授权、审核与复核以及为保证资产安全而采用的限制接近等项控制。这类控制的特征，在于它们构成了业务处理程序的一部分，并都具有防止和纠正一种或几种错弊的作用。

(2) 按照财务控制的功能分类

按照财务控制的功能可将财务控制分为预防性控制、侦查性控制、纠正性控制、指导性控制和补偿性控制五类。判断一项控制措施到底属于哪种类型，主要是看采取这项控制措施的设计意图。

① 预防性控制。预防性控制是指为防范风险、错弊和非法行为的发生或尽量减少其发生机会所进行的一种控制。它主要解决“如何能够在一开始就防止风险和错弊的发生”这个问

题。预防性控制是由不同的人员或职能部门在履行各自职责的过程中实施的。预防性控制措施包括职责分离、授权批准等。虽然预防性控制能够在事前防止损失的发生，降低风险，但全面采取预防性控制是相当困难的，实践中很难做到百分之百的预防。因此，光有预防性控制是不够的，还必须有侦查性控制。

② 侦查性控制。侦查性控制是指为及时识别已存在的财务危机，已发生的错弊和非法行为，或增强识别风险和发现错弊机会的能力所进行的各项控制。在缺乏完善可行的预防性控制措施的情况下，侦查性控制是一种很有效的监督工具，它主要是解决"如果风险和错弊仍然发生，如何识别"的问题。例如，通过账账核对、实物盘点，发现记账错误和货物短缺；通过有关财务指标的分析识别存在的风险等。

③ 纠正性控制。纠正性控制是指对那些由侦查性控制查出来的问题的控制。通过实际执行的结果与设计标准的比较，对发现的差异予以适当的纠正。

④ 指导性控制。指导性控制是为了实现有利结果而采取的控制。前面的预防性控制、侦查性控制和纠正性控制是为了预防、检查和纠正不利的结果，而指导性控制却是为了实现有利结果。这种控制在实现有利结果的同时，也避免了不利结果的发生。

⑤ 补偿性控制。补偿性控制是针对某些环节的不足或缺陷而采取的控制措施。之所以需要这种控制，主要是为了把风险水平限制在一定范围内。对于某个特定系统而言，分析风险水平时，必须充分考虑由于存在薄弱环节将来可能会发生的问题。一项补偿性控制可以包含多个控制措施，也就是说可以把多重控制手段作为一项控制程序来看待。

(3) 按控制的时间分类

财务控制按控制的时间可分为事前财务控制、事中财务控制和事后财务控制三类。

① 事前财务控制。事前财务控制又称原因控制，是指企业单位为防止财务资源在质和量上发生偏差，在财务管理行为发生之前所进行的控制，是未来的导向。这种控制的目的是防止问题的发生。如财务收支活动发生之前的申报审批制度、产品设计成本的规划等。

② 事中财务控制。事中财务控制也称过程控制，是指财务管理行动进行之中采取的控制，这种控制在问题发生时马上进行纠正，以免发生重大损失。常见的控制方式是直接观察。如按财务预算要求监督预算的执行过程，对各项收入的去向和支出的用途进行监督，对产品生产过程中发生的成本进行约束等。

③ 事后财务控制。事后财务控制是指对财务活动结果进行分析、评价、考核、奖励，以进一步完善财务控制，充分调动各级各类部门的积极性。

二、责任中心概述

(一) 责任中心的内涵

1. 责任中心的含义

责任中心是指企业内部承担一定经济责任，并拥有相应管理权限和享受相应利益的责任单位。科学地划分不同责任层次，建立分工明确、相互关系协调的责任中心体系，是推动责任会计制度、确保其有效运作的关键。

2. 建立责任中心的条件

作为一个责任中心，应该具备以下四个条件：

(1) 有承担经济责任的主体，即有一个明确的责任者。

(2) 具有相对独立的资金运动,即存在一个承担经济责任的客观对象。

(3) 可以合理确定经济绩效,即具有考核经济责任的基本标准。

(4) 具有明确的职责和权限,即具有承担经济责任的基本条件。

3. 责任中心的特征

(1) 责任中心是一个职责、权利相统一的实体。

(2) 责任中心具有承担经济责任的条件。它有两方面的含义:一是责任中心具有履行经济责任中各条款的行为能力;二是责任中心具有一旦不能履行经济责任,能对其后果承担责任的能力。

(3) 责任中心所承担的责任和可行使的权利都应是可控的。

(4) 责任中心具有相对独立的经营业务和财务收支活动。

(5) 责任中心具有独立核算、业绩评价的能力。

(二) 责任中心的类别

根据企业内部责任单位的权责范围及业务活动的不同特点,责任中心一般分为成本中心、利润中心和投资中心三类。

1. 成本中心

(1) 成本中心的确定

一个责任中心,如果不形成或者不考核其收入,而着重考核所发生的成本和费用,这类中心称为成本中心。

成本中心往往是没有收入的。例如,一个生产车间,它的产成品和半成品并不是由自己销售,没有销售职能,也就没有货币收入。有的成本中心可能有少量收入,但不成为主要的考核内容。例如,生产车间可能会取得少量外协加工收入,但这不是它的主要职能,不是考核车间的主要内容。一个成本中心可以由若干个更小的成本中心组成。任何发生成本的责任领域,都可以确定为成本中心。大的成本中心可能是一个分公司,小的成本中心可能是一台卡车和两个司机组成的单位。成本中心的职责,是用一定的成本去完成规定的具体任务。

(2) 成本中心的特点

成本中心相对于利润中心和投资中心有其自身的特点,主要表现在以下几个方面。

① 成本中心只考核成本费用而不考核收益。

② 成本中心只对可控成本负责。

凡是责任中心能够控制的各种耗费,称为可控成本;凡是责任中心不能控制的各种耗费,称为不可控成本。可控成本应同时具备四个条件:第一,可以预计;第二,可以计量;第三,可以施加影响;第四,可以落实责任。

③ 成本中心只对责任成本进行考核和控制。

(3) 成本中心的类型

成本中心有两种类型:标准成本中心和费用中心。

① 标准成本中心。标准成本中心是指那些生产的产品稳定而明确,并且已经知道单位产品所需投入量的责任中心。通常,标准成本中心的典型代表是制造业工厂、车间、工段、班组等。在生产制造活动中,每个产品都可以有明确的原材料、人工和间接制造费用的数量标准和价格标准。实际上,任何一种重复性活动都可以建立标准成本中心,只要这种活动能够计量产出的实际数量,并且能够说明投入和产出之间可望达到的函数关系。因此,各种行业都可能建

立标准成本中心。银行业根据经手支票的多少，医院根据受检查或放射治疗人数的多少，快餐业根据售出盒饭的多少等等，都可以建立标准成本中心。

② 费用中心。费用中心是指那些产出物不能用财务指标来衡量，或者投入和产出之间没有密切关系的责任中心。这些中心包括一般行政管理部门，如会计、人事、劳资、计划等；研究开发部门，如设备改造、新产品研制等；以及某些销售部门，如广告、宣传、仓储等。一般行政管理部门的产出难以度量，研究开发和销售活动的投入量和产出量之间没有密切的联系。对于费用中心，唯一可以准确计量的是实际费用，无法通过投入和产出的比较来评价其效果和效率，进而限制无效费用的支出，因此，有人称之为“无限制的费用中心”。

(4) 责任成本

责任成本是以具体的责任中心(部门、单位或个人)为对象，以其承担的责任为范围所归集的成本，也就是特定责任中心的全部可控成本。

【案例 8-1】 设某公司生产 A、B 两个产品，该公司有三个成本中心即生产车间、修理车间、管理部门。2013 年该公司发生的成本费用如表 8-1 所示。

表 8-1　A、B 产品成本费用资料表　　单位:元

项　目	A 产品	B 产品	合计
直接材料	30 000	50 000	80 000
直接人工	25 000	35 000	60 000
制造费用:间接材料	10 000	5 000	15 000
间接人工	2 000	4 000	6 000
管理人员工资	7 500	6 500	14 000
折旧费	15 000	10 000	25 000
水电费	10 000	9 000	19 000

① 根据上述费用资料，按产品归集产品成本如表 8-2 所示。

表 8-2　按产品归集产品成本计算表　　单位:元

项　目	A 产品	B 产品	合计
直接材料	30 000	50 000	80 000
直接人工	25 000	35 000	60 000
制造费用:间接材料	10 000	5 000	15 000
间接人工	2 000	4 000	6 000
管理人员工资	7 500	6 500	14 000
折旧费	15 000	10 000	25 000
水电费	10 000	9 000	19 000
合计	99 500	119 500	219 000

则 A 产品的生产成本为 99 500 元，B 产品的生产成本为 119 500 元。

② 根据上述费用，按成本中心归集的责任成本如表 8-3 所示。

表 8-3 按成本中心归集的责任成本计算表 单位:元

成本项目	生产车间	修理车间	管理部门	合计
直接材料	80 000			80 000
直接人工	60 000			60 000
制造费用:间接材料		15 000		15 000
间接人工		6 000		6 000
管理人员工资			14 000	14 000
折旧费	18 000	5 000	2 000	25 000
水电费	10 000	5 000	4 000	19 000
合计	168 000	31 000	20 000	219 000

成本中心——生产车间的责任成本为 168 000 元;

成本中心——修理车间的责任成本为 31 000 元;

成本中心——管理部门的责任成本为 20 000 元。

2. 利润中心

(1) 利润中心的确定

利润中心是指对利润负责的责任中心。由于利润是收入扣除成本费用之差,利润中心要对成本和收入负责。这类责任中心一般是指有产品或劳务生产经营决策权的企业内部部门。

利润中心往往处于企业内部的较高层次,如分厂、分店、分公司,一般具有独立的收入来源或能视同一个有独立收入的部门,一般还具有独立的经营权。利润中心与成本中心相比,其权利和责任都相对较大,它不仅要绝对地降低成本,而且更要寻求收入的增长,并使之超过成本的增长。换言之,利润中心对成本的控制是联系着收入进行的,它强调相对成本的节约。

(2) 利润中心的类型

利润中心分为自然利润中心和人为利润中心两种。

① 自然利润中心。自然利润中心是指可以直接对外销售产品并取得收入的利润中心。这种利润中心本身直接面向市场,具有产品销售权、价格制定权、材料采购权和生产决策权。它虽然是企业内的一个部门,但其功能同独立企业相近。最典型的形式就是公司的事业部,每个事业部均有销售、生产、采购的机能,有很大的独立性,能独立地控制成本、取得收入。

② 人为利润中心。人为利润中心是指只对责任单位提供产品或劳务而取得"内部销售收入"的利润中心。这种利润中心一般不直接对外销售产品。成立人为利润中心应具备两个条件:一是该中心可以向其他责任中心提供产品(含劳务);二是能为该中心的产品确定合理的内部转移价格,以实现公平交易,等价交换。

工业企业的大多数成本中心都可以转化为人为利润中心。人为利润中心一般也应具备相对独立的经营权,即能自主决定本利润中心的产品品种(含劳务)、产品质量、作业方法、人员调配、资金使用等。

3. 投资中心

投资中心是指既对成本、收入和利润负责,又对投资效果负责的责任中心。它与利润中心的区别主要体现在两个方面。

(1) 权利不同。利润中心没有投资决策权,它只是在企业投资形成后进行具体的经营;而投资中心则不仅在产品生产和销售上享有较大的自主权，而且能相对独立地运用所掌握的资产，有权构建或处理固定资产，扩大或缩减现有的生产能力。

(2) 考核办法不同。考核利润中心业绩时，不联系投资多少或占用资产的多少，即不进行投入产出的比较；而考核投资中心业绩时，必须将所获得的利润与所占用的资产进行比较。

投资中心是企业最高层次的责任中心，它在企业内部具有最大的决策权，也承担最大的责任。投资中心的管理特征是较高程度的分权管理。一般而言，大型集团所属的子公司、分公司、事业部往往都是投资中心。在组织形式上，成本中心一般不是独立法人，利润中心可以是也可以不是独立法人，而投资中心一般是独立法人。

由于投资中心独立性较高，它一般应向公司的总经理或董事会直接负责。对投资中心不应干预过多，应使其享有投资权和较为充分的经营权，投资中心在资产和权益方面应与其他责任中心划分清楚。如果对投资中心干预过多，或者其资产和权益与其他责任中心划分不清，出现互相“扯皮”的现象，就无法对其进行准确的考核。

任务二　开展责任控制

一、责任中心的业绩考核

(一) 成本中心业绩考核

1. 成本中心的成本计算

责任成本是各成本中心当期确定或发生的各项可控成本之和。它又可分为预算责任成本和实际责任成本两种。前者是指由预算分解确定的各责任中心应承担的责任成本，后者是指各责任中心从事业务活动实际发生的责任成本。对成本费用进行控制，应以各成本中心的预算责任成本为依据，确保实际责任成本不会超过预算责任成本；对成本中心进行考核，应通过各成本中心的实际责任成本与预算责任成本的比较，确定其成本控制的绩效，并采取相应的奖惩措施。

2. 成本中心的考核指标

成本中心的考核指标主要采用相对指标和比较指标，包括成本(费用)变动额和变动率两个指标。其计算公式是

成本(费用)变动额＝实际责任成本(或费用)－预算责任成本(或费用)

成本(费用)变动率＝成本(费用)变动额÷预算责任成本(或费用)×100％

【案例 8-2】 某企业内部一车间为成本中心，生产甲产品，预测产量为 1 000 件，单位成本为 50 元，实际产量 1 200 件，实际单位成本(费用)45 元，计算该中心成本变动额与变动率。

分析：

成本变动额＝45×1 200－50×1 000＝－4 000(元)

成本变动率＝－4 000÷(50×1 000)×100％＝－8％

计算结果表明，该成本中心的成本降低额为 4 000 元，降低率为 8％。

(二) 利润中心业绩考核

1. 利润中心的成本计算

利润中心对利润负责，必然要考核和计算成本，以便正确计算利润，作为对利润中心业绩

评价与考核的可靠依据。对利润中心的成本计算，通常有两种方式可供选择。

(1) 利润中心只计算可控成本，不分担不可控成本，亦即不分摊共同成本。

这种方式主要适用于共同成本难以合理分摊或无须进行共同成本分摊的场合，按照这种方式计算出的盈利不是通常意义上的利润，而是相当于"边际贡献总额"。企业各利润中心的"边际贡献总额"之和，减去未分配的共同成本，经过调控后才是企业的利润总额。采用这种成本计算方式的"利润中心"，实质上已不是完整和原来意义上的利润中心，而是边际贡献中心。人为利润中心适合采用这种计算方式。

(2) 利润中心不仅计算可控成本，也计算不可控成本。

这种方式适合于共同成本易于合理分摊或不存在共同成本分摊的场合。这种利润中心在计算时，如果采用变动成本法，应先计算出边际贡献，再减去固定成本，才是税前利润；如果采用完全成本法，利润中心可以直接计算出税前利润。各利润中心的税前利润之和，就是全企业的利润总额。自然利润中心适合采取这种计算方式。

2. 利润中心的考核指标

利润中心的考核指标为利润，通过比较一定时期实际实现利润与责任预算所确定的利润，可以评价其责任中心的业绩。但由于成本计算方式不同，各利润中心的利润指标的表现形式也不尽相同。

(1) 当利润中心不计算共同成本或不可控成本时的考核指标：

利润中心边际贡献总额＝该利润中心销售收入总额
－该利润中心可控成本总额(或变动成本总额)

值得说明的是，如果可控成本中包含可控固定成本，就不完全等于变动成本总额。但一般而言，利润中心的可控成本是变动成本。

(2) 当利润中心计算共同成本或不可控成本，并采取变动成本法计算成本时的考核指标：

利润中心边际贡献总额＝该利润中心销售收入总额－该利润中心变动成本总额

利润中心负责人可控利润总额＝该利润中心边际贡献总额
－该利润中心负责人可控固定成本

利润中心可控利润总额＝该利润中心负责人可控利润总额
－该利润中心负责人不可控固定成本

公司利润总额＝各利润中心可控利润总额之和－公司不可分摊的各种管理费用、财务费用等

为了考核利润中心负责人的经营业绩，应针对经理人员的可控成本费用进行评价和考核，这就需要将各利润中心的固定成本进一步区分为可控成本和不可控成本。这主要考虑有些成本费用可以划归、分摊到有关利润中心，却不能为利润中心负责人所控制，如广告费、保险费等。在考核利润中心负责人的业绩时，应将其不可控的固定成本从中剔除。下面举例说明利润中心考核指标。

【案例 8－3】 某企业的某部门(利润中心)的有关资料如下：

部门销售收入	100 万元
部门销售的变动成本和变动销售费用	74 万元
部门可控固定成本	6 万元
部门不可控固定成本	8 万元

分配的公司管理费用　　　　　　　　　　　5 万元

则各部门各级利润考核指标分别为：

部门(利润中心)边际贡献总额＝100－74＝26(万元)

部门负责人可控利润总额＝26－6＝20(万元)

部门可控利润＝20－8＝12(万元)

公司税前利润＝12－5＝7(万元)

【案例 8－4】　某企业的甲车间是一个人为利润中心，本期实现内部销售收入 85 万元，销售变动成本为 55 万元，该中心责任人可控固定成本为 5 万元，中心负责人不可控的且应由该中心负担的固定成本为 8 万元。

则该中心实际考核指标分别为：

利润中心边际贡献总额＝85－55＝30(万元)

利润中心负责人可控利润总额＝30－5＝25(万元)

利润中心可控利润总额＝25－8＝17(万元)

(三) 投资中心业绩考核

为了准确地计算各投资中心的经济效益，应对各投资中心共同使用的资产划定界限；对共同发生的成本按适当的标准进行分配；各投资中心之间相互调剂使用的现金、存货、固定资产等，均应计息清偿，实行有偿使用。在此基础上，根据投资中心应按投入产出之比进行业绩评价与考核的要求，除考核利润指标外，更需要计算、分析利润与投资额之间关系的指标，即投资利润率和剩余收益。

1. 投资利润率

投资利润率又称投资收益率或投资报酬率，是指投资中心所获得的利润与投资额之间的比率，可用于评价和考核由投资中心掌握、使用的全部净资产的获利能力。其计算公式为

$$投资利润率=\frac{利润}{投资额}\times 100\%$$

投资利润率这一指标，还可以进一步展开：

$$投资利润率=资本周转率\times销售成本率\times成本费用利润率$$

$$=\frac{销售收入}{投资额}\times\frac{成本费用}{销售收入}\times\frac{利润}{成本费用}$$

以上公式中投资额是指投资中心的总资产扣除负债后的余额，即投资中心的净资产。所以，该指标也可以成为净资产利润率，它主要说明投资中心运用“公司产权”供应的每一元资产对整体利润贡献的大小，或投资中心对所有者权益的贡献程度。

【案例 8－5】　已知某投资中心的销售收入为 480 000 元，销售利润 57 600 元，全部可用资产平均余额 288 000 元。该投资中心的销售利润率、投资周转率、投资利润率各是多少？

分析：

投资利润率＝利润/投资＝销售利润率×投资周转率

该中心的销售利润率＝57 600/480 000＝12%

该中心的投资周转率＝480 000/288 000＝1.67(次)

投资利润率＝12%×1.67＝20%

为了考核投资中心的总资产运用状况，也可以计算投资中心的总资产息税前利润率。它

是投资中心的息税前利润除以总资产占用额,用公式表示即

$$总资产息税前利润率=\frac{息税前利润}{总资产}\times 100\%$$

总资产是指生产经营中占用的全部资产。因资金来源中包含负债,相应分子也要采用息税前利润。投资利润率按总资产占用额计算,主要用于评价和考核由投资中心掌握、使用的全部资产的盈利能力。值得说明的是,由于利润或息税前利润是期间性指标,故上述投资额或总资产占用额应按平均投资额或平均占用额计算。

投资利润率是广泛采用的评价投资中心业绩的指标。其优点如下:

(1) 投资利润率能反映投资中心的综合盈利能力。从投资利润率的分解公式可以看出,投资利润的高低与收入、成本、投资额和周转能力有关,提高投资利润率应通过增收节支、加速周转、减少投入来实现。

(2) 投资利润率具有横向可比性。投资利润率将各投资中心的投入与产出进行比较,剔除了因投资额不同而导致的利润差异的不可比因素,有利于进行各投资中心经营业绩的比较。

(3) 投资利润率可以作为选择投资机会的依据,有利于调整资产的存量,优化资源配置。

(4) 以投资利润率作为评价投资中心经营业绩的尺度,可以正确引导投资中心的经营管理行为,使其行为长期化。

该指标反映了投资中心运用资产并使资产增值的能力,如果投资中心资产运用不当,会增加资产或投资占用规模,也会降低利润。因此,以投资利润率作为评价与考核的尺度,将促使各投资中心盘活闲置资产,减少不合理资产占用,及时处理过时、变质、毁损的资产等。

总的来说,投资利润率的主要优点是能促使管理者像控制费用一样地控制资产占用或投资额的多少,综合反映一个投资中心的全部经营成果。但是该指标也有其局限性:

(1) 世界性的通货膨胀,会使企业资产账面价值失真、失实,于是,常常出现折旧少计、利润多计的情况,这样计算出来的投资利润率往往无法揭示投资中心的实际经营能力。

(2) 使用投资利润率往往会使投资中心只顾本身利益而放弃对整个企业有利的投资项目,造成投资中心的近期目标与整个企业的长远目标的背离。各投资中心为达到较高的投资利润率,可能会采取减少投资的行为。

(3) 投资利润率的计算与资本支出预算所用的现金流量分析方法不一致,不便于投资项目建成投产后与原定目标的比较。

(4) 从控制角度看,由于一些共同费用无法为投资中心所控制,投资利润率的计量不完全是投资中心所能控制的。

为了克服投资利润率的某些缺陷,可以采用剩余收益作为评价指标。

2. 剩余收益

剩余收益是一个绝对数指标,是指投资中心获得的利润扣减其最低投资收益后的余额。最低投资收益是投资中心的投资额(或资金占用额)按规定或预期的最低报酬率计算的收益。其计算公式如下:

剩余收益=利润-投资额或资金占用额×规定或预期的最低投资报酬率

如果考核指标是总资产息税前利润率,则剩余收益计算公式应作相应调整,其计算公式为

剩余收益=息税前利润-总资产占用额×规定或预期的总资产息税前利润率

这里所说的规定或预期的最低报酬率和总资产息税前利润率,通常是指企业为保证其生

产经营正常、持续进行所必须达到的最低报酬水平。

【案例8-6】 假定某公司的投资利润率如表8-4所示。

表8-4　甲、乙投资中心的相关信息表　　单位:万元

投资中心	利润	投资	投资利润率
甲	150	1 000	15%
乙	90	1 000	9%
全公司	240	2 000	12%

假定甲投资中心面临一个投资机会,其投资额为1 000万元,可获利润130万元,投资利润率为13%。假定全公司预期最低平均投资利润率为12%。

要求:评价甲投资投资中心的这个投资机会。

分析:

若甲投资中心接受该项投资,则甲、乙投资中心的相关数据重新计算如表8-5所示。

表8-5　甲、乙投资中心的相关数据计算表　　单位:万元

投资中心	利润	投资	投资利润率
甲	150+130=280	1 000+1 000=2 000	14%
乙	90	1 000	9%
全公司	370	3 000	12.3%

(1) 用投资利润率指标来衡量业绩。就全公司而言,接受投资后,投资利润率增加了0.3%,应该接受该项投资。但是,由于甲投资中心投资利润率下降了1%,该责任中心可能会不接受这项投资。

(2) 用剩余收益指标来衡量业绩:

甲责任中心接受新投资前的剩余收益=150－1 000×12%=30(万元)

甲投资中心接受新投资后的剩余收益=280－2 000×12%=40(万元)

所以若以剩余收益来衡量投资中心的业绩,则甲投资中心应该接受该项投资。

【案例8-7】 甲企业下设A投资中心和B投资中心,要求的总资产息税前利润率为10%。两投资中心均有一投资方案可供选择,预计产生的影响如表8-6所示。

表8-6　A、B投资中心的相关信息表　　单位:万元

项目	A投资中心		B投资中心	
	追加投资前	追加投资后	追加投资前	追加投资后
总资产	25	50	50	75
息税前利润	2	3.8	7.5	12
息税前利润率	8%	7.6%	15%	16%
剩余收益	－0.5	－1.2	2.5	4.5

要求:运用剩余收益指标分别就两投资中心是否应追加投资进行决策。

分析：

先分析A投资中心，追加投资后息税前利润为3.8万元，息税前利润率为7.6%，剩余收益为3.8－50×10%＝－1.2(万元)，很明显，应该放弃追加投资。同理可对B投资中心进行分析。追加投资后息税前利润为12万元，息税前利润率为16%，剩余收益为12－75×10%＝4.5(万元)，应该追加投资。

因此，以剩余收益作为投资中心经营业绩评价指标，各投资中心只要投资利润率大于规定或预期的最低投资报酬率(或总资产息税前利润率大于规定或预期的最低总资产息税前利润率)，该项投资(或资产占用)便是可行的。剩余收益指标具有两个特点：

(1) 体现投入产出关系。由于减少投资(或降低资产占用)同样可以达到增加剩余收益的目的，因而与投资利润率一样，该指标也可以用于全面评价与考核投资中心的业绩。

(2) 避免本位主义。剩余收益指标避免了投资中心狭隘的本位倾向，即单纯追求投资利润率而放弃一些有利可图的投资项目。这是因为以投资收益作为衡量投资中心工作成果的尺度，投资中心将尽量提高剩余收益，也即只要有利于增加剩余收益绝对额，投资行为就是可取的，而不只是尽量提高利润率。

在以剩余收益作为考核指标时，所采用的规定或预期最低投资报酬率的高低对剩余收益的影响很大，通常可用公司的平均利润率(或加权平均利润率)作为基准收益率。

采用剩余收益指标还有一个好处，就是允许使用不同的风险调整资本成本。从现代财务理论来看，不同的投资有不同的风险，要求按风险程度调整其资本成本。因此，不同行业部门的资本成本不同，甚至同一部门的资产也属于不同的风险类型。例如，现金、短期应收款和长期资本投资的风险有很大区别，要求有不同的资本成本。在使用剩余收益指标时，可以对不同部门或者不同资产规定不同的资本成本，使剩余收益这个指标更加灵活。而投资报酬率评价方法并不区别不同资产，无法分别处理风险不同的资产。

当然，剩余收益是绝对指标，不便于不同部门之间的比较。规模大的部门容易获得较大的剩余收益，而他们的投资报酬率并不一定很高。因此，许多企业在使用这一方法时，事先建立与每个部门资产结构相适应的剩余收益预算，然后通过实际与预算的对比来评价部门业绩。

3. 经济增加值(EVA)

经济增加值(economic valued added，简称EVA)根据金融经济学的最新发展，资本资产定价模型基于传统的资本加权平均成本，能得出一个专门的、以市场为基础的单独业务单位的风险水平。其计算公式为

经济增加值＝调整后税后净利润－(经营资产×加权平均资本成本)

经济增加值的计算方法与剩余收益很相似，但它从两个不同角度扩展了传统的剩余收益指标。首先，必须对基于公认会计准则的会计利润进行调整。这是因为，在经济增加值的计算中，要计量权益资本成本，因而这部分资本成本要从利润中扣除，但在公认会计准则中并未进行权益资本的计量，也未将权益资本作为费用项目。因此，式中的经营净利润小于利润表中的经营净利润，故需要做出调整。其次，出于业绩评价的考虑，在有些情况下也需要对利润表中的会计利润做出调整，如公认会计准则要求企业将每年用于研究和开发的费用从收益中加以抵减。由于这一做法可能会造成片面追求短期效果的管理人员减少研发方面的投资，因而，在计算“调整后的经营净利润”时，应将当年已冲减收益的研发费用加回去，并将之视为一项需要摊销的资产，通常在五年内摊销完。因此，式中的经营资产应包括研发方面未摊销完的投资。

经济增加值指标可以评价投资中心为股东创造财富的数量。若某一投资中心的经济增加值为负数，则意味着股东财富将减少。此时，管理当局应考虑如何提高经济增加值，以实现股东价值最大化。提高经济增加值的途径一般有：一是增加贡献毛益（提高售价或降低成本）；二是增加资产集约度。

【案例 8-8】 顺德公司乙投资中心的有关资料如下：

该中心占用的资金包括设备投资 300 万元，厂房投资 500 万元。其资金来源包括权益资本 600 万元，负债资本 200 万元。假设权益资本的资金成本为 15%，负债资本的资金成本为 10%，当年该中心调整后的税后利润为 180 万元。则该投资中心的经济增加值的计算结果如表 8-7 所示。

表 8-7　顺德公司乙投资中心经济增加值计算表　　单位：万元

项　　目	金额
占用的资金	
设备	300
厂房	500
占用资金合计	800
资金成本	
权益资本成本（15%）	90
负债资本成本（10%）	20
资本成本合计	110
税后经营利润	180
经济增加值	70

随着市场竞争日趋激烈，市场销售工作也日趋重要。为了强化销售功能，加强收入管理，及时收回账款、控制坏账，在不少企业设置了以推销产品为主要职能的责任中心——收入中心。这种中心只对产品或劳务的销售收入负责，如公司所属的销售分公司或销售部。尽管这些从事销售工作的机构也发生销售费用，但由于其主要职能是进行销售，因此，以收入来确定其经济责任更为恰当。对销售费用可以采用简化的核算，只需根据弹性预算方法确定即可。

综上所述，责任中心根据其控制区域和权责范围的大小，分为成本中心、利润中心和投资中心三种类型。它们各自不是孤立存在的，每个责任中心承担相应的责任。最基层的成本中心应就其经营的可控成本向其上层成本中心负责；上一层的成本中心应就其本身的可控成本和下层转来的责任成本一并向利润中心负责；利润中心应就其本身经营的收入、成本（含下层转来成本）和利润（或边际贡献）向投资中心负责；投资中心最终就其经管的投资利润率和剩余收益向总经理和董事会负责。所以，企业各种类型和层次的责任中心形成一个"连锁责任"网络，这就促使每个责任中心为保证经营目标一致而协调运转。

二、责任预算、责任报告与业绩考核

1. 责任预算

（1）责任预算的含义。责任预算是指责任中心为主体，以可控成本、收入、利润和投资等为对象编制的预算，它是企业总预算的补充和具体化。责任预算由各种责任指标组成。

(2) 责任预算的编制。责任预算的编制程序有两种。一是以责任中心为主体，将企业总预算在各责任中心之间层层分解而形成各责任中心的预算。它实质是自上而下实现企业总预算目标。这种自上而下、层层分解指标的方式是一种常用的预算编制程序。二是各责任中心自行列示各自的预算指标、层层汇总，最后由企业专门机构或人员进行汇总和调整，确定企业总预算。这是一种由下而上，层层汇总、协调的预算编制程序。

2. 责任报告

责任报告是对各个责任中心执行责任预算情况的系统概括和总结。责任报告亦称业绩报告、绩效报告，它是根据责任会计记录编制的反映责任预算实际执行情况，揭示责任预算与实际执行差异的内部会计报告。责任中心的业绩评价和考核应通过编制责任报告来完成。

3. 责任业绩考核

责任中心的业绩考核有狭义和广义之分。狭义的业绩考核仅指对各责任中心的价值指标，如成本、收入、利润以及资产占用等责任指标的完成情况进行考评。广义的业绩考评除这些价值指标外，还包括对各责任中心的非价值责任指标的完成情况进行考核。

三、责任结算与核算

1. 内部转移价格

内部转移价格是指企业内部各责任中心之间进行内部结算和责任结转时所采用的价格标准。内部转移价格采取了“价格”的形式，使两个责任中心处于交易的“买”“卖”双方，具有与外部的市场价格相类似的作用，促使双方降低成本，提高经济效益。

(1) 内部转移价格的功能

合理制定内部转移价格的主要作用表现在以下几个方面：

① 有利于责任会计制度的实施。内部转移价格与外部市场价格有许多不同之处。内部转移价格所影响的“买”、“卖”双方均存在于同一个企业中。由于考核各个部门、各个环节的业绩的复杂性，并进行统一的管理，需要一个统一的指标来衡量和考核。内部转移价格是一个价值量指标，可以有效解决各部门、各环节之间所提供的产品、劳务的价值量的核算难题，使各部门、各环节之间的评比成为可能。因此，内部转移价格的合理制定，实际上是实行责任会计制度的需要，是企业管理工作的一个重要内容。

② 有利于明确经济责任。内部转移价格作为一种计量手段，可以确定企业内部转移产品或劳务的价值量。这些价值量既可用来衡量提供产品或劳务的责任中心的经营成果，也可用以反映接受产品或劳务的责任中心的成本费用。因此，正确制定内部转移价格，可以合理地确定各责任中心应承担的经济责任，防止成本转移引起的各责任中心之间的责任转嫁，切实维护各责任中心正当的经济权益，保证责任会计的正确实施。

③ 有利于企业内部各部门工作积极性的调动。内部转移价格是考核各责任中心工作业绩的重要依据。公平合理的内部转移价格，可以使责任中心工作成果的考核建立在客观公正的基础上，从而在很大程度上影响着责任中心主管人员和全体职工的工作态度，调动企业内部各部门的工作积极性。

④ 有利于正确的经营决策。通过制定和运用内部转移价格，可以把有关责任中心的经济责任、工作绩效加以量化，使企业内部管理者在分析比较的基础上，制定正确的经营决策(如部门的扩充、收缩或终止等)，促使分部经理从公司总体利益最大化角度进行决策，采取主动履行

经济责任、完成责任预算、实现公司预定目标的最佳行动方案。

(2) 内部转移价格制定的基本原则

分散经营的组织单位之间相互提供产品或劳务时，需要制定一个内部转移价格。转移价格对于提供产品或劳务的生产部门来说表示收入，对于使用这些产品或劳务的购买部门来说则表示成本。因此，转移价格会影响到这两个部门的获利水平，使得部门经理非常关心转移价格的制定，并经常引起争论。

制定内部转移价格一般应按以下原则进行：

① 全局性原则。制定内部转移价格必须强调企业整体利润高于各责任中心的利润。内部转移价格直接关系到各责任中心的经济利益的大小，每个责任中心必然会为本责任中心争取最大的价格好处，在利益彼此冲突的情况下，企业和各责任中心应本着企业利润最大化要求，制定内部转移价格。

② 公平性原则。内部转移价格的制定应公平合理，应充分体现各责任中心的经营努力或经营业绩，防止某些责任中心因价格优势而获得额外的利益，某些责任中心因价格劣势而遭受额外的损失。所谓公平性，就是指各责任中心所采用的内部转移价格能使其经营努力与所得到的收益相适应。

③ 自主性原则。在确保企业整体利益的前提下，只要可能，就应通过各责任中心的自主竞争或讨价还价来确定内部转移价格，真正在企业内部实现市场模拟，使内部转移价格能为各责任中心所接受。

④ 重要性原则。内部转移价格的制定应当体现"大宗细，零星简"的要求，即对原材料、半成品、产成品等重要物资的内部转移价格制定从细，而对劳保用品、修理用备件等数量繁多、价值低廉的物资，其内部转移价格制定从简。

(3) 内部转移价格的类型

制定转移价格的目的有两个：一是防止成本转移带来的部门间责任转嫁，使每个利润中心都能作为单独的组织单位进行业绩评价；二是作为一种价格，引导下级部门采取明智的决策，生产部门据此确定提供产品的数量，购买部门据此确定所需要的产品数量。但是，这两个目的往往有矛盾：能够满足评价部门业绩的转移价格，可能引导部门经理采取并非对企业最理想的决策；而能够正确引导部门经理的转移价格，可能使某个部门获利水平很高而另一个部门亏损。因此，我们很难找到理想的转移价格来兼顾业绩评价和制定决策，而只能根据企业的具体情况选择基本满意的解决办法。

可以考虑的转移价格的类型有以下几种：

① 市场价格。在中间产品存在完全竞争市场的情况下，市场价格减去对外的销售费用，是理想的转移价格。

产品内在经济价值计量的最好方法是把它们投入市场，在市场竞争中判断社会所承认的产品价格。由于企业为把中间产品销售出去，还需追加各项销售费用，如包装、发运、广告、结算等，因此，市场价格减去某些调整项目才是目前未销售的中间产品的价格。从机会成本的观点来看，中间产品用于内部而失去的外销收益，是它们被内部购买使用的应计成本。这里失去的外销收益并非是市场价格，而需要扣除必要的销售费用，才是失去的净收益。

完全竞争市场这一假设条件，意味着企业外部存在中间产品的公平市场，生产部门被允许向外界顾客销售任意数量的产品，购买部门也可以从外界供应商那里获得任意数量的产品。

由于以市场价格为基础的转移价格,通常会低于市场价格,这个折扣反映与外销有关的销售费,以及交货、保修等成本,因此可以鼓励中间产品的内部转移。如果不考虑其他更复杂的因素,购买部门的经理应当选择从内部取得产品,而不是从外部采购。

如果生产部门在采用这种转移价格的情况下不能长期获利,企业最好是停止生产此产品,而到外部去购买。同样,如果购买部门以此价格进货而不能长期获利,则应停止购买和进一步加工此产品,同时应尽量向外部市场销售这种产品。这样做对企业总体是有利的。

市场价格作为内部转移价格也有其局限性,即适用条件比较严格。例如企业内部转移的产品或劳务,通常是围绕本企业生产经营进行的,可能具有专用性;或者是中间产品,往往没有市场交易,无法取得市场价格。

② 协商价格。内部责任中心以正常的市场价格为基础,建立定期协商机制,共同确定双方可以接受的价格作为计价标准。即双方部门经理就转移中间产品的数量、质量、时间和价格进行协商并设法取得一致意见。

成功的协商转移价格依赖于下列条件:第一,要有一个某种形式的外部市场,两个部门经理可以自由地选择接受或是拒绝某一价格。如果根本没有可能从外部取得或销售中间产品,就会使一方或双方处于垄断状态,这样谈判结果不是协商价格而是垄断价格。在垄断的情况下,最终价格的确定受谈判人员的实力和技巧影响。第二,在谈判者之间共同分享所有的信息资源。这个条件能使协商价格接近一方的机会成本,如双方都接近机会成本则更为理想。第三,最高管理阶层的必要干预。虽然尽可能让谈判双方自己来解决大多数问题,以发挥分散经营的优点,但是,对于双方谈判时可能导致的企业非最优决策,最高管理阶层要进行干预,对于双方不能解决的争论有必要进行调解。当然,这种干预必须是有限的、得体的,不能使整个谈判变成上级领导裁决一切问题。

协商价格往往浪费时间和精力,可能会导致部门之间的矛盾,部门获利能力大小与谈判人员的谈判技巧有很大关系,是这种转移价格的缺陷。尽管有上述不足之处,协商转移价格仍被广泛采用,它的好处是有一定的弹性,可以照顾双方利益并得到双方认可。少量的外购或外卖是有益的,它可以保证得到合理的外部价格信息,为协商双方提供一个可供参考的基准。

在协商价格下,价格一般会比市场价格低一些。一般认为,其最高价格是市场价格,最低价格是单位变动成本。

③ 变动成本加固定费用转移价格。这种方法要求中间产品的转移用单位变动成本来定价,与此同时,还应向购买部门收取固定费用,作为长期以低价获得中间产品的一种补偿。这样做,生产部门有机会通过每期收取固定费来补偿其固定成本并获得利润;购买部门每期支付特定数额的固定费用之后,对于购入的产品只需支付变动成本,通过边际成本等于边际收入的原则来选择产量水平,可以使其利润达到最优水平。

按照这种方法,供应部门收取的固定费用总额为期间固定成本预算额与必要的报酬之和,它按照各部门的正常需要量比例分配给购买部门。此外,为单位产品确定标准的变动成本,按购买部门的实际购入量计算变动成本总额。如果总需求量超过了供应部门的生产能力,变动成本不再表示需要追加的边际成本,则这种转移价格将失去其积极作用。反之,如果最终产品的市场需求很少时,购买部门需要的中间产品也变得很少,但它仍然需要支付固定费用。在这种情况下,市场风险全部由购买部门承担了,而供应部门仍能维持一定利润水平,显得很不公平。实际上,供应部门和购买部门都受到最终产品市场的影响,应当共同承担市场变化引起的市场波动。

④ 全部成本转移价格。即根据产品或劳务的完全成本或完全成本加上销售方按照合理利润率确定的利润作为计价基础。它既不是业绩评价的良好尺度,也不能引导部门经理做出有利于企业的明智决策。它的唯一优点是简单。

首先,它以目前各责任中心当前的成本为基础,再加上一定百分比作为利润,会鼓励部门经理维持比较高的成本水平,并据此取得更多的利润。越是节约成本的单位,越会有可能在下一期被降低转移价格,使利润减少。成本加成百分比的确定也是个困难问题,很难说清楚它为什么会是5%、10%或20%。

其次,在连续式生产企业中成本随产品在部门间流转,成本不断积累,使用相同的成本加成率会使后续部门利润明显大于前序部门。如果扣除半成品成本转移,则会因各部门投入原材料出入很大而使利润分布失衡。

总之,完全成本转移价格会产生负面刺激作用,扭曲业绩表现,把销售方的功过全部转嫁给购买方,从而削弱双方降低成本的积极性。

2. 内部结算

内部结算是指企业各责任中心清偿因相互提供产品或劳务所发生的、按内部转移价格计算的债权、债务。按照结算的手段不同,可分别采取内部支票结算、转账通知单和内部货币结算等方式。

3. 责任成本的内部结转

责任成本的内部结转又称责任转账,是指在生产经营过程中,对于因不同原因造成的各种经济损失,由承担损失的责任中心对实际发生或发现损失的责任中心进行损失赔偿的账务处理过程。责任转账的目的是划清各责任中心的成本责任,使不应承担损失的责任中心在经济上得到合理补偿。责任转账的方式有直接的货币结算方式和内部银行转账方式。前者是以内部货币直接支付给损失方,后者只是在内部银行所设立的账户之间划转。

【项目小结】

(1) 财务控制是指对企业财务活动的控制,是按照一定的程序和方式确保企业及其内部机构和人员全面落实、实现对企业资金的取得、投放、使用和分配过程的控制。财务控制是财务管理循环的关键环节。

(2) 财务控制是一种价值控制,重点是对企业现金流进行控制。财务控制涉及与企业财务活动有关的各个层面,具有广泛性。财务控制的主要目的是使企业的现金能够在企业的经营活动过程中安全、匹配、高效地流动。

(3) 财务控制的实现手段之一是实行责任控制,即将财务控制落实到责任中心。责任中心一般可分为成本中心、利润中心和投资中心。不同的责任中心将承担不同的财务控制责任,基本原则是责、权、利的统一。

(4) 成本中心的考核指标主要有成本(费用)降低额和成本(费用)降低率;利润中心的考核指标主要有利润中心贡献毛益总额、利润中心负责人可控利润总额、利润中心可控利润总额和公司利润总额;投资中心的考核指标主要有投资利润率和剩余收益。

(5) 财务控制具体的实施手段有责任预算、责任报告和业绩考核。为了分清内部的业绩水平,还应该进行责任结算和核算。

【项目训练】

一、单项选择题

1. 下列各项中,不属于投资中心的特征有(　　)。

A. 拥有决策权

B. 一般为独立的法人

C. 处于责任中心的最高层

D. 只需对投资效果负责,不需要对成本负责

2. 实施财务收支控制的主要目的不包括(　　)。

A. 降低成本　　B. 减少支出

C. 实现利润最大化　　D. 避免现金短缺或沉淀

3. 最适合作为企业内部利润中心业绩评价的指标是(　　)。

A. 利润中心贡献毛益　　B. 公司利润总额

C. 利润中心可控利润　　D. 利润中心负责人可控利润

4. 某投资中心当年实现利润 10 000 元,投资额为 50 000 元,预期最低的投资收益率为 12%,则该中心的剩余收益为(　　)元。

A. 4 000　　B. 5 000　　C. 1 200　　D. 600

5. 某公司某部门的有关数据为:销售收入为 50 000 元,已销产品的变动成本和变动销售费用为 30 000 元,可控固定间接费用为 2 500 元,不可控固定间接费用为 3 000 元,分配来的公司管理费用为 1 500 元。那么,该部门的利润中心负责人可控利润为(　　)元。

A. 20 000　　B. 17 500　　C. 14 500　　D. 10 750

6. 具有独立或相对独立的收入和生产经营权,并对成本、收入和利润负责的责任中心是(　　)。

A. 成本中心　　B. 利润中心　　C. 投资中心　　D. 预算中心

7. (　　)是最高层次的责任中心,具有最大的决策权,也承担最大的责任。

A. 成本中心　　B. 利润中心　　C. 费用中心　　D. 投资中心

8. 为了弥补投资利润率指标的某些不足,可采用(　　)作为评价投资中心业绩的指标。

A. 贡献毛益总额　B. 可控利润总额　C. 公司利润总额　D. 剩余收益

9. 在采用定额控制方式实施财务控制时,对约束性指标应选择的控制标准是(　　)。

A. 弹性控制标准　B. 平均控制标准　C. 最高控制标准　D. 最低控制标准

10. 责任转账的实质就是按照经济损失的责任归属将其结转给(　　)。

A. 发生损失的责任中心　　B. 发现损失的责任中心

C. 承担损失的责任中心　　D. 下一个责任中心

二、多项选择题

1. 适合于建立费用中心进行成本控制的单位是(　　)。

A. 生产企业的车间　　B. 餐饮店的制作间

C. 医院的放射治疗室　　D. 行政管理部门

2. 下列有关成本责任中心的说法中,正确的是(　　)。

A. 成本责任中心不对生产能力的利用程度负责

B. 成本责任中心不进行设备购置决策
C. 成本责任中心不对固定成本负责
D. 成本责任中心应严格执行产量计划，不应超产或减产

3. 下列说法不正确的是(　　)。
A. 直接成本一定是可控成本　　B. 变动成本一定是可控成本
C. 直接成本也可能是不可控成本　　D. 变动成本也可能是不可控成本

4. 责任中心之间进行内部结算和责任成本结转所使用的内部转移价格包括(　　)。
A. 市场价格　　B. 协商价格
C. 变动成本加固定费用转移价格　　D. 全部成本转移价格

5. 投资中心的业绩考核重点应放在(　　)。
A. 收入　　B. 利润　　C. 剩余收益　　D. 投资利润率

6. 成本中心的特点包括(　　)。
A. 只对成本费用负责，不对收入负责
B. 只对可控成本负责
C. 既要对可控成本负责，也要对不可控成本负责
D. 要对责任成本负责

7. 影响剩余收益的因素有(　　)。
A. 利润　　B. 投资额
C. 规定的最低投资报酬率　　D. 利润留成比例

8. 下列说法不正确的是(　　)。
A. 计算责任成本是为了评价成本控制业绩
B. 责任成本的计算范围是各责任中心的全部成本
C. 标准成本和目标成本主要强调事先的成本计算，而责任成本重点是事后的计算、评价和考核
D. 如果某管理人员不直接确定某项成本，则无需对该成本承担责任
E. 全部制造费用都需要分摊

9. 以下关于内部转移价格的表述中，正确的有(　　)。
A. 在中间产品存在完全竞争市场时，市场价格是理想的转移价格
B. 如果中间产品没有外部市场，则不宜采用内部协商转移价格
C. 采用变动成本加固定费用作为内部转移价格时，供应部门和购买部门承担的市场风险是不同的
D. 采用全部成本加上一定利润作为内部转移价格，可能会使部门经理作出不利于企业整体的决策

10. 下列各项中，属于揭示自然利润中心特征的是(　　)。
A. 直接面对市场　　B. 具有部分经营权
C. 实现利润最大化　　D. 对外销售产品而取得收入

三、判断题

1. 由于企业内部的个人不能构成责任实体，所以也不能将其作为责任中心。　(　　)
2. 成本中心的变动成本一定是可控成本，而固定成本一定是不可控成本。　(　　)

3. 某项会导致个别投资中心投资利润率提高的投资，不一定会使整个企业的投资利润率提高；某项会导致个别投资中心剩余收益指标提高的投资，则一定会使整个企业的剩余收益提高。 （ ）

4. 投资利润率能反映投资中心的综合盈利能力，但不具备横向可比性。 （ ）

5. 在集权组织形式下，编制责任预算的程序是自上而下的；在分权组织形式下，编制责任预算的程序是自上而下的。但无论在什么形式下，责任报告都是自下而上编制的。 （ ）

6. 内部转移价格只能用于企业内部各责任中心之间由于进行产品或劳务的流转而进行的内部结转。 （ ）

7. 当一个责任中心向另一个责任中心提供产品时，不仅要办理内部结算，还应同时办理责任成本的内部结转。 （ ）

8. 成本的可控是相对于不可控而言的，责任层次越高，其可控范围越小。 （ ）

9. 剩余收益等于利润扣减投资额与投资利润率的乘积。 （ ）

10. 责任转账的目的是划定各个责任中心的成本责任，贯彻"谁生产，谁承担"的原则。 （ ）

四、计算分析题

1. 某企业内部某车间为成本中心，生产A产品，预测产量6 000件，单位成本100元，实际产量7 000件，单位成本95元。要求：计算成本变动额和成本变动率。

2. 某企业的甲车间是一个人为利润中心，本期实现内部销售收入80万元，销售变动成本为55万元，该中心负责人可控固定成本为5万元，中心负责人不可控的且应由该中心负担的固定成本为7万元。要求：(1) 利润中心的考核指标有哪些？(2) 计算该中心的实际考核指标。

3. ABC公司有三个业务类似的投资中心，使用相同的预算进行控制，其2013年的有关资料如下：

表8-8 ABC公司投资中心的相关信息表 单位：万元

项目	预算数	实际数		
		A部门	B部门	C部门
销售收入	200	180	210	200
变动成本	120	108	126	120
固定成本	62	53	64	62
总资产	100	90	100	100

在年终进行业绩评价时，董事会对三个部门的评价发生分歧：有人认为C部门全面完成预算，业绩最佳；有人认为B部门销售收入和息税前利润均超过预算，并且利润最大，应是最好的；还有人认为A部门利润超过预算并节省了资金，是最好的。

(1) 假设该公司规定的最低息税前资产利润率为16%，请你对三个部门的业绩进行分析，评价出优先次序。

(2) 某C部门要使其息税前利润率上升到20%，其剩余收益应为多少？

4. 某集团公司下设A、B两个投资中心。A中心的投资额为500万元，投资利润率为

12％；B 中心的投资利润率为 15％，剩余收益为 30 万元；集团公司要求的平均投资利润率为 10％。集团现有投资 200 万元，若投向 A 公司，每年增加利润 25 万元；若投向 B 公司，每年增加利润 30 万元。要求计算下列指标：

(1) 追加投资前 A 中心的剩余收益；

(2) 追加投资前 B 中心的投资额；

(3) 追加投资前集团公司的投资利润率；

(4) 若 A 公司接受追加投资，其剩余收益；

(5) 若 B 公司接受追加投资，其剩余收益。

项目九　财务分析

导入案例

海尔股份有限公司的财务指标

以下是海尔公司2012年度公布的公司综合能力指标：

公司综合能力指标（单位：人民币元）

项目/报告期		2012年度	项目/报告期		2012年度
投资与收益	基本每股收益(元)	1.21762	盈利能力	净利润率(%)	4.09
	每股净资产(元)	4.1445		总资产报酬率(%)	7.31
	净资产收益率—加权平均(%)	33.78	经营能力	存货周转率	9.13
	扣除后每股收益(元)	1.183		固定资产周转率	16.27
偿债能力	流动比率(倍)	1.27		总资产周转率	1.79
	速动比率(倍)	1.04	资本构成	净资产比率(%)	22.40
	应收帐款周转率(次)	21.92		固定资产比率(%)	10.63
	资产负债比率(%)	68.95			

思考题：为何要计算这些指标？这些指标是怎么计算的？海尔公司2012年度综合能力怎样？

任务一　了解财务分析

一、明确财务分析目的

（一）财务分析的概念

财务分析是以企业的财务报告等会计资料为基础，运用一定的方法和技术，系统分析和评价企业的经营成果、财务状况以及未来发展趋势的过程。

（二）财务分析的目的

对企业进行财务分析所依据的资料是客观的，但是，财务分析对不同的信息使用者具有不同的意义。

1. 可以判断企业的财务实力

通过对资产负债表和利润表有关资料进行分析，计算相关指标，可以了解企业的资产结构和负债水平是否合理，从而判断企业的偿债能力、营运能力及获利能力等财务实力，揭示企业在财务状况方面可能存在的问题。

2. 可以评价和考核企业的经营业绩，揭示财务活动存在的问题

通过指标的计算、分析和比较，能够评价和考核企业的盈利能力和资产周转状况，揭示其经营管理的各个方面和各个环节问题，找出差距，得出分析结论。

3. 可以挖掘企业潜力，寻求提高企业经营管理水平和经济效益的途径

企业进行财务分析的目的不仅仅是发现问题，更重要的是分析问题和解决问题。通过财务分析，应保持和进一步发挥生产经营管理中成功的经验，对存在的问题应提出解决的策略和措施，以达到扬长避短、提高经营管理水平的经济效益的目的。

4. 可以评价企业的发展趋势

通过各种财务分析，可以判断企业的发展趋势，预测其生产经营的前景及偿债能力，从而为企业领导层进行生产经营决策、投资者进行投资决策和债权人进行信贷决策提供重要的依据，避免因决策错误给其带来重大的损失。

二、财务分析的内容

财务分析信息的需求者主要包括企业所有者、企业债权人、企业经营决策者和政府等。不同主体出于不同的利益考虑，对财务分析信息有着各自不同的要求。

(1) 企业所有者作为投资人，关心其资本的保值和增值状况，因此较为重视企业获利能力指标，主要进行企业盈利能力分析。

(2) 企业债权人因不能参与企业剩余收益分享，首先关注的是其投资的安全性，因此更重视企业偿债能力指标，主要进行企业偿债能力分析，同时也关注企业盈利能力分析。

(3) 企业经营决策者必须对企业经营理财的各个方面，包括运营能力、偿债能力、获利能力及发展能力的全部信息予以详尽的了解和掌握，主要进行各方面综合分析，并关注企业财务风险和经营风险。

(4) 政府兼具多重身份，既是宏观经济管理者，又是国有企业的所有者和重要的市场参与者，因此政府对企业财务分析的关注点因所具身份不同而异。

三、掌握财务分析方法

进行财务分析，需要运用一系列成套的专门方法。其常用的方法有：

(一) 比较分析法

比较分析法是按照特定的指标系将客观事物加以比较，从而认识事物的本质和规律并作出正确的评价。财务报表的比较分析法，是指对两个或两个以上的可比数据进行对比，找出企业财务状况、经营成果中的差异与问题。

根据比较对象的不同，比较分析法分为趋势分析法、横向比较法和预算差异分析法。最常用的比较分析法是趋势分析法。比较分析法的具体运用主要有重要财务指标的比较、会计报表的比较和会计报表项目构成的比较三种方式。以趋势分析法为例进行进一步的阐述。

1. 重要财务指标的比较

(1) 定基动态比率。定基动态比率是在连续数期的财务会计报告中，以某一期的数额为固定的基数数额而计算出来的动态比率。其计算公式如下：

$$定基动态比率=\frac{分析期数额}{固定基期数额}\times 100\%$$

(2) 环比动态比率。环比动态比率是在连续数期的财务会计报告中，以每一分析期的数据与上期数据相比较计算出来的动态比率。环比动态比率计算公式如下：

$$环比动态比率=\frac{分析期数额}{前期数额}\times 100\%$$

2. 会计报表的比较

会计报表的比较是指将连续数期的会计报表的金额并列起来，比较各指标不同期间的增减变动金额和幅度，据以判断企业财务状况和经营成果发展变化的一种方法。具体包括资产负债表比较、利润表比较和现金流量表比较等。

3. 会计报表项目构成的比较

这种方法是在会计报表比较的基础上发展而来的，是以会计报表中的某个总体指标作为100%，再计算出各组成项目占该总体指标的百分比，从而比较各个项目百分比的增减变动，以此来判断有关财务活动的变化趋势。

采用比较分析法时，应当注意以下问题：① 用于对比的各个时期的指标，其计算口径必须保持一致；② 应剔除偶发性项目的影响，使分析所利用的数据能反映正常的生产经营状况；③ 应运用例外原则对某项有显著变动的指标作重点分析，研究其产生的原因，以便采取对策，趋利避害。

(二) 比率分析法

比率分析法是通过计算各种比率指标来确定财务活动变动程度的方法。比率指标的类型主要有构成比率、效率比率和相关比率三类。

1. 构成比率

构成比率又称结构比率，是某项财务指标的各组成部分数值占总体数值的百分比，反映部分与总体的关系。其计算公式为

$$构成比率=\frac{某个组成部分数额}{总体数额}$$

利用构成比率，可以考察总体中某个部分的形成和安排是否合理，以便协调各项财务活动。

2. 效率比率

效率比率是某项财务活动中所费与所得的比率，反映投入与产出的关系。利用效率比率指标，可以进行得失比较，考察经营成果，评价经济效益。例如将利润项目与销售成本、销售收入等项目加以对比，可计算出成本利润率和销售利润率等指标。利用效率可以从不同角度观察比较企业获利能力的高低及其增减变化情况。

3. 相关比率

相关比率是某个项目和与其有关但又不同的项目加以对比所得的比率，反映有关经济活动的相互关系，因此，又称关系比率。计算公式如下：

$$相关比率=\frac{项目\ A\ 的数值}{项目\ B\ 的数值}$$

(三) 因素分析法

因素分析法，是依据分析指标与其影响因素的关系，从数量上确定各因素对分析指标影响

方向和影响程度一种方法。比较常用的因素分析法有连环替代法和差额计算法。

1. 连环替代法

计算程序：

第一步，以计划数为基础，所有的因素都按计划数计算，计算出计划指标值。

第二步，把实际指标体系的每项因素的实际数，逐个地、顺序地替代计划数，有几项就替代几项，每项替代后的实际数就被保留下来，直到所有因素都变为实际数为止。每项替代后，应计算出由于该项因素变化所得的结果。

第三步，将每项替代后的计算结果与这一因素替代前的结果进行比较，两者差额，就是这一因素变化对经济指标差异的影响程度。

第四步，验证计算分析结果的正确性。将各因素的影响数值相加，看其是否与计算出的实际指标与计划指标之间的总差额相符。

【案例 9-1】 某企业使用甲材料从事产品生产，甲材料的计划与实际耗用资料如表 9-1 所示。

表 9-1　甲材料耗用资料

项目	计量单位	计划数	实际数
产量	件	400	390
单位产品材料消耗量	公斤	50	49
甲材料单价	元	25	26
甲材料费用	元	500 000	496 860

材料耗费总额＝产品产量×单位产品材料消耗量×材料单价

甲材料费用总差异＝496 860－500 000＝－3 140(元)

运用连环替代法，可以计算各因素变动对材料费用总额的影响。

计划指标：400×50×25＝500 000(元)　①

第一次替代：390×50×25＝487 500(元)　②

第二次替代：390×49×25＝477 750(元)　③

第三次替代：390×49×26＝496 860(元)　④

②－①＝487 500－500 000＝－12 500(元)　产量减少的影响

③－②＝477 750－487 500＝－9 750(元)　材料节约的影响

④－③＝496 860－477 750＝19 110(元)　价格提高的影响

－12 500－9 750＋19 110＝－3 140(元)　全部因素的影响

2. 差额分析法

差额分析法是连环替代法的一种简化形式，是利用各个因素的比较值与基准值之间的差额，来计算各因素对分析指标的影响。

【案例 9-2】 沿用表 9-1 中的资料。可采用差额分析法计算确定各因素变动对材料费用的影响。

(1) 由于产量减少对材料费用的影响为：

(390－400)×50×25＝－12 500(元)

（2）由于材料消耗节约对材料费用的影响为：

390×(49－50)×25＝－9 750(元)

（3）由于价格提高对材料费用的影响为：

390×49×(26－25)＝19 110(元)

综合影响为：

－12 500－9 750＋19 110＝－3 140(元)

任务二　开展专项财务分析

子任务一　偿债能力分析

偿债能力是指企业偿还本身所欠债务的能力。对偿债能力进行分析有利于债权人进行正确的借贷决策；有利于投资者进行正确的投资决策；有利于企业经营者进行正确的经营决策；有利于正确评价企业的财务状况。

表 9－2　资产负债表

编制单位：豪胜有限公司　　2013 年 12 月 31 日　　单位：万元

项　目	期末余额	年初余额	项　目	期末余额	年初余额
流动资产			流动负债		
货币资金	53 252	72 039	应付票据	27 256	7 622
交易性金融资产	76	22	应付账款	8 171	15 086
应收票据	2 900	3 100	预收款项	11 984	7 383
应收账款	4 464	7 331	应付职工薪酬	582	573
预付款项	57 387	12 408	应交税费	3 015	2 153
应收股利	195	163	应付股利	118	18
其他应收款	2 567	6 724	其他应付款	7 333	5 762
存货	171 382	139 722	流动负债合计	58 459	38 597
流动资产合计	292 223	241 509	非流动负债		
非流动资产			长期借款	170 100	160 100
可供出售金融资产	1 845	1 742	递延所得税负债	711	118
长期股权投资	6 899	6 970	非流动负债合计	170 811	160 218
固定资产	146 873	142 977	负债合计	229 270	198 815
在建工程	17 092	7 099	所有者权益(股东权益)		

（续表）

项　目	期末余额	年初余额	项　目	期末余额	年初余额
固定资产清理	4 353	241	实收资本(或股本)	140 552	130 552
无形资产	4 797	4 942	资本公积	16 358	16 381
长期待摊费用	1 544	1 244	盈余公积	39 135	34 796
递延所得税资产	790	884	未分配利润	51 101	27 064
非流动资产合计	184 193	166 099	所有者权益合计	247 146	208 793
资产总计	476 416	407 608	负债和所有者权益合计	476 416	407 608

一、短期偿债能力分析

短期偿债能力衡量的是对流动负债的清偿能力。短期偿债能力比率也称为变现能力比率或流动性比率，主要考察的是流动资产对流动负债的清偿能力。企业短期偿债能力的衡量指标主要有营运资金、流动比率、速动比率和现金比率。

(一) 营运资金

营运资金是指流动资产超过流动负债的部分。其计算公式如下：

营运资金＝流动资产－流动负债

【案例 9－3】 根据豪胜有限公司资产负债表资料：

2013 年度营运资金＝292 223－58 459＝233 764(万元)

2012 年度营运资金＝241 509－38 597＝202 912(万元)

营运资本越多，偿债越有保障。当流动资产大于流动负债时，营运资金为正，说明企业财务状况稳定，不能偿债的风险较小。反之，当流动资产小于流动负债时，营运资金为负，此时，企业部分非流动资产以流动负债作为资金来源，企业不能偿债的风险很大。因此，企业必须保持正的营运资金，以避免流动负债的偿付风险。

局限性：不便于不同企业之间的比较。

(二) 流动比率

流动比率是企业流动资产与流动负债之比。其计算公式为

流动比率＝流动资产÷流动负债

流动比率表明每 1 元流动负债有多少流动资产作为保障，流动比率越大通常短期偿债能力越强。一般认为，生产企业合理的最低流动比率是 2。

【案例 9－4】 根据豪胜有限公司资产负债表资料，计算其流动比率：

2013 年度流动比率＝292 223÷58 459＝5.0

2012 年度流动比率＝241 509÷38 597＝6.26

根据计算结果，可以看出豪胜有限公司偿债能力有所下降，但是年初年末流动比率均大于 2，短期偿债能力依然较高。每 1 元流动负债有 5 元流动资产作为保障。

运用流动比率进行分析时，要注意以下几个问题：

(1) 流动比率高不意味着短期偿债能力一定很强。因为流动比率假设全部流动资产可变现清偿流动负债，实际上各项流动资产的变现能力并不相同而且变现金额可能与账面金额存

在较大差异。

(2) 同行业平均流动比率。计算出来的流动比率，只有和同行业平均流动比率、本企业历史流动比率进行比较，才能知道这个比率是高还是低，并应查找原因。

(3) 存货等流动资产变现能力较差。流动比率只能大致反映流动资产整体的变现能力。流动资产中包含像存货这类变现能力较差的资产，如能将其剔除，其所反映的短期偿债能力更加可信，这个指标就是速动比率。

(三) 速动比率

速动比率是企业速动资产与流动负债之比，其计算公式为

速动比率＝速动资产÷流动负债

速动比率表明每 1 元流动负债有多少速动资产作为偿债保障。一般情况下，速动比率越大，短期偿债能力越强。由于通常认为存货占了流动资产的一半左右，因此剔除存货影响的速动比率至少是 1。

构成流动资产的各项目，流动性差别很大。其中货币资金、交易性金融资产和各种应收款项，可以在较短时间内变现，称为速动资产；另外的流动资产，包括存货、预付款项、一年内到期的非流动资产和其他流动资产等，属于非速动资产。速动资产主要剔除了存货，原因是：① 流动资产中存货的变现速度较慢；② 部分存货可能已被抵押；③ 存货成本和市价可能存在差异。

【案例 9-5】 根据豪胜有限公司资产负债表资料，计算其速动比率。

2013 年度速动比率＝(292 223－171 382－57 387)÷58 459＝1.09

2012 年度速动比率＝(241 509－139 722－12 408)÷38 597＝2.32

根据计算结果，可以看出剔除了存货、预付账款的豪胜有限公司年末年初的速动比率都大于 1，短期偿债能力较强。

一般情况下，速动比率越大，短期偿债能力越强。但如果速动比率过高，虽然会使企业的偿债能力增强，但同时也说明企业可能拥有过多的闲置资产，比如拥有过多的现金，使企业资产的收益率降低。

需要注意的是：速动比率较低的企业，也不能认为其流动负债到期一定无法偿还。如果存货流转速度快，变现能力较强，即使速动比率较低，但只要流动比率高，企业仍然能偿还到期债务。另外，使用该指标还要考虑行业的差异性，如大量使用现金结算的企业其速动比率大大低于 1 也属于正常现象。

(四) 现金比率

现金资产包括货币资金和交易性金融资产等。现金资产与流动负债的比值称为现金比率。现金比率计算公式为：

现金比率＝(货币资金＋交易性金融资产)÷流动负债

速动资产中的应收账款流动性相对不强，不一定能按时收回，现金比率剔除了应收账款对偿债能力的影响，最能反映企业直接偿付流动负债的能力，表明每 1 元流动负债有多少现金资产作为偿债保障。由于流动负债是在一年内(或一个营业周期内)陆续到期清偿，所以并不需要企业时时保留相当于流动负债金额的现金资产。一般认为，0.2 的现金比率就可以接受。

【案例 9-6】 根据豪胜有限公司资产负债表资料，计算其现金比率。

2013 年度现金比率＝(53 252＋76)÷58 459＝0.91

2012 年度现金比率＝(72 039＋22)÷38 597＝1.87

综合营运资金、流动比率、速动比率和现金比率计算结果，可以看出豪胜有限公司短期偿债能力较强。由于每项指标值均高于标准值，可以适当减少流动资产金额，流动资产金额过高，会有资金闲置浪费的现象。

二、长期偿债能力分析

长期偿债能力是指企业在较长的期间偿还债务的能力。企业在长期内，不仅需要偿还流动负债，还需要偿还非流动负债，长期偿债能力衡量的是对企业所有负债的清偿能力。

(一) 资产负债率

资产负债率是企业负债总额与资产总额之比。其计算公式为

资产负债率＝负债总额÷资产总额×100％

资产负债率反映总资产中有多大比例是通过负债取得的，可以衡量企业清算时资产对债权人权益的保障程度。当资产负债率高于 50％时，表明企业资产来源主要依靠的是负债，财务风险较大。当资产负债率低于 50％时，表明企业资产的主要来源是所有者权益，财务比较稳健。这一比率越低，表明企业资产对负债的保障能力越高，企业的长期偿债能力越强。

【案例 9－7】 根据豪胜有限公司资产负债表资料，计算其资产负债率。

2013 年度资产负债率＝229 270÷476 416×100％＝48.12％

2012 年度资产负债率＝198 815÷407 608×100％＝48.78％

豪胜有限公司资产负债率低于 50％，表明企业资产来源主要依靠的是所有者权益(股东)，财务风险相对较小，如果能结合行业平均水平进一步分析，分析结论更科学。

(二) 产权比率

产权比率又称资本负债率，是负债总额与所有者权益之比，它是企业财务结构稳健与否的重要标志。其计算公式为

产权比率＝负债总额÷所有者权益(或股东权益)×100％

产权比率反映了由债务人提供的资本与所有者提供的资本的相对关系；反映了债权人资本受股东权益保障的程度。一般来说，这一比率越低，表明企业长期偿债能力越强，债权人权益保障程度越高。

【案例 9－8】 根据豪胜有限公司资产负债表资料，计算其产权比率。

2013 年度产权比率＝229 270÷247 146×100％＝92.77％

2012 年度产权比率＝198 815÷208 793×100％＝95.22％

由计算可知，豪胜有限公司产权比率有所下降，长期偿债能力有所提高。产权比率低于 100％，说明所有者权益总额高于负债总额。

(三) 权益乘数

权益乘数是总资产与所有者权益(或股东权益)的比值。其计算公式为：

权益乘数＝总资产÷所有者权益(或股东权益)

权益乘数表明所有者(或股东)每投入 1 元钱可实际拥有和控制的金额。在企业存在负债的情况下，权益乘数大于 1。企业负债比例越高，权益乘数越大。

【案例 9－9】 根据豪胜有限公司资产负债表资料，计算其权益乘数。

2013 年度权益乘数＝476 416÷247 146＝1.93

2012 年度权益乘数=407 608÷208 793=1.95

(四) 利息保障倍数

利息保障倍数是指企业息税前利润与全部利息费用之比，又称已获利息倍数，用以衡量偿付借款利息的能力。其计算公式为：

利息保障倍数=息税前利润÷全部利息费用

=(净利润+利润表中的利息费用+所得税)÷全部利息费用

=(利润总额+利润表中的利息费用)÷全部利息费用

公式中的分子“息税前利润”是指利润表中未扣除利息费用和所得税前的利润。公式中的分母“全部利息费用”是指本期发生的全部应付利息，不仅包括财务费用中的利息费用，还应包括计入固定资产成本的资本化利息。利息保障倍数的重点是衡量企业支付利息的能力，没有足够大的息税前利润，利息的支付就会发生困难。

利息保障倍数反映支付利息的利润来源(息税前利润)与利息支出之间的关系，该比率越高，长期偿债能力越强。从长期看，利息保障倍数至少要大于 1(国际公认标准为 3)，也就是说，息税前利润至少要大于利息费用，企业才具有负债的可能性。在短期内，利息保障倍数小于 1 也仍然具有利息支付能力，因为计算净利润时减去的一些折旧和摊销费用并不需要支付现金。在分析时需要比较企业连续多个会计年度的利息保障倍数，以说明企业付息能力的稳定性。

【案例 9-10】 根据豪胜有限公司利润表和资产负债表资料，计算其利息保障倍数。

2013 年度利息保障倍数=(9 588+539)÷639=15.85

2012 年度利息保障倍数=(6 250+319)÷400=16.42

从计算结果来看，豪胜有限公司利息保障倍数稍有下降，但是利息保障倍数值较高，所以企业偿债能力较强。

子任务二 营运能力分析

一、营运能力内涵

资产是一个企业从事生产经营活动必须具备的物质基础。营运能力主要指资产运用、循环的效率高低。一般而言，资金周转速度越快，说明企业的资金管理水平越高，资金利用效率越高，企业可以以较少的投入获得较多的收益。因此，营运能力指标是投入与产出(主要指收入)之间的关系反映。企业营运能力分析指标主要有：流动资产营运能力分析、固定资产营运能力分析和总资产营运能力分析三个方面。

表 9-3 利润表

编制单位：豪胜有限公司　　2013 年 12 月 31 日　　单位：万元　　币种：人民币

项　　目	期末余额	年初余额
一、营业收入	411 400	290 669
减：营业成本	342 551	212 877

（续表）

项　目	期末余额	年初余额
营业税金及附加	5 662	7 792
销售费用	2 382	2 400
管理费用	6 896	7 135
财务费用	539	319
资产减值损失	595	495
投资收益	2 567	6 724
二、营业利润	55 342	66 375
加：营业外收入	4 239	4 185
减：营业外支出	78	249
三、利润总额	59 503	70 311
减：所得税费用	25 875	30 577
四、净利润	33 628	39 734

二、流动资产营运能力比率分析

1. 应收账款周转率

反映应收账款周转情况的比率有应收账款周转率（次数）和应收账款周转天数。

应收账款周转次数，是一定时期内商品或产品销售收入净额与应收账款平均余额的比值，表明一定时期内应收账款平均收回的次数。其计算公式为

$$应收账款周转次数=\frac{销售收入净额}{应收账款平均余额}=\frac{销售收入净额}{[(期初应收账款+期末应收账款)/2]}$$

应收账款周转天数指应收账款周转一次（从销售开始到收回现金）所需要的时间，其计算公式为

$$应收账款周转天数=计算期天数\div应收账款周转次数$$
$$=计算期天数\times应收账款平均余额\div销售收入净额$$

应该注意的问题：① 因为条件限制，销售收入净额使用利润表中的“营业收入”；② 应收账款包括会计报表中的“应收账款”和“应收票据”等全部赊销账款在内；③ 应收账款应为未扣除坏账准备的金额；④ 应收账款期末余额的可靠性问题。

一般来说，应收账款周转率越高、周转天数越短表明应收账款管理效率越高。这意味着：① 企业收账迅速，信用销售管理严格；② 应收账款流动性强，从而增强企业短期偿债能力；③ 可以减少收账费用和坏账损失，相对增加企业流动资产的投资收益；④ 通过比较应收账款周转天数及企业信用期限，可评价客户的信用程度，调整企业信用政策。

【案例 9－11】 根据豪胜有限公司利润表和资产负债表资料，计算其应收账款周转次数和周转天数。

分析：

根据表 9-2、9-3 的资料，豪胜有限公司 2013 年度营业收入为 411 400 万元，2013 年应收账款、应收票据年末数为 7 364(2 900+4 464) 万元，年初数为 10 431(3 100+7 331)万元。假设年初坏账准备为 31 万元，年末坏账准备为 29 万元。2013 年该公司应收账款周转率指标计算如下：

$$应收账款周转次数=\frac{411\ 400}{(10\ 431+31+7\ 364+29)\div 2}=46.08(次)$$

应收账款周转天数＝360÷46.08＝7.8(天)

2. 存货周转率

存货周转率(次数)是指一定时期内企业销售成本与存货平均资金占用额的比率，是衡量和评价企业购入存货、投入生产、销售收回等各环节管理效率的综合性指标。一般来讲，存货周转速度越快，存货占用水平越低，流动性越强，存货转化为现金或应收账款的速度就越快，这样会增强企业的短期偿债能力及盈利能力。

其计算公式为

存货周转次数＝销售成本÷存货平均余额

存货平均余额＝(期初存货＋期末存货)÷2

存货周转天数是指存货周转一次(即存货取得到存货销售)所需要的时间。计算公式为

存货周转天数＝计算期天数÷存货周转次数

＝计算期天数×存货平均余额÷销售成本

【案例 9-12】 根据豪胜有限公司利润表和资产负债表资料，计算其存货周转次数和周转天数。

分析：

根据表 9-2、9-3 的资料，豪胜有限公司 2013 年度销售成本(营业成本)为 342 551 万元，期初存货为 139 722 万元，期末存货为 171 382 万元，该公司存货周转率指标为：

存货周转次数＝342 551÷[(139 722＋171 382)÷2]＝2.20(次)

存货周转天数＝360÷2.20＝163.64(天)

豪胜有限公司 2013 年度存货周转次数较低，存货周转天数较长，周转速度相对较慢，从应收账款周转情况来看，该企业信用政策相对较严，也是导致存货周转速度较慢的原因之一。

应注意的问题：① 存货周转率的高低与企业的经营特点有密切联系，应注意行业的可比性；② 该比率反映的是存货整体的周转情况；③ 应结合应收账款周转情况和信用政策进行分析。

3. 流动资产周转率

流动资产周转率是反映企业流动资产周转速度的指标。流动资产周转率(次数)是一定时期销售收入净额与企业流动资产平均占用额之间的比率。其计算公式为

流动资产周转次数＝销售收入净额÷流动资产平均余额

流动资产周转天数＝计算期天数÷流动资产周转次数

＝计算期天数×流动资产平均余额÷销售收入净额

式中：流动资产平均余额＝(期初流动资产＋期末流动资产)÷2。

在一定时期内，流动资产周转次数越多，表明以相同的流动资产完成的周转额越多，流动

资产利用效果越好。流动资产周转天数越少，表明流动资产在经历生产销售各阶段所占用的时间越短，可相对节约流动资产，增强企业盈利能力。

【案例 9-13】 根据豪胜有限公司利润表和资产负债表资料，计算其流动资产周转次数和周转天数。

分析：

根据表 9-2、9-3 的资料，豪胜有限公司 2013 年度营业收入为 411 400 万元，2013 年流动资产年末数为 292 223 万元，年初数为 241 509 万元。2013 年该公司流动资产周转率计算如下：

流动资产周转次数＝411 400÷[(292 223＋241 509)÷2]＝1.54(次)

流动资产周转天数＝360÷1.54＝233.77(天)

三、固定资产营运能力分析

固定资产周转率是指企业年销售收入净额与固定资产平均净额的比率。其计算公式为

固定资产周转率＝销售收入净额÷固定资产平均净值

式中：固定资产平均净值＝(期初固定资产净值＋期末固定资产净值)÷2。

固定资产周转率高，说明企业固定资产投资得当，结构合理，利用效率高；反之，如果固定资产周转率不高，则表明固定资产利用效率不高，提供的生产成果不多，企业的营运能力不强。

【案例 9-14】 根据豪胜有限公司利润表和资产负债表资料，计算其固定资产周转率。

分析：

根据表 9-2、9-3 的资料，豪胜有限公司 2013 年度营业收入为 411 400 万元，2012 年度营业收入为 290 669 万元，2013 年年末固定资产净值为 146 873 万元，年初数为 142 977 万元。假设 2012 年年初固定资产净值为 140 600 万元，该公司固定资产周转率计算如下：

2013 年固定资产周转率＝411 400÷[(146 873＋142 977)÷2]＝2.84(次)

2012 年固定资产周转率＝290 669÷[(140 600＋142 977)÷2]＝2.05(次)

通过以上计算可知，企业 2013 年固定资产周转率高于 2012 年固定资产周转率，固定资产利用效率提高，营运能力加强。

四、总资产营运能力分析

总资产周转率是企业销售收入净额与企业资产平均总额的比率。计算公式为

总资产周转率＝销售收入净额÷平均资产总额

如果企业各期资产总额比较稳定，波动不大，则

平均总资产＝(期初总资产＋期末总资产)÷2

这一比率用来衡量企业资产整体的使用效率。对总资产周转情况的分析应结合各项资产的周转情况，以发现影响企业资产周转的主要因素。

【案例 9-15】 根据豪胜有限公司利润表和资产负债表资料，计算其总资产周转率。

分析：

根据表 9-2、9-3 的资料，豪胜有限公司 2013 年度营业收入为 411 400 万元，2012 年度营业收入为 290 669 万元，2013 年年末资产总额为 476 416 万元，年初数为 407 608 万元。假设 2012 年年初资产总额为 367 600 万元，该公司总资产周转率计算如下：

2013 年总资产周转率＝411 400÷[(476 416＋407 608)÷2]＝0.93(次)

2012 年总资产周转率＝290 669÷[(407 608＋367 600)÷2]＝0.75(次)

通过以上计算可知，企业 2013 年总资产周转率高于 2012 年总资产周转率，总资产利用效率提高，营运能力加强。与固定资产周转率分析一致。

子任务三　盈利能力分析

盈利能力就是企业获取利润、实现资金增值的能力。因此，盈利能力指标主要通过收入与利润之间的关系、资产与利润之间的关系反映。反映企业盈利能力的指标主要有销售毛利率、销售净利率、总资产净利率和净资产收益率。

1. 销售毛利率

销售毛利率是销售毛利与销售收入之比，其计算公式如下：

销售毛利率＝销售毛利÷销售收入

其中：销售毛利＝销售收入－销售成本。

销售毛利率反映产品每销售 1 元所包含的毛利润是多少，及销售收入扣除销售成本后还有多少剩余可用于各期费用和形成利润。销售毛利率越高，表明产品的盈利能力越强。

【案例 9－16】 根据豪胜有限公司利润表资料，计算其销售毛利率。

分析：

根据表 9－2、9－3 的资料，豪胜有限公司 2013 年度营业收入为 411 400 万元、营业成本为 342 551 万元，2012 年度营业收入为 290 669 万元、营业成本为 212 877 万元。该公司销售毛利率计算如下：

2013 年销售毛利率＝(411 400－342 551)÷411 400×100％＝16.74％

2012 年销售毛利率＝(290 669－212 877)÷290 669×100％＝26.76％

2. 销售净利率

销售净利率是净利润与销售收入之比，其计算公式为

销售净利率＝净利润÷销售收入

销售净利率反映每 1 元销售收入最终赚取了多少利润，用于反映产品最终的盈利能力。

【案例 9－17】 根据豪胜有限公司利润表资料，计算其销售净利率。

分析：

根据表 9－2、9－3 的资料，豪胜有限公司 2013 年度营业收入为 411 400 万元、净利润为 33 628 万元，2012 年度营业收入为 290 669 万元、净利润为 39 734 万元。该公司销售净利率计算如下：

2013 年销售净利率＝33 628÷411 400×100％＝8.17％

2012 年销售净利率＝39 734÷290 669×100％＝13.67％

从以上计算可以看出，2013 年各项销售利润率指标均比上年有所下降。说明企业盈利能力有所下降，企业应查明原因，采取相应措施，提高盈利水平。

3. 总资产净利率

总资产净利率是净利润与平均总资产之比，反映每 1 元资产创造的净利润。其计算公式为

总资产净利率＝净利润÷平均总资产×100%

总资产净利率衡量的是企业资产的盈利能力。总资产净利率越高，表明企业资产的利用效果越好。影响总资产净利率的因素是销售净利率和总资产周转率。

$$总资产净利率=\frac{净利润}{总资产}=\frac{净利润}{销售收入}\times\frac{销售收入}{平均总资产}$$

$$=销售净利率\times总资产周转率$$

通过公式看出，企业可以通过提高销售净利率、加速资产周转来提高总资产净利率。

【案例9-18】 根据豪胜有限公司利润表和现金流量表资料，计算其总资产净利率。

分析：

根据表9-2、9-3的资料，豪胜有限公司2013年度净利润为33 628万元，2012年度净利润为39 734万元，2013年年末资产总额为476 416万元，年初数为407 608万元。假设2012年年初资产总额为367 600万元。该公司总资产净利率计算如下：

2013年总资产净利率＝33 628÷[(476 416＋407 608)÷2]×100%＝7.61%

2012年总资产净利率＝39 734÷[(407 608＋367 600)÷2]×100%＝10.25%

通过计算得知，总资产净利率有所下降，表明企业盈利能力减弱。结合前面计算的销售净利率和总资产周转率发现，销售净利率下降是总资产净利率下降的原因，表明企业的盈利能力存在问题。企业应进一步分析产品盈利能力下降的原因，通过提高销售净利率改善企业整体盈利水平。

4. 净资产收益率

净资产收益率又叫权益净利率或权益报酬率，是净利润与平均所有者权益的比值，表示每1元股东资本赚取的净利润，反映资本经营的盈利能力。其计算公式为

净资产收益率＝净利润÷平均所有者权益×100%

一般来说，净资产收益率越高，股东和债权人的利益保障程度越高。这个指标是投资者关注的重点。

$$净资产收益率=\frac{净利润}{平均净资产}=\frac{净利润}{平均总资产}\times\frac{平均总资产}{平均净资产}=资产净利率\times权益乘数$$

通过对净资产收益率的分解可以看出，改善资产盈利能力和增加企业负债都可以提高净资产收益率。而如果不改善资产盈利能力，只通过加大举债提高权益乘数进而提高净资产收益率的做法是十分危险的。只有当企业净资产收益率上升同时财务风险没有明显加大，才能说明企业财务状况良好。

【案例9-19】 根据豪胜有限公司资产负债表和利润表资料，计算其净资产净利率。

分析：

根据表9-2、9-3的资料，豪胜有限公司2013年度净利润为33 628万元，2012年度净利润为39 734万元，2013年年末所有者权益为247 146万元，年初数为208 793万元。假设2012年年初所有者权益总额为189 000万元。该公司净资产收益率计算如下：

2013年净资产收益率＝33 628÷[(247 146＋208 793)÷2]×100%＝14.75%

2012年净资产收益率＝39 734÷[(208 793＋189 000)÷2]×100%＝19.98%

由于该公司净利润负增长，所有者权益正增长，2013年净资产收益率要比上年低了5个多百分点，从所有者的角度看，盈利能力明显降低。由前面的计算结果可以发现，企业权益乘

数和资产净利率均有所下降,但主要原因在于资产净利率下降幅度较大,企业盈利能力减弱。企业应该尽快改善盈利能力。

子任务四　发展能力分析

企业是一个营利为目标的组织,其出发点和归宿都是营利。企业必须生存下去才可能获利,而企业要获得生存就必须不断发展。发展是生存之本,也是获利之源。衡量企业发展能力的指标主要有:销售收入增长率、总资产增长率、营业利润增长率、资本保值增值率和资本积累率等。

1. 销售收入增长率

该指标反映的是相对化的销售收入增长情况,是衡量企业经营状况和市场占有能力、预测企业经营业务拓展趋势的重要指标。其计算公式为

销售收入增长率=本年销售收入增长额/上年销售收入总额×100%

其中:

本年销售收入增长额=本年销售收入总额－上年销售收入总额

计算过程中,销售收入可以使用利润表中的“营业收入”数据。销售收入增长率若大于0,表明企业本年营业收入有所增长,指标值越高,表明增长速度越快,企业市场前景越好。若该指标小于0,则说明产品或服务不适销对路、质次价高,或是在售后服务等方面存在问题,市场份额萎缩。该指标在实际操作时,应结合企业历年的营业收入水平、企业市场占有情况、行业未来发展及其他影响企业发展的潜在因素进行前瞻性预测,或者结合企业前三年的营业收入增长率作出趋势性分析判断。

【案例9-20】 根据豪胜有限公司利润表资料,计算其销售收入增长率。

分析:

根据表9-3的资料,豪胜有限公司2013年度营业收入为411 400万元,2012年度营业收入为290 669万元。则公司本年销售收入增长率为

销售收入增长率=(411 400－290 669)/290 669×100%=41.54%

由此可以看出,豪胜有限公司2013年度销售收入有较大提高,该企业提供的产品或服务受到市场的欢迎,有利于企业进一步的发展。

2. 资本保值增值率

资本保值增值率=期末所有者权益/期初所有者权益总额×100%

【案例9-21】 根据豪胜有限公司资产负债表资料,计算其资本保值增值率。

分析:

根据表9-3的资料,豪胜有限公司2013年年末所有者权益为247 146万元,年初数为208 793万元,则公司资本保值增值率为

资本保值增值率=247 146/208 793×100%=118.37%

一般认为,资本保值增值率越高,表明企业的资本保全状况越好,所有者权益增长越快,债权人的债务越有保障。该指标通常应当大于100%。

3. 总资产增长率

总资产增长率=本年资产增长额/年初资产总额×100%

其中：

本年资产增长额＝年末资产总额－年初资产总额

【案例 9－22】 根据豪胜有限公司资产负债表资料，计算其总资产增长率。

分析：

根据表 9－3 的资料，豪胜有限公司 2013 年年末资产总额为 476 416 万元，年初数为 407 608万元。则公司本年总资产增长率为

总资产增长率＝(476 416－407 608)/407 608×100％＝16.88％

总资产增长率是从企业资产总量扩张方面衡量企业的发展能力，表明企业规模增长水平对企业发展后劲的影响。该指标越高，表明企业一定时期内资产经营规模扩张的速度越快。但在实际分析时，应注意考虑资产规模扩张质和量的关系，以及企业的后续发展能力，避免资产盲目扩张。

4. 营业利润增长率

营业利润增长率＝本年营业利润增长额/上年营业利润总额×100％

其中：

本年营业利润增长额＝本年营业利润－上年营业利润

【案例 9－23】 根据豪胜有限公司利润表资料，计算其营业利润增长率。

分析：

根据表 9－3 的资料，豪胜有限公司 2013 年年末营业利润为 55 342 万元，年初数为 66 375 万元。则公司本年营业利润增长率为

营业利润增长率＝(55 342－66 375)/66 375×100％＝－16.62％

5. 资本积累率

资本积累率＝本年所有者权益增长额/年初所有者权益×100％

其中：

本年所有者权益增长额＝年末所有者权益－年初所有者权益

该指标反映企业所有者权益在当年的变动水平，体现了企业资本的积累情况，是企业发展强盛的标志，也是企业扩大再生产的源泉，展示了企业的发展潜力。

【案例 9－24】 根据豪胜有限公司资产负债表资料，计算其资本积累率。

分析：

根据表 9－2 的资料，豪胜有限公司 2013 年年末所有者权益为 247 146 万元，年初数为 208 793 万元，则公司资本积累率为

资本积累率＝(247 146－208 793)/208 793×100％＝18.37％

资本积累率反映了投资者投入企业资本的保全性和增长性，该指标越高，表明企业资本积累越多，企业资本保全性越强，应付风险、持续发展的能力越大。

子任务五　掌握上市公司常用财务指标

上市公司是一类特殊的企业，是指经过批准，可以在证券交易所向社会公开发行股票而筹资成立的股份有限公司，其权益资本被分成等额的股份，也被称为股本。

上市公司与一般企业的不同之处在于有股票二级市场形成的交易价格，并通过发放股利

的形式进行利润分配。因此,对上市公司盈利能力的分析还可以通过对每股收益、每股股利、市盈率、每股净资产和市净率等财务指标的分析进行。

一、每股收益

每股收益(Earning per share,简称 EPS)是综合反映上市公司盈利能力的重要指标,也是作为股东对上市公司最为关注的指标,可以用来判断和评价管理层的经营业绩。每股收益由于对分母部分的发行在外流通股数的计算口径不同,可以分为基本每股收益和稀释每股收益。

(一) 基本每股收益

基本每股收益的计算公式为:

$$\text{基本每股收益}=\frac{\text{归属于公司普通股股东的净利润}}{\text{发行在外的普通股加权平均数}}$$

其中:发行在外普通股的加权平均数=期初发行在外普通股股数+当期新发普通股股数×已发行时间÷报告期时间-当期回购普通股股数×已回购时间÷报告期时间。

【案例 9-25】 某上市公司 2013 年度归属于普通股股东的净利润 50 000 万元。2012 年年末的股本为 10 000 万股,2013 年 3 月 2 日,经公司 2012 年度股东大会决议,以截止 2012 年年末公司总股本为基础,向全体股东每 10 股送红股 1 股,工商注册登记变更完成后公司总股本变为 11 000 万股。2013 年 6 月 8 日回购股票 800 万股。2013 年 9 月 10 日发行新股 500 万股。计算该上市公司基本每股收益。

分析:

$$\text{基本每股收益}=\frac{50\,000}{10\,000+1\,000+500\times3\div12-800\times6\div12}=4.66(\text{元/股})$$

(二) 稀释每股收益

企业存在具有稀释性的潜在普通股的情况下,应当根据具有稀释性的潜在普通股的影响,分别调整归属于普通股股东的当期净利润以及当期发行在外普通股的加权平均数,并据以计算稀释的每股收益。潜在普通股主要包括:可转换公司债券、认股权证和股份期权等。

1. 可转换公司债券

对于可转换公司债券,计算稀释每股收益时,分子的调整项目为可转换公司债券当期已确认为费用的利息等的税后影响额;分母的调整项目为假定可转换公司债券当期期初或发行日转换为普通股的股数加权平均数。

2. 认股权证和股份期权

认股权证、股份期权等的行权价格低于当期普通股平均市场价格时,应当考虑其稀释性。计算稀释每股收益时,作为分子的净利润金额一般不变;分母的调整项目为增加的普通股股数,同时还应考虑时间权数。行权价格和拟行权时转换的普通股股数,按照有关认股权证合同和股份期权合约确定。当期发行认股权证或股份期权的,普通股平均市场价格应当自认股权证或股份期权的发行日起计算。

【案例 9-26】 某上市公司 2013 年 10 月 1 日按面值发行年利率为 5%的可转换公司债券,面值 10 000 万元,期限为 3 年,利息每年年末支付一次,发行结束一年后可以转换股票,转换价格为每股 5 元,即每 100 元债券可转换为 1 元面值的普通股 20 股。2013 年该公司归属于普通股股东的净利润为 10 000 元,2013 年发行在外的普通股加权平均数为 8 000 万股,债券利息不符合资本化条件，直接计入当期损益，所得税税率为25%。假设不考虑可转化公司债券在负债成分和权益成分之间的分拆，且债券票面利率等于实际利率。计算该公司稀释每股收益。

分析：

$$基本每股收益=\frac{10\ 000}{8\ 000}=1.25(元)$$

假设全部转股，所增加的净利润：

$$10\ 000\times 5\%\times 3\div 12\times(1-25\%)=93.75(万元)$$

假设全部转股，所增加的年加权平均普通股股数：

$$\frac{10\ 000}{100}\times 20\times\frac{3}{12}=500(万股)$$

$$增量股的每股收益=\frac{93.75}{500}=0.187\ 5(元)$$

增量股的每股收益小于原每股收益，可转换债券具有稀释作用。

$$稀释每股收益=\frac{10\ 000+93.75}{8\ 000+500}=1.187\ 5(元)$$

3. 每股收益的分析

在分析每股收益指标时，应注意企业利用回购库存股的方式减少发行在外的普通股股数，使每股收益简单增加。另外，如果企业将盈利用于派发股票股利或配售股票，就会使企业流通在外的股票数量增加，这样将会大量稀释每股收益。在分析上市公司公布的信息时，投资者应注意区分公布的每股收益是按原始股股数还是按完全稀释后的股份计算规则计算的，以免受到误导。

每股收益是反映上市公司盈利能力大小的一个非常重要的指标，是一个综合性的盈利概念。每股收益这一财务指标在不同行业、不同规模的上市公司之间具有相当大的可比性，因而在各上市公司之间的业绩比较中被广泛地加以引用。理论上来说，每股收益越高，表明投资价值越大；否则反之。但是每股收益多并不意味着每股股利多，此外每股收益不能反映股票的风险水平。

二、每股股利

每股股利是企业股利总额与企业流通股数的比值。其计算公式为

每股股利＝现金股利总额÷期末发行在外的普通股股数

由于股利通常只派发给年末的股东，因此计算每股股利时分母采用年末发行在外的普通股股数，而不是全年发行在外的平均股数。

【案例9-27】 某上市公司2013年度发放普通股股利2 000万元，年末发行在外的普通股股数为10 000万股。计算每股股利。

分析：

$$每股股利=2\ 000\div 10\ 000=0.2(元)$$

每股股利反映的是上市公司每一普通股获取股利的大小。每股股利越大，则企业股本获利能力就越强；每股股利越小，则企业股本获利能力就越弱。但须注意，上市公司每股股利发放多少，除了受上市公司获利能力大小影响以外，还取决于企业的股利发放政策。如果企业为

了增强企业发展后劲而增加企业的公积金，则当前的每股股利必然会减少；反之，则当前的每股股利会增加。

反映每股股利和每股收益之间关系的一个重要指标是股利发放率，即每股股利分配额与当期的每股收益之比。

股利发放率＝每股股利÷每股收益

股利发放率反映每1元净利润有多少用于普通股股东的现金股利发放，反映普通股股东的当期收益水平。借助于该指标，投资者可以了解一家上市公司的股利发放政策。

三、市盈率

市盈率是股票每股市价与每股收益的比率，反映普通股股东为获取1元净利润所愿意支付的股票价格。其计算公式如下：

$$市盈率=\frac{每股市价}{每股收益}$$

【案例9-28】 沿用案例9-25的资料，同时假定该上市公司2013年年末每股市价为43.50元。计算该公司的市盈率，

分析：

$$市盈率-\frac{43.50}{4.66}=9.33(倍)$$

市盈率的高低反映了市场上投资者对股票投资收益和投资风险的预期。一方面，市盈率越高，意味着企业未来成长的潜力越大，也即投资者对该股票的评价越高，反之，投资者对该股票评价越低。另一方面，市盈率越高，说明投资于该股票的风险越大，市盈率越低，说明投资于该股票的风险越小。

通常情况下，一些成长性较好的公司股票的市盈率要高一些。但是也应该注意，如果某一种股票的市盈率过高，则也意味着这种股票具有较高的投资风险。例如，两个上市公司，每股收益都是4.66元，A上市公司的市盈率为9.33倍，B上市公司的市盈率为27.99倍，也就是A上市公司的市价为43.50元，B上市公司的市价为130.43元。那么此时购买B上市公司的股票所花费的代价是A上市公司的3倍，但是B上市公司股票报酬能达到或超过A上市公司股票报酬的3倍的可能性有多大，这个没有百分之百的把握。并且目前我国股票股价中含有很多炒作的成分在内，应用市盈率对公司作评价时要谨慎。

影响企业股票市盈率的因素有：第一，上市公司盈利能力的成长性；第二，投资者所获取报酬率的稳定性；第三，市盈率也受到利率水平变动的影响。

四、每股净资产

每股净资产，又称每股账面价值，是指企业净资产与发行在外的普通股股数之间的比率。用公式表示为

$$每股净资产=\frac{期末净资产}{期末发行在外的普通股股数}$$

【案例9-29】 某运输发展股份公司2013年年末股东权益为526 052万元，全部为普通股，年末发行在外的普通股股数为33 084万股，计算每股净资产。

分析：

$$每股净资产=\frac{526\ 052}{33\ 084}=15.90(元)$$

每股净资产显示了发行在外的每一普通股股份所能分配的企业账面净资产的价值。每股净资产指标反映了在会计期末每一股份在企业账面上到底值多少钱，它与股票面值、发行价值、市场价值乃至清算价值等往往有较大差距，是理论上股票的最低价值。

五、市净率

市净率是每股市价与每股净资产的比率，是投资者用以衡量、分析个股是否具有投资价值的工具之一。市净率的计算公式如下：

$$市净率=\frac{每股市价}{每股净资产}$$

【案例 9-30】 沿用案例 9-29 资料，假定该上市公司 2013 年年末每股市价为 46 元，计算该公司 2013 年年末市净率。

分析：

$$市净率=\frac{46}{15.90}=2.89$$

净资产代表的是全体股东共同享有的权益，是股东拥有公司财产和公司投资价值最基本的体现，它可以用来反映企业的内在价值。一般来说，市净率较低的股票，投资价值较高；反之，则投资价值较低。但有时较低市净率反映的可能是投资者对公司前景的不良预期，而较高市净率则相反。因此，在判断某只股票的投资价值时，还要综合考虑当时的市场环境以及公司经营情况、资产质量和盈利能力等因素。

六、每股现金流量

$$每股现金流量=\frac{经营活动产生的净现金流量-优先股股利}{发行在外的普通股平均股数}$$

每股现金流量越高，说明公司的每股普通股在一个会计年度内所赚得的现金流量越多；反之，则表示每股普通股所赚得的现金流量越少。

每股现金流量指标主要反映平均每股所获得的现金流量。该指标隐含了上市公司在维持期初现金流量情况下，有能力发给股东的最高现金股利金额。公司现金流强劲，很大程度上表明主营业务收入回款力度较大，产品竞争性强，公司信用度高，经营发展前景好。但应该注意的是，经营活动现金净流量并不能完全替代净利润来评价企业的盈利能力，每股现金流量也不能替代每股净利润的作用。上市公司股票价格是由公司未来的每股收益和每股现金流量的净现值来决定的。盈亏已经不是决定股票价值唯一重要因素。

【案例 9-31】 假定某上市公司 2013 年年末经营活动产生的现金流量净额为 33 485 万元，优先股股利为 0，发行在外的普通股股数为 130 552 万股，计算该公司 2013 年年末每股现金流量。

分析：

$$每股现金流量=\frac{33\ 485}{130\ 552}=0.26(元/股)$$

任务三 进行综合财务分析

要全面、准确、客观地揭示与披露企业财务状况和经营情况，并对企业经济效益优劣作出合理的评价，需要将企业偿债能力、营运能力、投资收益实现能力以及发展趋势等各项分析指标有机地联系起来，作为一套完整的体系，相互配合使用，作出系统的综合评价，才能从总体意义上把握企业财务状况和经营情况的优劣。

综合分析的意义在于能够全面、正确地评价企业的财务状况和经营成果。综合分析的结果在进行企业不同时期比较分析和不同企业之间比较分析时清除了时间上和空间上的差异，使之更具有可比性，有利于总结经验、吸取教训、发现差距、赶超先进，进而从整体上、本质上反映和把握企业生产经营的财务状况和经营成果。

子任务一 用杜邦分析体系开展综合财务分析

一、杜邦分析法的含义

杜邦分析法，又称杜邦财务分析体系，简称杜邦体系，是利用各主要财务比率指标间的内在联系，对企业财务状况及经济效益进行综合系统分析评价的方法。

该体系是以净资产收益率为起点，以总资产净利率和权益乘数为核心，重点揭示企业盈利能力及权益乘数对净资产收益率的影响，以及各相关指标间的相互影响和作用关系。因其最初由美国杜邦企业成功应用，故得名。

二、杜邦分析法体系

1. 杜邦分析法指标体系

杜邦分析法将净资产收益率（权益净利率）分解如图 9-1 所示。其分析关系式为

净资产收益率＝销售净利率×总资产周转率×权益乘数

2. 杜邦分析法分析要点

(1) 净资产收益率是一个综合性最强的财务分析指标，是杜邦分析体系的起点。净资产收益率的高低取决于企业的总资产收益率和平均权益乘数。而总资产收益率又取决于销售净利率和总资产周转率。因此，净资产收益率的水平取决于反映盈利能力的总资产收益率和销售净利率、反映营运能力的总资产周转率以及反映资本结构和偿债能力的平均权益乘数。透过这样的关系，可以找到净资产收益率水平高低的形成原因以及发生的具体环节，从而提供了比一个单一指标丰富得多的信息。

(2) 销售净利率反映了企业净利润与销售收入的关系，它的高低取决于销售收入与成本总额的高低。对销售净利率的分析，可以进一步深入到各项收入和费用中去，深入挖掘影响企业盈利的具体原因。

(3) 影响总资产周转率的一个重要因素是资产总额和主营业务收入。因此，要提高总资产周转率，一方面需要开拓市场，增加营业收入，另一方面需要控制资产占用资金的数额并合

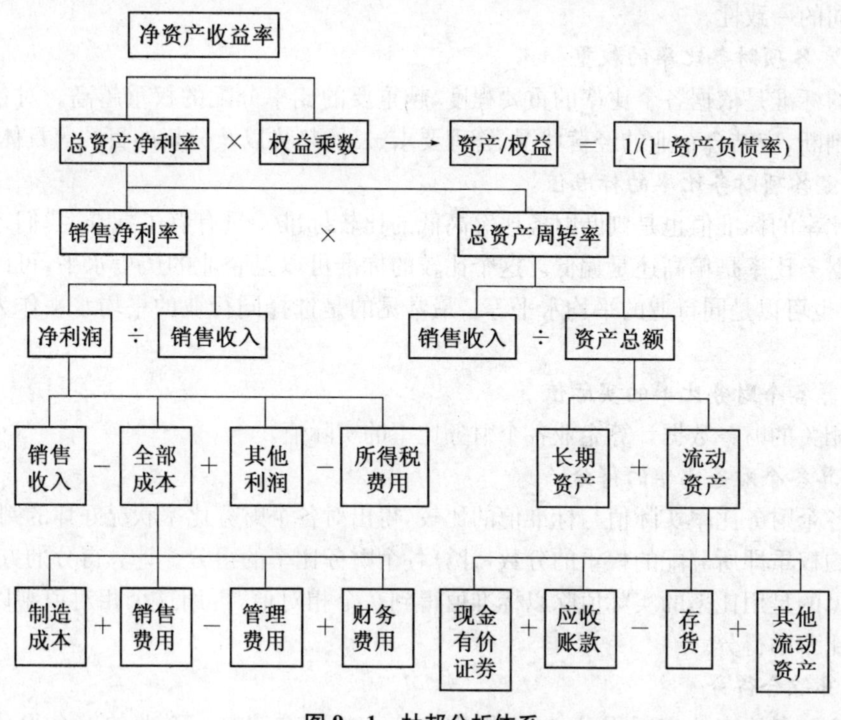

图 9-1　杜邦分析体系

理安排资产的结构。

(4) 权益乘数主要受资产负债率指标的影响。权益乘数是反映企业资本结构、财务杠杆程度以及偿债能力的重要指标。权益乘数越高,说明企业资本结构中的负债比例越高,财务杠杆程度越高,偿债能力相对越弱。因此,保持适当的权益乘数,是企业债务安全的重要保障,也是保持企业收益与风险均衡的重要保障。

子任务二　用沃尔评分法开展综合财务分析

一、沃尔评分法的含义

企业财务综合分析的先驱者之一是亚历山大·沃尔。他在 20 世纪初出版的《信用晴雨表研究》和《财务报表比率分析》中提出了信用能力指数的概念,他把若干个财务比率用线性关系结合起来,以此来评价企业的信用水平,被称为沃尔评分法。他选择了七种财务比率,分别给定了其在总评价中所占的比重,总和为 100 分。然后,确定标准比率,并与实际比率相比较,评出每项指标的得分,求出总评分。

二、沃尔评分法的分析步骤

1. 选择财务比率

不同的分析者所选择的财务比率可能不尽相同,但在选择财务比率时应注意以下几点原则:① 所选择的比率要具有全面性;② 所选择的比率要具有代表性;③ 所选择的比率最好具有变化方向的一致性。

2. 确定各项财务比率的权重

分配的标准是依据各个比率的重要程度，越重要的比率分配的权重越高。对各个比率重要程度的判断，应结合企业的经营状况、管理要求、发展趋势以及分析的目的等具体情况而定。

3. 确定各项财务比率的标准值

财务比率的标准值也是判断财务比率高低的比较标准。只有有了标准，我们才能判断企业的某个财务比率是偏高还是偏低。这个比较的标准可以是企业的历史水平，可以是竞争企业的水平，也可以是同行业的平均水平等。最常见的是选择同行业的平均水平作为财务比率的标准值。

4. 计算各个财务比率的实际值

利用相关的财务数据计算企业各个财务比率的实际值。

5. 计算各个财务比率的得分

通过各个财务比率实际值与标准值的比较，得出对各个财务比率状况好坏的判断，再结合各个比率的权重即所分配的权重的分数，计算各个财务比率的得分。计算得分的方法有很多，其中最常见的是用比率的实际值除以标准值得到一个相对值，再用这个相对值乘以比率的权重得到该比率的得分。

6. 计算综合得分

将各个财务比率的实际得分加总，即得到企业的综合得分。企业的综合得分如果接近100分，说明企业的综合财务状况接近于行业的平均水平。企业的综合得分如果明显超过100分，说明企业的综合财务状况优于行业的平均水平。相反，企业的综合得分如果大大低于100分，说明企业的综合财务状况较差，低于行业的平均水平，应当积极采取措施改善。

【项目小结】

本项目讲解了财务分析的概念，描述了财务分析的目的；详细介绍了企业偿债能力、营运能力、盈利能力、发展能力和上市公司财务分析的各个指标；最后阐述了财务综合分析的两类指标：杜邦分析法和沃尔分析法。

【项目训练】

一、单项选择题

1. 下列各项中，不属于财务分析中因素分析法特征的是（　　）。

A. 因素分解的关联性　　B. 顺序替代的连环性

C. 分析结果的准确性　　D. 因素替代的顺序性

2. 在上市公司杜邦财务分析体系中，最具有综合性的财务指标是（　　）。

A. 营业净利率　　B. 净资产收益率

C. 总资产净利率　　D. 总资产周转率

3. 下列综合绩效评价指标中，属于财务绩效定量评价指标的是（　　）。

A. 获利能力评价指标　　B. 战略管理评价指标

C. 经营决策评价指标　　D. 风险控制评价指标

4. 下列指标中，其数值大小与偿债能力大小同方向变动的是（　　）。

A. 产权比率　　B. 资产负债率

C. 利息保障倍数　　D. 权益乘数

5. 下列各项中,不属于速动资产的是(　　)。

A. 交易性金融资产　B. 应收账款　　C. 货币资金　　D. 存货

6. 在下列财务分析主体中,必须对企业营运能力、偿债能力、盈利能力及发展能力的全部信息予以详尽了解和掌握的是(　　)。

A. 短期投资者　　B. 企业债权人　　C. 企业经营者　　D. 税务机关

7. 在下列关于资产负债率、权益乘数和产权比率之间关系的表达式中,正确的是(　　)。

A. 资产负债率＋权益乘数＝产权比率

B. 资产负债率－权益乘数＝产权比率

C. 资产负债率×权益乘数＝产权比率

D. 资产负债率÷权益乘数＝产权比率

8. 若流动比率大于1,则下列结论一定成立的是(　　)。

A. 速动比率大于1　　B. 营运资金大于零

C. 资产负债率大于1　　D. 短期偿债能力绝对有保障

9. 下列各项中,会使企业实际变现能力大于财务报表所反映的能力的是(　　)。

A. 存在将很快变现的存货　　B. 存在未决诉讼案件

C. 为别的企业提供信用担保　　D. 未使用的银行贷款限额

10. 在财务绩效评价体系中用于评价企业盈利能力的总资产报酬率指标中的"报酬"是指(　　)。

A. 息税前利润　　B. 营业利润　　C. 利润总额　　D. 净利润

11. 一般来说,下列因素变动不利于企业股票市盈率的提高的是(　　)。

A. 上市公司盈利能力的成长性强　　B. 投资者所获报酬率的稳定性高

C. 资金市场利率提高　　D. 资金市场利率降低

12. 某上市公司2013年度归属于普通股股东的净利润为2 950万元。2012年年末的股本为10 000万股,2013年3月2日,经公司2012年度股东大会决议,以截止2012年年末公司总股本为基础,向全体股东每10股送红股1股,工商注册登记变更完成后公司总股本变为11 000万股。2013年11月1日回购股票1 500万股。2013年5月1日发行新股6 000万股。则该上市公司基本每股收益为(　)

A. 0.1　　B. 0.2　　C. 0.3　　D. 0.4

二、多项选择题

1. 在对企业进行绩效评价时,下列属于评价企业盈利能力的基本指标的有(　　)。

A. 营业净利率　　B. 资本收益率

C. 净资产收益率　　D. 总资产报酬率

2. 影响净资产收益率的因素有(　　)。

A. 流动负债与长期负债的比率　　B. 资产负债率

C. 销售净利率　　D. 资产周转率

3. 资产负债率低,对其正确的评价有(　　)。

A. 说明企业财务风险大　　B. 不能充分发挥财务杠杆的作用

C. 说明企业财务风险小　　D. 企业债务负担重

4. 计算下列各项指标时，其分母需要采用平均数的有(　　)。

A. 基本每股收益　　B. 应收账款周转次数

C. 总资产报酬率　　D. 应收账款周转天数

5. 某公司当年的经营利润很多，却不能偿还到期债务，为查清其原因，应检查的财务比率包括(　　)。

A. 资产负债率　　B. 流动比率

C. 存货周转率　　D. 应收账款周转率

6. 比率分析法是通过计算各种比率指标来确定财务活动变动程度的方法，比率指标的类型主要有(　　)。

A. 构成比率　　B. 效率比率　　C. 相关比率　　D. 动态比率

7. 下列各项中，与净资产收益率密切相关的有(　　)。

A. 销售净利率　　B. 总资产周转率

C. 总资产增长率　　D. 权益乘数

8. 财务绩效定量评价是指对企业一定期间(　　)方面进行的定量对比分析和评判。

A. 盈利能力　　B. 资产质量　　C. 债务风险　　D. 经营增长

9. 下列属于财务绩效定量评价中评价企业资产质量的指标有(　　)

A. 应收账款周转率　　B. 不良资产比率

C. 总资产增长率　　D. 资本收益率

10. 从杜邦财务分析体系可知，提高净资产收益率的途径在于(　　)

A. 加强负债管理，降低负债比率

B. 加强成本管理，降低成本费用

C. 加强销售管理，提高销售净利率

D. 加强资产管理，提高资产周转率

三、判断题

1. 分析企业的流动比率，可以判断企业的营运能力。(　　)

2. 当流动资产小于流动负债时，说明部分长期资产是以流动负债作为资金来源的。(　　)

3. 上市公司盈利能力的成长性和稳定性是影响其市盈率的重要因素。(　　)

4. 负债比率越高，则权益乘数越低，财务风险越大。(　　)

5. 财务报表分析主要为投资人服务。(　　)

6. 营业周期越短，资产流动性越强，资产周转相对越快。(　　)

7. 财务分析中的效率指标，是某项财务活动中所费与所得之间的比率，反映投入与产出的关系。(　　)

8. 计算已获利息倍数时分母的利息费用，指的是计入财务费用的各项利息。(　　)

9. 在采用因素分析法时，既可以按照各因素的依存关系排列成一定的顺序并依次替代，也可以任意颠倒顺序，其结果是相同的。(　　)

10. 每股股利可以反映公司的获利能力的大小，每股股利越低，说明公司的获利能力越弱。(　　)

四、综合训练题

实训一

1. 实训目的：通过实训掌握偿债能力指标的计算。
2. 实训资料：某公司年末资产负债表简略形式如下：

表 9－4　资产负债表

编制单位：×××　　2013 年度　　金额单位：元

资产	期末数	权益	期末数
货币资金	25 000	应付账款	（　）
应收账款净额	（　）	应交税费	25 000
存货	（　）	长期负债	（　）
固定资产净值	294 000	实收资本	300 000
		未分配利润	（　）
总计	432 000	总计	（　）

已知：(1) 期末流动比率＝1.5。

(2) 期末资产负债率＝50%。

(3) 本期存货周转率＝4.5。

(4) 本期销售成本＝315 000 元。

(5) 期末存货＝期初存货。

要求：根据上述资料填充资产负债表。

实训二

1. 实训目的：通过实训掌握营业周期的计算方法。
2. 实训资料：某公司会计报表中部分项目的数据如下：

表 9－5　部分财务数据

2013 年度　　金额单位：万元

项目	年初数	期末数
赊销净额	—	680
应收账款	32	36
存货	84	96
销售成本	—	450

要求：根据上述资料计算该公司的营业周期。

实训三

1. 实训目的：通过实训掌握杜邦分析法。
2. 实训资料：某企业 2013 年有关资料如下表：

表 9-6　部分财务数据

2013 年度　　　　　　　　　　　　　　　　　　金额单位:万元

项目	年初数	期末数
销售收入	500	540
全部成本	430	480
其他利润	24	128
利润总额	94	188
所得税	31.02	62.04
净利润	62.98	125.96
流动资产	258	272
非流动资产	392	488
流动负债	175	156
非流动负债	270	320

要求:根据上述资料计算该企业的净资产收益率,并运用杜邦分析法对其增减变动原因进行分析。

附表一　复利终值系数表-1 ($F/P,i,n$)

期数	1%	2%	3%	4%	5%	6%	7%	8%	9%	10%
1	1.010 0	1.020 0	1.030 0	1.040 0	1.050 0	1.060 0	1.070 0	1.080 0	1.090 0	1.100 0
2	1.020 1	1.040 4	1.060 9	1.081 6	1.102 5	1.123 6	1.144 9	1.166 4	1.188 1	1.210 0
3	1.030 3	1.061 2	1.092 7	1.124 9	1.157 6	1.191 0	1.225 0	1.259 7	1.295 0	1.331 0
4	1.040 6	1.082 4	1.125 5	1.169 9	1.215 5	1.262 5	1.310 8	1.360 5	1.411 6	1.464 1
5	1.051 0	1.104 1	1.159 3	1.216 7	1.276 3	1.338 2	1.402 6	1.469 3	1.538 6	1.610 5
6	1.061 5	1.126 2	1.194 1	1.265 3	1.340 1	1.418 5	1.500 7	1.586 9	1.677 1	1.771 6
7	1.072 1	1.148 7	1.229 9	1.315 9	1.407 1	1.503 6	1.605 8	1.713 8	1.828 0	1.948 7
8	1.082 9	1.171 7	1.266 8	1.368 6	1.477 5	1.593 8	1.718 2	1.850 9	1.992 6	2.143 6
9	1.093 7	1.195 1	1.304 8	1.423 3	1.551 3	1.689 5	1.838 5	1.999 0	2.171 9	2.357 9
10	1.104 6	1.219 0	1.343 9	1.480 2	1.628 9	1.790 8	1.967 2	2.158 9	2.367 4	2.593 7
11	1.115 7	1.243 4	1.384 2	1.539 5	1.710 3	1.898 3	2.104 9	2.331 6	2.580 4	2.853 1
12	1.126 8	1.268 2	1.425 8	1.601 0	1.795 9	2.012 2	2.252 2	2.518 2	2.812 7	3.138 4
13	1.138 1	1.293 6	1.468 5	1.665 1	1.885 6	2.132 9	2.409 8	2.719 6	3.065 8	3.452 3
14	1.149 5	1.319 5	1.512 6	1.731 7	1.979 9	2.260 9	2.578 5	2.937 2	3.341 7	3.797 5
15	1.161 0	1.345 9	1.558 0	1.800 9	2.078 9	2.396 6	2.759 0	3.172 2	3.642 5	4.177 2
16	1.172 6	1.372 8	1.604 7	1.873 0	2.182 9	2.540 4	2.952 2	3.425 9	3.970 3	4.595 0
17	1.184 3	1.400 2	1.652 8	1.947 9	2.292 0	2.692 8	3.158 8	3.700 0	4.327 6	5.054 5
18	1.196 1	1.428 2	1.702 4	2.025 8	2.406 6	2.854 3	3.379 9	3.996 0	4.717 1	5.559 9
19	1.208 1	1.456 8	1.753 5	2.106 8	2.527 0	3.025 6	3.616 5	4.315 7	5.141 7	6.115 9
20	1.220 2	1.485 9	1.806 1	2.191 1	2.653 3	3.207 1	3.869 7	4.661 0	5.604 4	6.727 5
21	1.232 4	1.515 7	1.860 3	2.278 8	2.786 0	3.399 6	4.140 6	5.033 8	6.108 8	7.400 2
22	1.244 7	1.546 0	1.916 1	2.369 9	2.925 3	3.603 5	4.430 4	5.436 5	6.658 6	8.140 3
23	1.257 2	1.576 9	1.973 6	2.464 7	3.071 5	3.819 7	4.740 5	5.871 5	7.257 9	8.954 3
24	1.269 7	1.608 4	2.032 8	2.563 3	3.225 1	4.048 9	5.072 4	6.341 2	7.911 1	9.849 7
25	1.282 4	1.640 6	2.093 8	2.665 8	3.386 4	4.291 9	5.427 4	6.848 5	8.623 1	10.834 7
26	1.295 3	1.673 4	2.156 6	2.772 5	3.555 7	4.549 4	5.807 4	7.396 4	9.399 2	11.918 2
27	1.308 2	1.706 9	2.221 3	2.883 4	3.733 5	4.822 3	6.213 9	7.988 1	10.245 1	13.110 0
28	1.321 3	1.741 0	2.287 9	2.998 7	3.920 1	5.111 7	6.648 8	8.627 1	11.167 1	14.421 0
29	1.334 5	1.775 8	2.356 6	3.118 7	4.116 1	5.418 4	7.114 3	9.317 3	12.172 2	15.863 1
30	1.347 8	1.811 4	2.427 3	3.243 4	4.321 9	5.743 5	7.612 3	10.062 7	13.267 7	17.449 4

附表一　复利终值系数表-2 ($F / P,i,n$)

期数	12%	14%	16%	18%	20%	22%	24%	26%	28%	30%
1	1.120 0	1.140 0	1.160 0	1.180 0	1.200 0	1.220 0	1.240 0	1.260 0	1.280 0	1.300 0
2	1.254 4	1.299 6	1.345 6	1.392 4	1.440 0	1.488 4	1.537 6	1.587 6	1.638 4	1.690 0
3	1.404 9	1.481 5	1.560 9	1.643 0	1.728 0	1.815 8	1.906 6	2.000 4	2.097 2	2.197 0
4	1.573 5	1.689 0	1.810 6	1.938 8	2.073 6	2.215 3	2.364 2	2.520 5	2.684 4	2.856 1
5	1.762 3	1.925 4	2.100 3	2.287 8	2.488 3	2.702 7	2.931 6	3.175 8	3.436 0	3.712 9
6	1.973 8	2.195 0	2.436 4	2.699 6	2.986 0	3.297 3	3.635 2	4.001 5	4.398 0	4.826 8
7	2.210 7	2.502 3	2.826 2	3.185 5	3.583 2	4.022 7	4.507 7	5.041 9	5.629 5	6.274 9
8	2.476 0	2.852 6	3.278 4	3.758 9	4.299 8	4.907 7	5.589 5	6.352 8	7.205 8	8.157 3
9	2.773 1	3.251 9	3.803 0	4.435 5	5.159 8	5.987 4	6.931 0	8.004 5	9.223 4	10.604 5
10	3.105 8	3.707 2	4.411 4	5.233 8	6.191 7	7.304 6	8.594 4	10.085 7	11.805 9	13.785 8
11	3.478 6	4.226 2	5.117 3	6.175 9	7.430 1	8.911 7	10.657 1	12.708 0	15.111 6	17.921 6
12	3.896 0	4.817 9	5.936 0	7.287 6	8.916 1	10.872 2	13.214 8	16.012 0	19.342 8	23.298 1
13	4.363 5	5.492 4	6.885 8	8.599 4	10.699 3	13.264 1	16.386 3	20.175 2	24.758 8	30.287 5
14	4.887 1	6.261 3	7.987 5	10.147 2	12.839 2	16.182 2	20.319 1	25.420 7	31.691 3	39.373 8
15	5.473 6	7.137 9	9.265 5	11.973 7	15.407 0	19.742 3	25.195 6	32.030 1	40.564 8	51.185 9
16	6.130 4	8.137 2	10.748 0	14.129 0	18.488 4	24.085 6	31.242 6	40.357 9	51.923 0	66.541 7
17	6.866 0	9.276 5	12.467 7	16.672 2	22.186 1	29.384 4	38.740 8	50.851 0	66.461 4	86.504 2
18	7.690 0	10.575 2	14.462 5	19.673 3	26.623 3	35.849 0	48.038 6	64.072 2	85.070 6	112.455 4
19	8.612 8	12.055 7	16.776 5	23.214 4	31.948 0	43.735 8	59.567 9	80.731 0	108.890 4	146.192 0
20	9.646 3	13.743 5	19.460 8	27.393 0	38.337 6	53.357 6	73.864 1	101.721 1	139.379 7	190.049 6
21	10.803 8	15.667 6	22.574 5	32.323 8	46.005 1	65.096 3	91.591 5	128.168 5	178.406 0	247.064 5
22	12.100 3	17.861 0	26.186 4	38.142 1	55.206 1	79.417 5	113.573 5	161.492 4	228.359 6	321.183 9
23	13.552 3	20.361 6	30.376 2	45.007 6	66.247 4	96.889 4	140.831 2	203.480 4	292.300 3	417.539 1
24	15.178 6	23.212 2	35.236 4	53.109 0	79.496 8	118.205 0	174.630 6	256.385 3	374.144 4	542.800 8
25	17.000 1	26.461 9	40.874 2	62.668 6	95.396 2	144.210 1	216.542 0	323.045 4	478.904 9	705.641 0
26	19.040 1	30.166 6	47.414 1	73.949 0	114.475 5	175.936 4	268.512 1	407.037 3	612.998 2	917.333 3
27	21.324 9	34.389 9	55.000 4	87.259 8	137.370 6	214.642 4	332.955 0	512.867 0	784.637 7	1192.533 3
28	23.883 9	39.204 5	63.800 4	102.966 6	164.844 7	261.863 7	412.864 2	646.212 4	1 004.336 3	1 550.293 3
29	26.749 9	44.693 1	74.008 5	121.500 5	197.813 6	319.473 7	511.951 6	814.227 6	1 285.550 4	2 015.381 3
30	29.959 9	50.950 2	85.849 9	143.370 6	237.376 3	389.757 9	634.819 9	1 025.926 7	1 645.504 6	2 619.995 6

附表二　复利现值系数表-1 ($P/F,i,n$)

期数	1%	2%	3%	4%	5%	6%	7%	8%	9%	10%
1	0.990 1	0.980 4	0.970 9	0.961 5	0.952 4	0.943 4	0.934 6	0.925 9	0.917 4	0.909 1
2	0.980 3	0.961 2	0.942 6	0.924 6	0.907 0	0.890 0	0.873 4	0.857 3	0.841 7	0.826 4
3	0.970 6	0.942 3	0.915 1	0.889 0	0.863 8	0.839 6	0.816 3	0.793 8	0.772 2	0.751 3
4	0.961 0	0.923 8	0.888 5	0.854 8	0.822 7	0.792 1	0.762 9	0.735 0	0.708 4	0.683 0
5	0.951 5	0.905 7	0.862 6	0.821 9	0.783 5	0.747 3	0.713 0	0.680 6	0.649 9	0.620 9
6	0.942 0	0.888 0	0.837 5	0.790 3	0.746 2	0.705 0	0.666 3	0.630 2	0.596 3	0.564 5
7	0.932 7	0.870 6	0.813 1	0.759 9	0.710 7	0.665 1	0.622 7	0.583 5	0.547 0	0.513 2
8	0.923 5	0.853 5	0.789 4	0.730 7	0.676 8	0.627 4	0.582 0	0.540 3	0.501 9	0.466 5
9	0.914 3	0.836 8	0.766 4	0.702 6	0.644 6	0.591 9	0.543 9	0.500 2	0.460 4	0.424 1
10	0.905 3	0.820 3	0.744 1	0.675 6	0.613 9	0.558 4	0.508 3	0.463 2	0.422 4	0.385 5
11	0.896 3	0.804 3	0.722 4	0.649 6	0.584 7	0.526 8	0.475 1	0.428 9	0.387 5	0.350 5
12	0.887 4	0.788 5	0.701 4	0.624 6	0.556 8	0.497 0	0.444 0	0.397 1	0.355 5	0.318 6
13	0.878 7	0.773 0	0.681 0	0.600 6	0.530 3	0.468 8	0.415 0	0.367 7	0.326 2	0.289 7
14	0.870 0	0.757 9	0.661 1	0.577 5	0.505 1	0.442 3	0.387 8	0.340 5	0.299 2	0.263 3
15	0.861 3	0.743 0	0.641 9	0.555 3	0.481 0	0.417 3	0.362 4	0.315 2	0.274 5	0.239 4
16	0.852 8	0.728 4	0.623 2	0.533 9	0.458 1	0.393 6	0.338 7	0.291 9	0.251 9	0.217 6
17	0.844 4	0.714 2	0.605 0	0.513 4	0.436 3	0.371 4	0.316 6	0.270 3	0.231 1	0.197 8
18	0.836 0	0.700 2	0.587 4	0.493 6	0.415 5	0.350 3	0.295 9	0.250 2	0.212 0	0.179 9
19	0.827 7	0.686 4	0.570 3	0.474 6	0.395 7	0.330 5	0.276 5	0.231 7	0.194 5	0.163 5
20	0.819 5	0.673 0	0.553 7	0.456 4	0.376 9	0.311 8	0.258 4	0.214 5	0.178 4	0.148 6
21	0.811 4	0.659 8	0.537 5	0.438 8	0.358 9	0.294 2	0.241 5	0.198 7	0.163 7	0.135 1
22	0.803 4	0.646 8	0.521 9	0.422 0	0.341 8	0.277 5	0.225 7	0.183 9	0.150 2	0.122 8
23	0.795 4	0.634 2	0.506 7	0.405 7	0.325 6	0.261 8	0.210 9	0.170 3	0.137 8	0.111 7
24	0.787 6	0.621 7	0.491 9	0.390 1	0.310 1	0.247 0	0.197 1	0.157 7	0.126 4	0.101 5
25	0.779 8	0.609 5	0.477 6	0.375 1	0.295 3	0.233 0	0.184 2	0.146 0	0.116 0	0.092 3
26	0.772 0	0.597 6	0.463 7	0.360 7	0.281 2	0.219 8	0.172 2	0.135 2	0.106 4	0.083 9
27	0.764 4	0.585 9	0.450 2	0.346 8	0.267 8	0.207 4	0.160 9	0.125 2	0.097 6	0.076 3
28	0.756 8	0.574 4	0.437 1	0.333 5	0.255 1	0.195 6	0.150 4	0.115 9	0.089 5	0.069 3
29	0.749 3	0.563 1	0.424 3	0.320 7	0.242 9	0.184 6	0.140 6	0.107 3	0.082 2	0.063 0
30	0.741 9	0.552 1	0.412 0	0.308 3	0.231 4	0.174 1	0.131 4	0.099 4	0.075 4	0.057 3

附表二　复利现值系数表-2 ($P/F,i,n$)

期数	12%	14%	16%	18%	20%	22%	24%	26%	28%	30%
1	0.892 9	0.877 2	0.862 1	0.847 5	0.833 3	0.819 7	0.806 5	0.793 7	0.781 3	0.769 2
2	0.797 2	0.769 5	0.743 2	0.718 2	0.694 4	0.671 9	0.650 4	0.629 9	0.610 4	0.591 7
3	0.711 8	0.675 0	0.640 7	0.608 6	0.578 7	0.550 7	0.524 5	0.499 9	0.476 8	0.455 2
4	0.635 5	0.592 1	0.552 3	0.515 8	0.482 3	0.451 4	0.423 0	0.396 8	0.372 5	0.350 1
5	0.567 4	0.519 4	0.476 1	0.437 1	0.401 9	0.370 0	0.341 1	0.314 9	0.291 0	0.269 3
6	0.506 6	0.455 6	0.410 4	0.370 4	0.334 9	0.303 3	0.275 1	0.249 9	0.227 4	0.207 2
7	0.452 3	0.399 6	0.353 8	0.313 9	0.279 1	0.248 6	0.221 8	0.198 3	0.177 6	0.159 4
8	0.403 9	0.350 6	0.305 0	0.266 0	0.232 6	0.203 8	0.178 9	0.157 4	0.138 8	0.122 6
9	0.360 6	0.307 5	0.263 0	0.225 5	0.193 8	0.167 0	0.144 3	0.124 9	0.108 4	0.094 3
10	0.322 0	0.269 7	0.226 7	0.191 1	0.161 5	0.136 9	0.116 4	0.099 2	0.084 7	0.072 5
11	0.287 5	0.236 6	0.195 4	0.161 9	0.134 6	0.112 2	0.093 8	0.078 7	0.066 2	0.055 8
12	0.256 7	0.207 6	0.168 5	0.137 2	0.112 2	0.092 0	0.075 7	0.062 5	0.051 7	0.042 9
13	0.229 2	0.182 1	0.145 2	0.116 3	0.093 5	0.075 4	0.061 0	0.049 6	0.040 4	0.033 0
14	0.204 6	0.159 7	0.125 2	0.098 5	0.077 9	0.061 8	0.049 2	0.039 3	0.031 6	0.025 4
15	0.182 7	0.140 1	0.107 9	0.083 5	0.064 9	0.050 7	0.039 7	0.031 2	0.024 7	0.019 5
16	0.163 1	0.122 9	0.093 0	0.070 8	0.054 1	0.041 5	0.032 0	0.024 8	0.019 3	0.015 0
17	0.145 6	0.107 8	0.080 2	0.060 0	0.045 1	0.034 0	0.025 8	0.019 7	0.015 0	0.011 6
18	0.130 0	0.094 6	0.069 1	0.050 8	0.037 6	0.027 9	0.020 8	0.015 6	0.011 8	0.008 9
19	0.116 1	0.082 9	0.059 6	0.043 1	0.031 3	0.022 9	0.016 8	0.012 4	0.009 2	0.006 8
20	0.103 7	0.072 8	0.051 4	0.036 5	0.026 1	0.018 7	0.013 5	0.009 8	0.007 2	0.005 3
21	0.092 6	0.063 8	0.044 3	0.030 9	0.021 7	0.015 4	0.010 9	0.007 8	0.005 6	0.004 0
22	0.082 6	0.056 0	0.038 2	0.026 2	0.018 1	0.012 6	0.008 8	0.006 2	0.004 4	0.003 1
23	0.073 8	0.049 1	0.032 9	0.022 2	0.015 1	0.010 3	0.007 1	0.004 9	0.003 4	0.002 4
24	0.065 9	0.043 1	0.028 4	0.018 8	0.012 6	0.008 5	0.005 7	0.003 9	0.002 7	0.001 8
25	0.058 8	0.037 8	0.024 5	0.016 0	0.010 5	0.006 9	0.004 6	0.003 1	0.002 1	0.001 4
26	0.052 5	0.033 1	0.021 1	0.013 5	0.008 7	0.005 7	0.003 7	0.002 5	0.001 6	0.001 1
27	0.046 9	0.029 1	0.018 2	0.011 5	0.007 3	0.004 7	0.003 0	0.001 9	0.001 3	0.000 8
28	0.041 9	0.025 5	0.015 7	0.009 7	0.006 1	0.003 8	0.002 4	0.001 5	0.001 0	0.000 6
29	0.037 4	0.022 4	0.013 5	0.008 2	0.005 1	0.003 1	0.002 0	0.001 2	0.000 8	0.000 5
30	0.033 4	0.019 6	0.011 6	0.007 0	0.004 2	0.002 6	0.001 6	0.001 0	0.000 6	0.000 4

附表三　年金终值系数表-1

期数	1%	2%	3%	4%	5%	6%	7%	8%	9%	10%
1	1.000 0	1.000 0	1.000 0	1.000 0	1.000 0	1.000 0	1.000 0	1.000 0	1.000 0	1.000 0
2	2.010 0	2.020 0	2.030 0	2.040 0	2.050 0	2.060 0	2.070 0	2.080 0	2.090 0	2.100 0
3	3.030 1	3.060 4	3.090 9	3.121 6	3.152 5	3.183 6	3.214 9	3.246 4	3.278 1	3.310 0
4	4.060 4	4.121 6	4.183 6	4.246 5	4.310 1	4.374 6	4.439 9	4.506 1	4.573 1	4.641 0
5	5.101 0	5.204 0	5.309 1	5.416 3	5.525 6	5.637 1	5.750 7	5.866 6	5.984 7	6.105 1
6	6.152 0	6.308 1	6.468 4	6.633 0	6.801 9	6.975 3	7.153 3	7.335 9	7.523 3	7.715 6
7	7.213 5	7.434 3	7.662 5	7.898 3	8.142 0	8.393 8	8.654 0	8.922 8	9.200 4	9.487 2
8	8.285 7	8.583 0	8.892 3	9.214 2	9.549 1	9.897 5	10.259 8	10.636 6	11.028 5	11.435 9
9	9.368 5	9.754 6	10.159 1	10.582 8	11.026 6	11.491 3	11.978 0	12.487 6	13.021 0	13.579 5
10	10.462 2	10.949 7	11.463 9	12.006 1	12.577 9	13.180 8	13.816 4	14.486 6	15.192 9	15.937 4
11	11.566 8	12.168 7	12.807 8	13.486 4	14.206 8	14.971 6	15.783 6	16.645 5	17.560 3	18.531 2
12	12.682 5	13.412 1	14.192 0	15.025 8	15.917 1	16.869 9	17.888 5	18.977 1	20.140 7	21.384 3
13	13.809 3	14.680 3	15.617 8	16.626 8	17.713 0	18.882 1	20.140 6	21.495 3	22.953 4	24.522 7
14	14.947 4	15.973 9	17.086 3	18.291 9	19.598 6	21.015 1	22.550 5	24.214 9	26.019 2	27.975 0
15	16.096 9	17.293 4	18.598 9	20.023 6	21.578 6	23.276 0	25.129 0	27.152 1	29.360 9	31.772 5
16	17.257 9	18.639 3	20.156 9	21.824 5	23.657 5	25.672 5	27.888 1	30.324 3	33.003 4	35.949 7
17	18.430 4	20.012 1	21.761 6	23.697 5	25.840 4	28.212 9	30.840 2	33.750 2	36.973 7	40.544 7
18	19.614 7	21.412 3	23.414 4	25.645 4	28.132 4	30.905 7	33.999 0	37.450 2	41.301 3	45.599 2
19	20.810 9	22.840 6	25.116 9	27.671 2	30.539 0	33.760 0	37.379 0	41.446 3	46.018 5	51.159 1
20	22.019 0	24.297 4	26.870 4	29.778 1	33.066 0	36.785 6	40.995 5	45.762 0	51.160 1	57.275 0
21	23.239 2	25.783 3	28.676 5	31.969 2	35.719 3	39.992 7	44.865 2	50.422 9	56.764 5	64.002 5
22	24.471 6	27.299 0	30.536 8	34.248 0	38.505 2	43.392 3	49.005 7	55.456 8	62.873 3	71.402 7
23	25.716 3	28.845 0	32.452 9	36.617 9	41.430 5	46.995 8	53.436 1	60.893 3	69.531 9	79.543 0
24	26.973 5	30.421 9	34.426 5	39.082 6	44.502 0	50.815 6	58.176 7	66.764 8	76.789 8	88.497 3
25	28.243 2	32.030 3	36.459 3	41.645 9	47.727 1	54.864 5	63.249 0	73.105 9	84.700 9	98.347 1
26	29.525 6	33.670 9	38.553 0	44.311 7	51.113 5	59.156 4	68.676 5	79.954 4	93.324 0	109.181 8
27	30.820 9	35.344 3	40.709 6	47.084 2	54.669 1	63.705 8	74.483 8	87.350 8	102.723 1	121.099 9
28	32.129 1	37.051 2	42.930 9	49.967 6	58.402 6	68.528 1	80.697 7	95.338 8	112.968 2	134.209 9
29	33.450 4	38.792 2	45.218 9	52.966 3	62.322 7	73.639 8	87.346 5	103.965 9	124.135 4	148.630 9
30	34.784 9	40.568 1	47.575 4	56.084 9	66.438 8	79.058 2	94.460 8	113.283 2	136.307 5	164.494 0

附表三　年金终值系数表-2

期数	12%	14%	16%	18%	20%	22%	24%	26%	28%	30%
1	1.000 0	1.000 0	1.000 0	1.000 0	1.000 0	1.000 0	1.000 0	1.000 0	1.000 0	1.000 0
2	2.120 0	2.140 0	2.160 0	2.180 0	2.200 0	2.220 0	2.240 0	2.260 0	2.280 0	2.300 0
3	3.374 4	3.439 6	3.505 6	3.572 4	3.640 0	3.708 4	3.777 6	3.847 6	3.918 4	3.990 0
4	4.779 3	4.921 1	5.066 5	5.215 4	5.368 0	5.524 2	5.684 2	5.848 0	6.015 6	6.187 0
5	6.352 8	6.610 1	6.877 1	7.154 2	7.441 6	7.739 6	8.048 4	8.368 4	8.699 9	9.043 1
6	8.115 2	8.535 5	8.977 5	9.442 0	9.929 9	10.442 3	10.980 1	11.544 2	12.135 9	12.756 0
7	10.089 0	10.730 5	11.413 9	12.141 5	12.915 9	13.739 6	14.615 3	15.545 8	16.533 9	17.582 8
8	12.299 7	13.232 8	14.240 1	15.327 0	16.499 1	17.762 3	19.122 9	20.587 6	22.163 4	23.857 7
9	14.775 7	16.085 3	17.518 5	19.085 9	20.798 9	22.670 0	24.712 5	26.940 4	29.369 2	32.015 0
10	17.548 7	19.337 3	21.321 5	23.521 3	25.958 7	28.657 4	31.643 4	34.944 9	38.592 6	42.619 5
11	20.654 6	23.044 5	25.732 9	28.755 1	32.150 4	35.962 0	40.237 9	45.030 6	50.398 5	56.405 3
12	24.133 1	27.270 7	30.850 2	34.931 1	39.580 5	44.873 7	50.895 0	57.738 6	65.510 0	74.327 0
13	28.029 1	32.088 7	36.786 2	42.218 7	48.496 6	55.745 9	64.109 7	73.750 6	84.852 9	97.625 0
14	32.392 6	37.581 1	43.672 0	50.818 0	59.195 9	69.010 0	80.496 1	93.925 8	109.611 7	127.912 5
15	37.279 7	43.842 4	51.659 5	60.965 3	72.035 1	85.192 2	100.815 1	119.346 5	141.302 9	167.286 3
16	42.753 3	50.980 4	60.925 0	72.939 0	87.442 1	104.934 5	126.010 8	151.376 6	181.867 7	218.472 2
17	48.883 7	59.117 6	71.673 0	87.068 0	105.930 6	129.020 1	157.253 4	191.734 5	233.790 7	285.013 9
18	55.749 7	68.394 1	84.140 7	103.740 3	128.116 7	158.404 5	195.994 2	242.585 5	300.252 1	371.518 0
19	63.439 7	78.969 2	98.603 2	123.413 5	154.740 0	194.253 5	244.032 8	306.657 7	385.322 7	483.973 4
20	72.052 4	91.024 9	115.379 7	146.628 0	186.688 0	237.989 3	303.600 6	387.388 7	494.213 1	630.165 5
21	81.698 7	104.768 4	134.840 5	174.021 0	225.025 6	291.346 9	377.464 8	489.109 8	633.592 7	820.215 1
22	92.502 6	120.436 0	157.415 0	206.344 8	271.030 7	356.443 2	469.056 3	617.278 3	811.998 7	1 067.279 6
23	104.602 9	138.297 0	183.601 4	244.486 8	326.236 9	435.860 7	582.629 8	778.770 7	1 040.358 3	1 388.463 5
24	118.155 2	158.658 6	213.977 6	289.494 5	392.484 2	532.750 1	723.461 0	982.251 1	1 332.658 6	1 806.002 6
25	133.333 9	181.870 8	249.214 0	342.603 5	471.981 1	650.955 1	898.091 6	1 238.636 3	1 706.803 1	2 348.803 3
26	150.333 9	208.332 7	290.088 3	405.272 1	567.377 3	795.165 3	1 114.633 6	1 561.681 8	2 185.707 9	3 054.444 3
27	169.374 0	238.499 3	337.502 4	479.221 1	681.852 8	971.101 6	1 383.145 7	1 968.719 1	2 798.706 1	3 971.777 6
28	190.698 9	272.889 2	392.502 8	566.480 9	819.223 3	1 185.744 0	1 716.100 7	2 481.586 0	3 583.343 8	5 164.310 9
29	214.582 8	312.093 7	456.303 2	669.447 5	984.068 0	1 447.607 7	2 128.964 8	3 127.798 4	4 587.680 1	6 714.604 2
30	241.332 7	356.786 8	530.311 7	790.948 0	1 181.881 6	1 767.081 3	2 640.916 4	3 942.026 0	5873.230 6	8 729.985 5

附表四 年金现值系数表-1

期数	1%	2%	3%	4%	5%	6%	7%	8%	9%	10%
1	0.990 1	0.980 4	0.970 9	0.961 5	0.952 4	0.943 4	0.934 6	0.925 9	0.917 4	0.909 1
2	1.970 4	1.941 6	1.913 5	1.886 1	1.859 4	1.833 4	1.808 0	1.783 3	1.759 1	1.735 5
3	2.941 0	2.883 9	2.828 6	2.775 1	2.723 2	2.673 0	2.624 3	2.577 1	2.531 3	2.486 9
4	3.902 0	3.807 7	3.717 1	3.629 9	3.546 0	3.465 1	3.387 2	3.312 1	3.239 7	3.169 9
5	4.853 4	4.713 5	4.579 7	4.451 8	4.329 5	4.212 4	4.100 2	3.992 7	3.889 7	3.790 8
6	5.795 5	5.601 4	5.417 2	5.242 1	5.075 7	4.917 3	4.766 5	4.622 9	4.485 9	4.355 3
7	6.728 2	6.472 0	6.230 3	6.002 1	5.786 4	5.582 4	5.389 3	5.206 4	5.033 0	4.868 4
8	7.651 7	7.325 5	7.019 7	6.732 7	6.463 2	6.209 8	5.971 3	5.746 6	5.534 8	5.334 9
9	8.566 0	8.162 2	7.786 1	7.435 3	7.107 8	6.801 7	6.515 2	6.246 9	5.995 2	5.759 0
10	9.471 3	8.982 6	8.530 2	8.110 9	7.721 7	7.360 1	7.023 6	6.710 1	6.417 7	6.144 6
11	10.367 6	9.786 8	9.252 6	8.760 5	8.306 4	7.886 9	7.498 7	7.139 0	6.805 2	6.495 1
12	11.255 1	10.575 3	9.954 0	9.385 1	8.863 3	8.383 8	7.942 7	7.536 1	7.160 7	6.813 7
13	12.133 7	11.348 4	10.635 0	9.985 6	9.393 6	8.852 7	8.357 7	7.903 8	7.486 9	7.103 4
14	13.003 7	12.106 2	11.296 1	10.563 1	9.898 6	9.295 0	8.745 5	8.244 2	7.786 2	7.366 7
15	13.865 1	12.849 3	11.937 9	11.118 4	10.379 7	9.712 2	9.107 9	8.559 5	8.060 7	7.606 1
16	14.717 9	13.577 7	12.561 1	11.652 3	10.837 8	10.105 9	9.446 6	8.851 4	8.312 6	7.823 7
17	15.562 3	14.291 9	13.166 1	12.165 7	11.274 1	10.477 3	9.763 2	9.121 6	8.543 6	8.021 6
18	16.398 3	14.992 0	13.753 5	12.659 3	11.689 6	10.827 6	10.059 1	9.371 9	8.755 6	8.201 4
19	17.226 0	15.678 5	14.323 8	13.133 9	12.085 3	11.158 1	10.335 6	9.603 6	8.950 1	8.364 9
20	18.045 6	16.351 4	14.877 5	13.590 3	12.462 2	11.469 9	10.594 0	9.818 1	9.128 5	8.513 6
21	18.857 0	17.011 2	15.415 0	14.029 2	12.821 2	11.764 1	10.835 5	10.016 8	9.292 2	8.648 7
22	19.660 4	17.658 0	15.936 9	14.451 1	13.163 0	12.041 6	11.061 2	10.200 7	9.442 4	8.771 5
23	20.455 8	18.292 2	16.443 6	14.856 8	13.488 6	12.303 4	11.272 2	10.371 1	9.580 2	8.883 2
24	21.243 4	18.913 9	16.935 5	15.247 0	13.798 6	12.550 4	11.469 3	10.528 8	9.706 6	8.984 7
25	22.023 2	19.523 5	17.413 1	15.622 1	14.093 9	12.783 4	11.653 6	10.674 8	9.822 6	9.077 0
26	22.795 2	20.121 0	17.876 8	15.982 8	14.375 2	13.003 2	11.825 8	10.810 0	9.929 0	9.160 9
27	23.559 6	20.706 9	18.327 0	16.329 6	14.643 0	13.210 5	11.986 7	10.935 2	10.026 6	9.237 2
28	24.316 4	21.281 3	18.764 1	16.663 1	14.898 1	13.406 2	12.137 1	11.051 1	10.116 1	9.306 6
29	25.065 8	21.844 4	19.188 5	16.983 7	15.141 1	13.590 7	12.277 7	11.158 4	10.198 3	9.369 6
30	25.807 7	22.396 5	19.600 4	17.292 0	15.372 5	13.764 8	12.409 0	11.257 8	10.273 7	9.426 9

附表四　年金现值系数表-2

期数	12%	14%	16%	18%	20%	22%	24%	26%	28%	30%
1	0.892 9	0.877 2	0.862 1	0.847 5	0.833 3	0.819 7	0.806 5	0.793 7	0.781 3	0.769 2
2	1.690 1	1.646 7	1.605 2	1.565 6	1.527 8	1.491 5	1.456 8	1.423 5	1.391 6	1.360 9
3	2.401 8	2.321 6	2.245 9	2.174 3	2.106 5	2.042 2	1.981 3	1.923 4	1.868 4	1.816 1
4	3.037 3	2.913 7	2.798 2	2.690 1	2.588 7	2.493 6	2.404 3	2.320 2	2.241 0	2.166 2
5	3.604 8	3.433 1	3.274 3	3.127 2	2.990 6	2.863 6	2.745 4	2.635 1	2.532 0	2.435 6
6	4.111 4	3.888 7	3.684 7	3.497 6	3.325 5	3.166 9	3.020 5	2.885 0	2.759 4	2.642 7
7	4.563 8	4.288 3	4.038 6	3.811 5	3.604 6	3.415 5	3.242 3	3.083 3	2.937 0	2.802 1
8	4.967 6	4.638 9	4.343 6	4.077 6	3.837 2	3.619 3	3.421 2	3.240 7	3.075 8	2.924 7
9	5.328 2	4.946 4	4.606 5	4.303 0	4.031 0	3.786 3	3.565 5	3.365 7	3.184 2	3.019 0
10	5.650 2	5.216 1	4.833 2	4.494 1	4.192 5	3.923 2	3.681 9	3.464 8	3.268 9	3.091 5
11	5.937 7	5.452 7	5.028 6	4.656 0	4.327 1	4.035 4	3.775 7	3.543 5	3.335 1	3.147 3
12	6.194 4	5.660 3	5.197 1	4.793 2	4.439 2	4.127 4	3.851 4	3.605 9	3.386 8	3.190 3
13	6.423 5	5.842 4	5.342 3	4.909 5	4.532 7	4.202 8	3.912 4	3.655 5	3.427 2	3.223 3
14	6.628 2	6.002 1	5.467 5	5.008 1	4.610 6	4.264 6	3.961 6	3.694 9	3.458 7	3.248 7
15	6.810 9	6.142 2	5.575 5	5.091 6	4.675 5	4.315 2	4.001 3	3.726 1	3.483 4	3.268 2
16	6.974 0	6.265 1	5.668 5	5.162 4	4.729 6	4.356 7	4.033 3	3.750 9	3.502 6	3.283 2
17	7.119 6	6.372 9	5.748 7	5.222 3	4.774 6	4.390 8	4.059 1	3.770 5	3.517 7	3.294 8
18	7.249 7	6.467 4	5.817 8	5.273 2	4.812 2	4.418 7	4.079 9	3.786 1	3.529 4	3.303 7
19	7.365 8	6.550 4	5.877 5	5.316 2	4.843 5	4.441 5	4.096 7	3.798 5	3.538 6	3.310 5
20	7.469 4	6.623 1	5.928 8	5.352 7	4.869 6	4.460 3	4.110 3	3.808 3	3.545 8	3.315 8
21	7.562 0	6.687 0	5.973 1	5.383 7	4.891 3	4.475 6	4.121 2	3.816 1	3.551 4	3.319 8
22	7.644 6	6.742 9	6.011 3	5.409 9	4.909 4	4.488 2	4.130 0	3.822 3	3.555 8	3.323 0
23	7.718 4	6.792 1	6.044 2	5.432 1	4.924 5	4.498 5	4.137 1	3.827 3	3.559 2	3.325 4
24	7.784 3	6.835 1	6.072 6	5.450 9	4.937 1	4.507 0	4.142 8	3.831 2	3.561 9	3.327 2
25	7.843 1	6.872 9	6.097 1	5.466 9	4.947 6	4.513 9	4.147 4	3.834 2	3.564 0	3.328 6
26	7.895 7	6.906 1	6.118 2	5.480 4	4.956 3	4.519 6	4.151 1	3.836 7	3.565 6	3.329 7
27	7.942 6	6.935 2	6.136 4	5.491 9	4.963 6	4.524 3	4.154 2	3.838 7	3.566 9	3.330 5
28	7.984 4	6.960 7	6.152 0	5.501 6	4.969 7	4.528 1	4.156 6	3.840 2	3.567 9	3.331 2
29	8.021 8	6.983 0	6.165 6	5.509 8	4.974 7	4.531 2	4.158 5	3.841 4	3.568 7	3.331 7
30	8.055 2	7.002 7	6.177 2	5.516 8	4.978 9	4.533 8	4.160 1	3.842 4	3.569 3	3.332 1

主要参考文献

1. 凯斯特.财务案例[M].冯梅等,译.北京大学出版社,1999.
2. 斯蒂芬.A.罗斯.公司理财精要[M].吴世农,译.机械工业出版社,2000.
3. 詹姆斯.C.范霍恩.财务管理与政策(第十一版)[M].刘志远,译.东北财经大学出版社,2000.
4. 彼得·阿特勒尔.财务管理基础[M].赵银德,张华,译.机械工业出版社,2003.
5. [英]布雷利(Brealey, R. A.),[美]迈尔斯(Myers, S. C.).公司财务管理[M].方曙红等,译.机械工业出版社,2004.
6. 邵天营,陈复昌.财务管理学[M],上海:立信会计出版社,2005.
7. 钟新桥,刘荣英,杨洛新.现代企业财务管理[M],武汉:武汉理工大学出版社,2006.
8. 陆正飞.财务管理[M].大连:东北财经大学出版社,2001.
9. 袁建国.财务管理[M].大连:东北财经大学出版社,2005.
10. 赵德武.财务管理[M].北京:高等教育出版社,2000.
11. 财政部会计资格评价中心.财务管理[M].北京:中国经济出版社,2013.
12. 王庆成,郭复初.财务管理学[M].北京:高等教育出版社,2004.
13. 王化成.财务管理教学案例[M].北京:中国人民大学出版社,2001.
14. 部会计资格评价中心.财务管理[M].北京:中国财政经济出版社,2010.
15. 张红.财务管理与实训教程[M].北京大学出版社,2007.